Matthias Meyer · Feuerbach und Zinzendorf

Theologische Texte und Studien

Band 1

Matthias Meyer

Feuerbach und Zinzendorf

1992
Georg Olms Verlag
Hildesheim · Zürich · New York

Matthias Meyer

Feuerbach und Zinzendorf

Lutherus redivivus und die
Selbstauflösung der Religionskritik

1992
Georg Olms Verlag
Hildesheim · Zürich · New York

Gedruckt mit Unterstützung des Evangelischen Oberkirchenrats
Karlsruhe, der Brüder-Unität Bad Boll und des Landesverbandes des
Evangelischen Bundes in Baden.
Umschlagmotive: 1. Nikolaus Ludwig von Zinzendorf. Kupferstich
nach einem 1740 entstandenen Gemälde von Johann
Kupetzky. Vorhanden im Gemeinarchiv Königsfeld/Schwarzwald.
2. Ludwig Andreas Feuerbach. Gemälde von Carl Rahl (1812-1865),
Öl auf Leinwand 50 x 43,5 cm, Original im Freien Deutschen
Hochstift — Frankfurter Goethe-Museum, Frankfurt/Main, Inv.-Nr. IV/960.
Foto: Ursula Edelmann.

*

© Georg Olms AG, Hildesheim 1992
Alle Rechte vorbehalten
Printed in Germany
Umschlagentwurf: Barbara Gutjahr, Hamburg
Herstellung: Weihert-Druck GmbH, Darmstadt
ISSN 0941-8717
ISBN 3-487-09599-8

Prof. Dr. Klaus Engelhardt,
Bischof der Badischen Landeskirche
und EKD-Ratsvorsitzender

Pfarrer Henning Schlimm,
Bischof der erneuerten Brüder-Unität

Prof. Dr. Michael Theunissen,
dem ehemals Heidelberger Ordinarius

in Verbundenheit zum 60. Geburtstag
zugeeignet: Tres faciunt collegium!

Inhaltsverzeichnis

VIII

GELEITWORT

Mit Freude nehme ich die Gelegenheit zu einigen einführenden Worten für diese Arbeit über Feuerbach und Zinzendorf wahr, denn sie ist historisch und systematisch aufschlußreich und relevant. Dr. Meyer setzt sich mit der übersehenen und vergessenen Schrift Feuerbachs über Zinzendorf und das Herrnhutertum auf wenigstens drei Ebenen auseinander:

1. auf der Ebene der historisch-kritischen Analyse aller Zinzendorf- und Lutherzitate, mit denen Feuerbach seine Polemik gegen die Herrnhuter begründen zu können meint,
2. auf der Ebene der systematisch-theologischen und der philosophischen Auseinandersetzung mit Feuerbach,
3. auf der Ebene einer positiven kreuzestheologischen Antwort auf den nihilistischen Atheismus des berühmten Religionskritikers.

Auf jeder dieser Ebenen bringt die Arbeit etwas Neues, und es ist ein Gewinn, sie zu lesen.

Dies ist die erste genaue Analyse der Zinzendorfschrift Feuerbachs, ihrer Entstehung und ihres Gehaltes, und damit ein wichtiger Beitrag zum Feuerbachbild der Gegenwart. Der Verfasser prüft jedes Zinzendorfzitat und spürt detektivisch den Umdeutungen nach, die Feuerbach mit diesen Zitaten vornimmt. Die biographische und bibliographische Einordnung der Zinzendorfschrift in Feuerbachs Lebenswerk und in sein geistesgeschichtliches Sendungsbewußtsein sind besonders aufschlußreich. Feuerbach wußte sich als der philosophische Testamentsvollstrecker Luthers und behauptete von sich: „Ich bin Luther II". Damit mußte er auf Zinzendorf stoßen, der wohl in dem Bewußtsein gelebt hat, ein „Luther redivivus" zu sein. In seiner Geschichtsschau ganz folgerichtig verstand Feuerbach die Herrnhuter Konzentration auf die Christologie und in ihr auf das Kreuz Christi als einen notwendigen Schritt von der Theologie zur Anthropologie: „Der Herrnhuterianismus ist das im Blute Christi, im Blute des Menschen concentrirte, aber auch aufgelöste und zersetzte Christentum". Dr. Meyer geht allen, auch den geringfügigsten Vorwürfen Feuerbachs gegen Zinzendorf nach, weist ihre Grundlosigkeit auf und widerlegt sie. Aus Feuerbachs Angriff und seiner Verteidigung entsteht ein vorzüglich konturiertes Zinzendorfbild. Auf der anderen Seite wird an seiner diskriminierenden Methode, mit beschnittenen Zitaten, Umdeutungen und Unterstellungen zu arbeiten, auch Ludwig Feuerbach in seiner rücksichtslosen Einseitigkeit offenbar.

Die philosophische und theologische Auseinandersetzung mit Feuerbach zur Rettung der Theologie im allgemeinen und des Herrnhutertums im besonderen wird von Dr. Meyer cum ira et studio geführt. Hier verschwindet der historische Abstand und die Auseinandersetzung findet unmittelbar statt. Gewiß übernimmt hier der Verfasser unbewußt gelegentlich den polemischen Stil seines Gegners, aber er macht damit auch klar, daß sich diese Auseinandersetzung zwischen Theologie und Atheismus nicht durch ihre Historisierung, sondern nur durch das konsequente Austragen des Konfliktes lösen läßt. Das geschieht einmal dadurch, daß der Verfasser Feuerbach in Selbstwidersprüche verwickelt und ihm nachweist, daß er mit seiner Polemik gegen Zinzendorfs „Kindlichkeit" seine eigene Philosophie der „Natürlichkeit" und durch seine Kritik an Zinzendorfs Kreuzestheologie als einer Projektion des Menschen Theologie nicht in Anthropologie, sondern in Nekrologie auflöst. Das geschieht zum anderen dadurch, daß Dr. Meyer nachweist, wie sehr Zinzendorfs christologische Konzentration der Theologie selbst schon eine Antwort auf den Atheismus der Aufklärungszeit war, den Feuerbach lediglich repetiert hat.

Endlich vergegenwärtigt Dr. Meyer die oft etwas barock wirkende Kreuzestheologie Zinzendorfs als Antwort auf den modernen religionskritischen Atheismus. Seine trinitarische Kreuzestheologie nimmt Gedanken aus meinem Buch „Der gekreuzigte Gott" auf und spitzt sie auf Feuerbach zu. Das unreligiöse, profane Kreuz auf Golgatha ist, als Ort der Gegenwart Gottes verstanden, das Ende des Theismus wie des Atheismus, der Religion wie der Religionskritik. Christliche Theologie ist in ihrem harten, unauflösbaren Kern Kreuzestheologie. Darum ist sie zur Kritik an natürlicher und politischer Religion jederzeit bereit. Darum ist aber Atheismus keine Antwort für sie auf den Schrei des Gekreuzigten: „Mein Gott, warum hast du mich verlassen?" Die Gotteserfahrung Christi am Kreuz macht für Christen Theismus wie Atheismus obsolet. Wenn die Alternative, „entweder Atheist zu sein oder an Jesum glauben zu müssen", tatsächlich auf Zinzendorf zurückgeht, dann ist seine Theologie höchst aktuell und zukunftsweisend.

Ich hoffe, daß diese Arbeit in der gegenwärtigen Diskussion über Religion und Religionskritik, über Kreuzestheologie und Theismus sowie über die theologische Verantwortung des „Wortes vom Kreuz" vor dem Bewußtsein der Gegenwart die ihr gebührende Beachtung findet. Sie ist es wert.

Tübingen, August 1991   Jürgen Moltmann

VORWORT

Die vorliegende Untersuchung wurde im Frühjahr 1991 vom Fachbereich Evangelische Theologie an der Eberhard-Karls-Universität zu Tübingen unter demselben Titel als Dissertation angenommen.

Herr Prof. Dr. Jürgen Moltmann hat die Arbeit verständnisvoll begleitet: Ihm gilt mein besonderer Dank. Seine Bereitschaft, unbekannte und weitgehend neue Wege mitzugehen, war für mich Grund genug, auch inmitten der vielfältigen Anforderungen als Pfarrer der Mannheimer Thomaskirche die Arbeit abzuschließen. Ferner danke ich Herrn Prof. Dr. Joachim Mehlhausen, der sich der Mühe des Korreferates unterzogen hat.

Das Thema der Dissertation erschloß sich mir in zweifacher Hinsicht: Zum einen entstamme ich einer Familie, die sich als Herrnhuter Zinzendorf und der Brüdergemeine verpflichtet weiß. Zum anderen fand ich Feuerbachs Spätschrift über „Zinzendorf und die Herrnhuter", die in der Forschung nahezu unberücksichtigt war und die mir Anlaß gab, skeptische und atheistische Herausforderungen der Gegenwart grundlegend zu überdenken.

An dieser Stelle danke ich dem Georg Olms-Verlag, der die vorliegende Arbeit in sein Verlagsprogramm aufgenommen hat. Daß damit die Reihe „Theologische Texte und Studien" eröffnet wird, ist mir eine besondere Freude.

Bei dem Bemühen, das weitverstreute, oft schwer festzustellende und teilweise erst zu entdeckende Quellenmaterial, auch handschriftlicher Natur, zu heben, danke ich den Universitätsbibliotheken von Berlin, Erlangen, Heidelberg, Mannheim, München und Tübingen. Wertvolle Briefe, Urkunden, teils gedruckte, teils ungedruckte Schriften konnte ich einsehen und auswerten im Archiv der Brüdergemeine Königsfeld, im Unitäts-Archiv in Herrnhut/Oberlausitz und im Ernst-Bloch-Archiv in Ludwigshafen am Rhein. Dankbar war ich auch für die zuverlässige Unterstützung der Landeskirchlichen Bibliothek Karlsruhe und der Badischen Landesbibliothek.

Abschließend gilt ein Wort des Dankes all denen, die zum Entstehen der Arbeit beigetragen haben:

Vom Evangelischen Oberkirchenrat in Karlsruhe, von der Evangelischen Brüder-Unität in Bad Boll und vom Landesverband des Evangelischen Bundes in Baden erhielt ich Druckkostenzuschüsse, so daß die Veröffentlichung der Arbeit erleichtert wurde. Frau Renate Schröer hat das ursprüngliche Manuskript zuverlässig und zügig in eine druckreife Form

gebracht. Beim Korrigieren des Manuskriptes sowie bei der alltäglichen Gestaltung des Familienlebens konnte ich mich auf die liebevolle Unterstützung meiner Frau Henrike, geb. Kopf, verlassen.
In patris memoriam danke ich Herrn Prof. Dr. Erich Beyreuther für die freundschaftliche Verbundenheit über viele Jahre in der Zinzendorf-Forschung.

Mannheim, am Reformationsfest 1991   Matthias Meyer

EINLEITUNG

Ludwig Feuerbach (1804 – 1872) hat im Jahre 1866 eine Arbeit über „Zinzendorf und die Herrnhuter" geschrieben. Sie ist eine der spätesten Schriften Feuerbachs und gleichsam ein letztes Wort zur Theorie und Praxis der Religionskritik. Um so erstaunlicher ist es, daß diese Spätschrift bis jetzt weder in der Theologie noch in der Philosophie analysiert wurde, obgleich sich an dieser Arbeit empirisch und spekulativ eine Kritik an Feuerbachs religionskritischer Theorie und Praxis durchführen läßt. Feuerbachs Arbeit ist von dreifachem Interesse. Erstens ist weder die Theologie noch die Religionsphilosophie mit der Bewältigung von Feuerbachs Thesen zu einem Ende gekommen. Zweitens hat Zinzendorfs Theologie in neuerer Zeit vermehrt an Interesse gewonnen. Karl Barths Urteil kann als pars pro toto gelten: „Es wird schon kein Zufall sein, daß derselbe Mann, der in seiner Predigt, Dichtung und Dogmatik (sofern er eine solche hatte) der größte – und vielleicht der einzige ganz echte – C h r i s t o z e n t r i k e r (‚Christomonist' sagen die Toren!) der Neuzeit gewesen ist, vielleicht auch der erste, d. h. ganz von der Sache aus redende Ökumeniker gewesen ist."[1] Und drittens reizt nicht allein die Auseinandersetzung mit der Religionskritik Feuerbachs und der Theologie Zinzendorfs, sondern es geht zentral um die Analyse und Aufarbeitung der Zinzendorf-Deutung bei Feuerbach.

1. Der Text: Der Auseinandersetzung Feuerbachs mit Zinzendorf geht ein aufschlußreicher Briefwechsel mit seinem Freund Friedrich Kapp voraus. Friedrich Kapp hatte 1842 in Heidelberg studiert und dort im Hause seines Onkels Christian Kapp, eines engagierten badischen Linksliberalen, in einem Kreis von politisch Gleichgesinnten Ludwig Feuerbach kennengelernt. Nach der gescheiterten Revolution von 1848 wandert F. Kapp in die Vereinigten Staaten aus, um in New York als Jurist tätig zu sein.[2] Auch nach der räumlichen Trennung erkaltet die Freundschaft zwischen Kapp und Feuerbach nicht, ja der in Amerika weilende Kapp wird, wie der Briefwechsel bezeugt, der Anreger und Auftraggeber von Feuerbachs Schrift „Zinzendorf und die Herrnhuter". Am 10. Dezember 1864 schreibt Kapp an Feuerbach, er beabsichtige eine „Geschichte der deutschen Einwanderung" in Amerika zu verfassen, zu deren Durchführung er Feuerbach um seine literarische Mitarbeit bittet:

„Für diese Arbeit möchte ich auch Deine Hilfe in Anspruch nehmen. Falls Dich keine dringenden Arbeiten beschäftigen, bitte ich Dich, mir einen Aufsatz über die H e r r n h u t e r zu schreiben. Sie spielen eine hervorragende Rolle in der Geschichte der deutschen Einwanderung und bilden das geistige civilisierende Element unter all den verwahrlosten Kleinbürgern und Bauern, welche Noth und Abenteuersucht nach Amerika getrieben hatte."[3] Feuerbach geht erfreut auf Kapps Anfrage ein: „Mit Vergnügen bin ich bereit, zu Deinem Werke... nach Kräften und Mitteln beizutragen..., da trotz meiner Antipathie gegen den Pietismus, zu dem ja auch der Herrnhutianismus, nicht nur seinem Ursprunge, sondern auch theilweise seinem Wesen nach gehört, der Gegenstand an sich selbst in das Gebiet meiner Lebensaufgabe fällt."[4] Noch nach einem Jahr, am 1. März 1866 hat Feuerbach keine Literatur zu seinem Thema gefunden, da „weder am germanischen Museum... noch in der Stadtbibliothek... nichts zu finden ist", und er sieht daher die Durchführung seiner Arbeit im Ansatz gefährdet.[5] Nach dieser Briefdatierung ist Feuerbachs Schrift nicht vor dem 1. März 1866 entstanden.[6]

Dieser Brief ist zum Verständnis der Schrift Feuerbachs einzigartig. Er enthält den hermeneutischen Schlüssel Feuerbachs für die Erschließung und Durchführung des Themas und weist der Spätschrift „Zinzendorf und die Herrnhuter" von 1866 ihren systematischen Ort im Verhältnis zu den religionskritischen Hauptschriften von 1842 und 1843 zu: „Uebrigens ist das P r i n z i p zur Beurtheilung und geschichtlichen Werthbestimmung des Herrnhuterthums schon von mir ausgesprochen im ‚W e s e n d e s G l a u b e n s i m S i n n e L u t h e r s‘, auch am Schlusse der Erläuterungen zu den späteren Auflagen vom Wesen des Christenthums, und in den ersten Sätzen meiner ‚G r u n d s ä t z e d e r P h i l o s o - p h i e‘. Dort sage ich: der Protestantismus ist nicht mehr Theologie, sondern Christologie. Christologie ist aber die r e l i g i ö s e Anthropologie. Das Dogma der Dogmen, das Dogma, worin sich alle zuletzt als ihrem Endziel auflösen, in Sinnliches, ist die Liebe Gottes zum Menschen. Und zwar zum wirklichen, sinnlichen, nicht phantastisch entleibten Menschen des Katholicismus, ist der nichts andres als das und zwar selbst sensualistische Wesen des Menschen ausdrückende und vergegenständlichende Gott. Der Herrnhutianismus nun hat diesen Kern des Lutherthums entblösst und sich angeeignet, aber zugleich noch wieder angeknüpft und verhüllt in die Person Christi und in der Praxis mit absonderlichen pietistischen Elementen versetzt."[7] Hier hat Feuerbach sein

Beurteilungsprinzip, ja seine eigene T h e o r i e der religionskritischen Urteilsbildung mit dem Rückverweis auf die religionskritischen Hauptschriften zusammenfassend ausgesprochen, sodaß diese Notiz die Bedingung zum Verständnis der Spätschrift von Feuerbachs Selbstverständnis erschließt.

Mit demselben Brief schickt Feuerbach eine Abschrift des Originals an F.Kapp mit dem Hinweis, „nicht einen förmlich ausgearbeiteten Essay über die Herrnhuter" angefertigt zu haben, sondern eine „Arbeit, auf deren Inhalt, freilich nicht Form, ich übrigens ein Vierteljahr Zeit und Kraft verwendet habe".[8] Die Angaben dieses Briefes ermöglichen die Entstehungszeit der Spätschrift binnen eines Vierteljahres anzusetzen. Sie ist also nach dem 1. März und vor dem 9. Juli 1866 entstanden. Feuerbachs Original ist posthum von Karl Grün aus Feuerbachs Nachlass 1874 veröffentlicht und unverändert von Wilhelm Bolin und Friedrich Jodl übernommen worden.[9]

2. Die Literatur: Feuerbachs Durchführung der Arbeit hängt wesentlich von den ihm vorliegenden Quellen ab, denn er schreibt an F.Kapp: „Wie viele Themata habe ich nicht schon gänzlich aufgegeben, wie viele nur beschränkt lösen können, weil es mir an den nöthigen Büchern fehlte oder sie mir erst verschaffen konnte, nachdem längst das Feuer der Lust zur Arbeit verraucht war."[10] „Nicht das Studium auch der trockensten, in Folianten aufgehäuften Materials, wenn es zur Sache gehört, schrickt mich ab; aber widerlich ist das mir noch dazu so oft vergebliche Zusammensuchen, Zusammenbetteln des Materials."[11]

Feuerbachs Quellen stammen aus dem 17. – 19. Jahrhundert. Sie sind vollständig im Literaturverzeichnis aufgeführt. Sie können in drei Gruppen mit einem Hinweis auf ihre ihnen eigentümliche Gattung eingeteilt werden. (1) Die Quellen von Zinzendorf und den Herrnhutern: Die Schriften Zinzendorfs: Seine posthum herausgegebenen „Reden über die vier Evangelisten" enthalten im ersten Band Predigten über das Matthäus-Evangelium. Zinzendorfs „Naturelle Reflexionen" spiegeln eine Konfession wieder, die in dem kontroverstheologischen Streit um die Herrnhuter zu einer Apologie wurde. Angefügt ist dieser Schrift die „Reale Beylage", die Protokolle und apologetische Gelegenheitsschriften Zinzendorfs enthält. Die Schriften Spangenbergs: Spangenberg hat als Vertrauter und engster Mitarbeiter Zinzendorfs die „Apologetische Schluß-Schrift" herausgegeben, in der er die Polemik der orthodoxen Gegner Zinzendorfs in Form von Quaestiones geordnet Zinzendorf zur

Beantwortung vorgelegt hat. Fragen und Antworten sollen die Polemik der Gegner entkräften. Weiter hat Spangenberg eine Biographie Zinzendorfs geschrieben, die von allen weiteren unter (2) aufgeführten Autoren genannt und verarbeitet wird.

(2) Die Quellen zu Zinzendorf und den Herrnhutern: Feuerbach greift auf zwei kirchengeschichtliche Gesamtdarstellungen zurück, die Arbeiten von Mosheim/Schlegel und C.F.Stäudlin, die ihm eine umfassende Information zu seinem Thema und der protestantischen Theologie bieten. J.R.Schlegel und C.F.Stäudlin sind bestrebt, J.L.Mosheim, dem Begründer der neueren historisch-kritischen Kirchengeschichtsschreibung, zu folgen, indem sie eine objektive und nicht kontrovers-theologisch orientierte Arbeit leisten. Als Zeitgenosse Zinzendorfs schreibt G.E.Lessing seine „Gedanken über die Herrnhuter" und richtet sie als eine Apologie gegen die Polemik der lutherischen Orthodoxie. Der romantische Schriftsteller A.G.Meissner hat einen Brief „über die Oberlausitz" an den Herausgeber H.Ch.Boie der Monatsschrift „Deutsches Museum" verfasst, in dem er einen Besuch in Herrnhut schildert. K.A.Varnhagen van Ense hat eine Zinzendorf-Biographie geschrieben, die jedoch nicht den Umfang und das sachliche Niveau der Biographie aus der Feder Spangenbergs erreicht. (3) Weitere Quellen Feuerbachs sind seine, auch in den anderen religionskritischen Schriften zitierte, wenig verbreitete Leipziger Lutherausgabe von 1729 – 1740 und eine Verteidigungsschrift Ph.J.Speners, die „Allgemeine Gottesgelehrtheit", die den ersten innerpietistischen Streit dokumentiert.

Feuerbachs Bemühen, Quellen und Materialien zu seinem Thema aufzufinden und sie zu verarbeiten, ist für ihn, wie für seinen Interpreten zu einem mühseligen Ringen geworden, da er schreibt: „L i e b e r K a p p ! Was ich verspreche halte ich, sollte es mir noch so schwer und sauer zu stehen kommen, wie es diesmal der Fall war,... Ich habe die Erfüllung meines Versprechens lediglich abhängig gemacht von dem äusseren Umstande, dass ich die nöthigen Quellen oder Materialien rechtzeitig erhalte. Ich habe sie erhalten,... und so war denn die Sache jetzt in die Klasse der Dinge versetzt, die – stoisch gesprochen – in nostra potestate sunt."[12]

3. Das Thema und die Methode: F.Kapp hat L.Feuerbach um einen Aufsatz über die „Herrnhuter" gebeten und Feuerbach hat das Thema „Zinzendorf und die Herrnhuter" gewählt. Dem Thema soll nachgegangen und nachgedacht werden, dessen Weg Feuerbach methodisch abgesteckt

hat. Seine Methode ist, aus der ihm vorliegenden Literatur vollständig ausgewiesene, unvollständig ausgewiesene und nicht ausgewiesene Zitate zu entnehmen. Den Zitaten folgen Kommentare, in die er sein Verständnis des Themas einträgt. Die Aufgabe der vorliegenden Arbeit ist der Nachvollzug der Interpretation Feuerbachs und deren Kritik. Daraus folgt ein zweifaches methodisches Vorgehen. (1) Zur Methode des Nachvollzugs der Interpretation: Zum einen wird Feuerbachs Zitation empirisch bis an den Ort ihrer Quellen zurückverfolgt und analysiert. Zum andern sind Feuerbachs Kommentare zu untersuchen. In ihnen sind nicht ausgewiesene Zitate und philosophische Beurteilungen verschmolzen. Die unausgewiesenen Zitate müssen aus Feuerbachs zitierten Schriften belegt werden. Hinter den philosophischen Beurteilungen stehen Voraussetzungen, die Feuerbachs erkenntnisleitendes Interesse bestimmen. Die philosophischen Voraussetzungen spiegeln Feuerbachs Hegel- und Idealismuskritik. Die Kritik bleibt auch nach dem Bruch mit Hegel eine versteckte Hegel-Rezeption, da Feuerbach nach eigenen Angaben Hegel verhaftet bleibt. Nach seinem Bruch mit Hegel konstatiert Feuerbach als 36-jähriger: „Ja, ich stand zu Hegel in einem intimeren und einflussreicheren Verhältniss, als zu irgendeinem unserer geistigen Vorfahren... Mein Lehrer also war Hegel, und ich sein Schüler... Und gewiss schwindet das, was wir einst gewesen sind, nie aus unseren Wesen..."[13] Da sich Feuerbach als Schüler Hegels bezeichnet und dessen Einfluß auf sich nicht leugnet und sich ihm nicht entziehen kann, sind Feuerbachs philosophische Voraussetzungen von der Philosophie Hegels aus zu bedenken, die in den Kommentaren in kritischer Differenz zu Hegel zur Sprache kommen. (2) Zur Methode der Kritik: Da Feuerbach in seiner Interpretation in der Verbindung von Zitaten und Kommentaren sein Thema sachlich entfaltet, muß eine Kritik an Feuerbachs Interpretation dreierlei berücksichtigen. Zum einen ist empirisch Feuerbachs Zitationsverfahren mit der Aussage der Zitate in Differenz zu der Intention der Zitierten herauszuarbeiten. Zum andern ist Feuerbachs Voraussetzung seiner spekulativen Hegel-Rezeption aufzudecken. In der jeweils verschieden gewichtig strukturierten Einheit von empirischen und spekulativen Aussagen, sucht Feuerbach schließlich eine Sachaussage zum Ausdruck zu bringen. Die Kritik ist als Sachkritik aus Feuerbachs Interpretation immanent zu entfalten und sucht Feuerbach nicht von außen, das heißt von dort zu beurteilen und seine Position zu fixieren, wo sie nicht ist und Feuerbach nicht steht. Das wäre ein Leichtes. Die Kritik sucht den Argumentationsgang von innen zu durchlaufen und die ausgesprochenen Gedanken im Spiegel der zitierten Literatur, die philosophischen Voraussetzungen der Hegel-Rezeption und deren synthetisches Urteil zur Sache da argumentativ aufzubrechen, wo es Feuerbachs Interpretation der Sache immanent erfordert. Darüber hinaus ist auf Aporien zu verweisen, die in der Zinzendorf-Abhandlung sichtbar werden. So wird die gemeinsame hermeneutische Voraussetzung von Feuerbachs eigener Interpretation und der vorliegenden Arbeit das Interesse an der gemeinsamen Sache, dem Thema „Zinzendorf und die Herrnhuter".[14]

Da die Spätschrift in nuce die gesamte Feuerbachsche Religions-, Theologie- und Idealismuskritik enthält, ist die Behandlung des Themas mit gezieltem Rückgriff auf das philosophische Gesamtwerk sachlich gefordert, um nicht Zinzendorf und Feuerbachs jeweilige Intention in der Sache unter dem Niveau ihres Selbstverständnisses zu interpretieren und so Feuerbachs Interpretation und deren Kritik gegen den eigenen Anspruch einer immanenten Auseinandersetzung zu verfehlen. Nur in der Einheit von empirischem und spekulativem Wissen läßt sich Feuerbachs vorausgesetzte Theorie einer religionskritischen Urteilsbildung im Vollzug ihrer eigenen Realisierung verstehen und kritisieren. Dabei wird die Kritik an der interpretatorischen Praxis Feuerbachs auf die ihr vorausgesetzte Theorie zurückschlagen.

Zur Gliederung der vorliegenden Arbeit: Teil I.-IV.1. analysiert, kritisiert und widerlegt Feuerbachs Gedankengang und Teil IV.2.-VI. sucht systematisch Feuerbachs nachweisliche interpretatorische Aporien aufzuarbeiten und einen verantwortlichen Ansatz der Theologie als konsequente Folge von Feuerbachs Interpretation aufzuzeigen. In der vorliegenden Arbeit wird Feuerbachs Schrift Schritt für Schritt durchbuchstabiert werden. Dieser Weg wird angesichts der formalen Mängel von Feuerbachs Schrift mit ihrer fahrlässigen und ungenauen Zitation lang, aber vielversprechend. Der Versuch einer Gliederung von Feuerbachs Schrift „Zinzendorf und die Herrnhuter" ist der vorliegenden Arbeit beigefügt. Die Gliederung muß ein Versuch bleiben, da Feuerbach seinen Text nicht klar gegliedert hat. Feuerbach selbst gesteht im Blick auf das Ergebnis seiner schriftstellerischen Tätigkeit, daß er oft nicht die treffende Form für die ihr entsprechenden Aussagen findet. Feuerbach: Meine Arbeit „ist, obwohl gründlich in der Sache, nachhaltig geschrieben in dem Widerspruch meiner löblichen Schreibart, trotzige Kürze, die nicht sagen mag, was sie sagen kann, und nachgiebige Breite, die nicht genug sagen kann, was sie einmal sagt – tritt um so auffallender hervor, je kleiner die Schrift, denn sie beträgt nur ein paar Bogen, da ich die Schlußentwicklung gestrichen, sie als ein eigenes Thema für eine zukünftige Schrift aufbewahrend" vorgesehen habe.[15]

[1] K. Barth, KD IV/1, 763.
[2] Vgl. H. Dippel, Art. F. Kapp, in: NDB, Bd. 11, 134 f..
[3] SW XIII, 307 (Brief Nr.299 von F.Kapp an L.Feuerbach vom 10. Dezember 1864). Vgl. F.Kapp, Geschichte der deutschen Einwanderung in Amerika. Erster Band. Die Deutschen im Staate New=York bis zum Anfang des neunzehnten Jahrhunderts, Leipzig 1868, 199-228 (Zehntes Kapitel. Die Herrnhuter in Schekomeko). Die Begegnung der Indianer und Weißen hat einen dokumentarischen Niederschlag gefunden, auf den F.Kapp zurückgreift: G.H.Loskiel, Geschichte der Mission der evangelischen Brüder unter den Indianern in Nordamerika, Barby 1789, jetzt in: ZMuD R 2, Bd.XXI, hg v. E. Beyreuther und M. Meyer. Mit einer Einführung v. Matthias Meyer, Hildesheim und New York 1989. Darüberhinaus erbittet F.Kapp L.Feuerbachs Mithilfe und Vorarbeit.
[4] SW XIII, 308 f. (Brief Nr. 309 von L.Feuerbach an F.Kapp vom 5. Januar 1865).
[5] SW XIII, 317. (Brief Nr. 309 von L.Feuerbach an F.Kapp vom 1. März 1866).
[6] Gegen F. Jodl, Vorwort zu: L.Feuerbach, SW X, S.IX, der die Entstehung in dem Jahr 1865 annimmt. K.Grün, Ludwig Feuerbach in seinem Briefwechsel und Nachlaß, sowie seiner philosophischen Charakterentwicklung dargestellt, Bd.2, Leipzig und Heidelberg 1874, 110 f., auf den sich Jodl beruft, läßt das Entstehungsjahr offen.
[7] SW XIII, 318. Die Feuerbach-Rezeption durch F.Kapp ist in meinem Beitrag aufgezeigt: Realisierung statt Annihilierung des Protestantismus. Eine transatlantische Zusammenarbeit von Ludwig Feuerbach und Friedrich Kapp über die Herrnhuter, in: Pietismus – Herrnhutertum – Erweckungsbewegung. Festschrift für Erich Beyreuther, hg v D.Meyer, Köln 1982, 362-411.
[8] SW XIII, 326. (Brief Nr.314, L.Feuerbach an F.Kapp vom 9. Juli 1866).

[9] K.Grün, a.a.O., Bd.2, 237-252. „Ludwig Feuerbachs Sämtliche Werke", neu herausgegeben von W. Bolin und F. Jodl, enthalten die Zinzendorf-Abhandlung in unverändertem Nachdruck in Band X, 68-87. Die Ausgabe „Sämtliche Werke" (= SW) ist 1960 unverändert wiederabgedruckt worden. Nach dieser Ausgabe wird die Spätschrift über „Zinzendorf und die Herrnhuter" zitiert, wobei jeweils die Seitenzahlen im Text oder in den Anmerkungen in () gesetzt sind. In der von Werner Schuffenhauer seit 1967 herausgegebenen Ausgabe „Ludwig Feuerbach. Gesammelte Werke" ist die Zinzendorf-Abhandlung noch nicht erschienen. Auf Grund der editorischen Leistung werden die anderen Schriften Feuerbachs jedoch weitgehend nach der Ausgabe der „Gesammelten Werke" (= GW) zitiert. Vgl. zum Zitations-Abkürzungsverfahren der vorliegenden Arbeit das Literaturverzeichnis.

[10] SW XIII, 309. (Brief Nr. 300 von L.Feuerbach an F.Kapp vom 5. Januar 1865).

[11] SW XIII, 317. (Brief Nr. 309 von L.Feuerbach an F.Kapp vom 1. März 1866).

[12] SW XIII, 325. (Brief Nr. 314 von L.Feuerbach an F.Kapp vom 9. Juni 1866).

[13] K.Grün, a.a.O., Bd.1, 387, vgl. U.Schott, Die Jugendentwicklung Ludwig Feuerbachs bis zum Fakultätenwechsel 1825. Ein Beitrag zur Genese der Feuerbachschen Religionskritik. Mit einem bibliographischen Anhang zur Feuerbachliteratur, Göttingen 1973, 120-129.

[14] SW XIII, 326. Feuerbach: „Ich behandle das Thema zweimal." D.h.: (68-74) und (74-87). (Brief Nr. 314 von L.Feuerbach an F.Kapp vom 9. Juli 1866).

[15] GW 18, 354 (Brief Nr. 414 von L. Feuerbach an Ch. Kapp vom 18. Mai 1844).

I. FEUERBACHS INTERPRETATION ZINZENDORFS ALS LUTHER-RENAISSANCE

1. Das Wesen der Herrnhuter im Vergleich mit anderen Religionsgemeinschaften

Ludwig Feuerbach beginnt seine Studie über „Zinzendorf und die Herrnhuter" aus dem Jahre 1866 mit einer Charakterisierung des Herrnhutertums: „Die Herrnhuter, die ‚evangelische Brüderunität', erneuerte ‚Brüderkirche', auch schlechtweg ‚Brüdergemeine' genannt, sind eine den englischen ‚Quäkern' und ‚Methodisten' verwandte Religionsgesellschaft, und wie jene das Wesen des Christenthums nicht in die Lehre, sondern in das Leben, nicht in die Dogmatik, sondern in die Moral setzend, sich aber von ihnen, abgesehen von dem Unterschiede der Individualität und Nationalität ihrer Stifter, dadurch unterscheidend, dass ‚ihre Moral in gewissen Stücken nicht so streng, als die der Quäker und Methodisten ist." (68).

Aus der von Feuerbach benutzten Literatur wird ersichtlich, wie er Ausführungen aus zwei kirchengeschichtlichen Gesamtdarstellungen in einem Satz verbindet, dabei aber nicht die ausgewerteten Arbeiten zur Sache benennt.

Erstens folgt er stark verkürzend der Definition und Erläuterung in der Namensgebung, die in der K i r c h e n g e s c h i c h t e J.L. von Mosheims im sechsten Band erhellend gegeben wird:

„Die Entstehung der evangelischen Brüdergemeine ist eine so merkwürdige Erscheinung unseres Jahrhunderts, daß wir ihr ein eigenes Hauptstück wiedmen müssen; welches um so billiger sich an die Geschichten der protestantischen Kirchen anschließt, da diese Gemeine sich äusserlich zur augsburgischen Confession bekennet, und heut zu Tag keine von den andern Protestanten durch einen besonderen Lehrtypus getrennte Partey vorstellt, sondern sich nur durch eigene Anstalten, Kirchenzucht und Uebungen von jenen unterscheidet. Man nennt sie insgemein H e r r n h u t h e r von dem Ort Herrnhuth in der O b e r l a u s i t z , wo sie sich zuerst angebauet, und von da weiter ausgebreitet haben; auch Z i n z e n d o r f i a n e r , von ihrem Stifter, dem Grafen von Zinzendorf. Sie selbst nennen sich die v e r e i n t e e v a n g e l i s c h e B r ü d e r - g e m e i n e , oder kurzweg die B r ü d e r u n i t ä t a u g s b u r - g i s c h e n B e k e n n t n i s s e s . Unter dieser Benennung sind sie 1749 in England durch eine Parlamentsacte für eine uralte evangelische bischöfliche Kirche erkannt worden; und so werden sie auch in öffentlichen Rescripten von den hohen Collegien des Königs von Preussen, des Kurfürsten von Sachsen und von andern Fürsten genannt. E v a n g e l i s c h nennen sie sich, um zu bezeugen, daß sie sich zu dem reinen und unverfälschten Evangelium Jesu Christi bekennen; B r ü - d e r , um ihrer einigen Vereinigung willen, und in Rücksicht auf die Worte Christi: I h r s e y d a l l e B r ü d e r , vielleicht auch, um den Sprachgebrauch der ersten christlichen Kirchen nachzuahmen; d i e B r ü d e r u n i t ä t aber, wie sie behaupten, in Beziehung auf den Ausspruch Christi: A u f d a ß s i e a l l e E i n e s s e y e n ; in der That aber deswegen, weil schon die alten m ä h r i s c h e n B r ü d e r , für deren Abkömmlinge der Graf seine Gemeine gehalten haben wollte, den Namen B r ü d e r u n i t ä t unter sich eingeführt hatten."[1]

In Feuerbachs einleitenden Ausführungen sind die übernommenen Wortzitate und Wortgruppenzitate mit besonderen hier eingefügten Zitatzeichen kenntlich gemacht. Im Vergleich zu dem Wortlaut in Mosheims Kirchengeschichte greift Feuerbach nur einige Schlüsselworte zur Definition auf. Aufschlußreich ist, daß die Beziehung zur Brüdergemeine in England bei Mosheim gegeben wird, die Feuerbach nicht zitierend berücksichtigt, aber im Fortgang seines angefangenen Satzes aus einem anderen kirchengeschichtlich bedeutsamen Werk zur Sprache bringt.

Nach der Begriffserklärung beginnt Feuerbach mit einem unausgewiesenen Zitat aus der „Geschichte der theologischen Wissenschaften seit der Verbreitung der alten Literatur, Zweyter Theil", der identisch ist mit der „Geschichte der L i t t e r a t u r von ihrem Anfang bis auf die neuesten Zeiten. Von Johann Gottfried Eichhorn, Sechster Band. Zweyte Abtheilung".[2]

Mit ‚Quäkern' und ‚Methodisten' geraten Gruppen aus dem anglo-amerikanischen Raum in den Blick. In das unausgewiesene Sinnzitat Feuerbachs ist der bei Stäudlin nicht erwähnte Unterschied der Stifter in ‚Individualität' und ‚Nationalität' eingezeichnet. Diese Einzeichnung ist richtungsweisend, wie unten nachgewiesen wird. Vor einem Kommentar Feuerbachs ist ein langes Satzzitat aus Stäudlin/Eichhorn belegbar. In ihm werden die methodistischen und die herrnhutischen Gemeindegründungen verglichen und zuvor eine saloppe Charakteristik Zinzendorfs von seinem Lebensstil und der ihr angeblich entsprechenden unredlichen Akkomodationstheorie versucht:

„"Eine gewisse Galanterie und Weltlichkeit verlor sich bei dem gottseligen Grafen Zinzendorf niemals gänzlich, und etwas davon kam auch in
seine Lehre und Anstalt. Unwahrheiten zu einem frommen Zwecke und
unredliche Accomodationen hielt er garnicht für Unrecht und erlaubte
sie sich selbst zuweilen; auch gab er zu, sich der Welt mehr gleichzustellen
als andere ähnliche Sekten. Die Herrnhuter Versammlungen und Ge-
meinörter haben bei aller Einfachheit doch etwas Schönes, Elegantes
und Geputztes an sich. Man darf sie nur mit den quäkerischen Ansiedlun-
gen und Versammlungen vergleichen. J o h n W e s l e y , der Stifter der
Methodisten, machte Bekanntschaft mit den Herrnhutern, um von ihnen
zu lernen und für seine Anstalten Nutzen zu ziehen, zerfiel aber mit Zinzendorf, weil dieser Nothlügen und eine gewisse Gleichstellung mit der
Welt vertheidigte.'"[3]
Karl Friedrich Stäudlin, der anfänglich Immanuel Kants „Kritik der praktischen Vernunft" in die Moraltheologie überführte, hat, bei späterer
Betonung des supranaturalen Charakters des Christentums, Persönlichkeit und Werk Zinzendorfs dargestellt, was Feuerbach übernimmt, wobei
die Bezeichnung „Sekte(n)" für die Herrnhuter sachlich unangemessen
ist, wie bereits die Begriffserhellungen aus der Mosheimschen Kirchengeschichte ergeben haben. Richtig ist indessen, daß Zinzendorf und Wesley
einander begegneten, was sachlich und geschichtlich treffender ist als die
inkommensurable Gegenüberstellung von Herrnhutern und Quäkern.
Jetzt sollen die Autoren der aufgeführten Gesamtdarstellungen näher
beleuchtet werden, sodaß ersichtlich wird, auf welche Weise und zu welchem Zeitpunkt Feuerbach von ihnen Kenntnis genommen hat. Darauf
wird versucht, die erste literarische Bekanntschaft in ihrer Auswirkung
auf das Gesamtwerk Feuerbachs darzulegen. Die Rezeption wird in
unterschiedlichen Werken und zu verschiedener Zeit von Feuerbach vorgenommen, sodaß eine wirkungsgeschichtliche Abhängigkeit ersichtlich
wird.
Wie bereits nachgewiesen wertete Feuerbach bei der Niederschrift über
„Zinzendorf und die Herrnhuter" im Jahre 1866 grundlegende Überblicksdarstellungen aus. Die erste Lektüre dieser Darstellungen geht nun
in den Herbst 1822 zurück, also der Zeit vor Aufnahme des Theologiestu-
diums, wie Feuerbach in der Autobiographie von 1846 darlegt:
„In dieser Zeit studierte und exzerpirte ich Gibbon's Verfall des römischen Reiches, Mosheim's Kirchengeschichte, Herder's Briefe über das
theologische Studium, Eichhorn's Einleitung in das A. und N. Testament,

und eine theologische Literaturgeschichte des 19. Jahrhunderts. Auch machte ich in dieser Zeit Luther's und Hamann's Bekanntschaft."[4]
Bereits J. Wallmann hat darauf hingewiesen, daß der junge Feuerbach „Luthers und Hamanns Bekanntschaft" durch das anläßlich des Reformationsjubiläums von 1817 durch F. Roth und F.I. Niethammer 1816 in Nürnberg herausgegebene dreibändige Lutherbrevier „Weisheit Luthers" gemacht hat. Feuerbachs intensive und einschlägige Lektüre Luthers setzt aber erst in den vierziger Jahren ein.[5]
Wie schon Cesa herausgestellt hat, hängen die von Feuerbach studierten Schriften literarisch zusammen: Gibbon verweist in den Anmerkungen ständig auf die von ihm als belesen, gelehrt und geschätzte Kirchengeschichte Mosheims, während Herder in seinen „Briefen das Studium der Theologie betreffend", die Feuerbach las, neben anderen Theologen besonders Eichhorn empfiehlt.[6]
„Bedeutsam ist aber auch der innere Zusammenhang dieser Schriften (bis auf Luther), der sachlich durch eine – wie im Einzelnen auch immer modifizierte Abhängigkeit von der Aufklärung gegeben ist, die mit ihrer Tendenz zur Emanzipation der Vernunft von Offenbarung bei fast allen ihren Vertretern zur Religionskritik führte. Dies gilt für die unmittelbare Aufnahme dieser Tendenz durch die historische Kritik an Christentum (Gibbon) und Bibel (Eichorn), wie auch indirekt für Mosheims Versuch, mit Hilfe seiner ‚pragmatischen Methode' der Kirchengeschichtsschreibung zwischen Orthodoxie und Aufklärung zu vermitteln. Ja selbst Hamann und Herder, die mit ihrer Synthese von Göttlichkeit und Geschichtlichkeit der Offenbarung die einseitig empirisch-rationalistische Geschichtsauffassung zu überwinden versuchten, gehen damit ja nicht hinter die Aufklärung zurück, sondern über sie hinaus.
Bedeutsam für Feuerbachs Entwicklung dürfte auch der Umstand gewesen sein, daß – neben Mosheims Kirchengeschichte – jenes überwiegend negative Bild des Christentums den Ausgangspunkt seiner Studien bildete, welches der englische Deist Edward Gibbon in seiner ‚History of the Decline and Fall of the Roman Empire' von 1776/78 zeichnete."[7]
Feuerbachs Auswertung der Kirchengeschichte Mosheims läßt sich deshalb nachweisen, da er in seiner Schrift „Zinzendorf und die Herrnhuter" bei dem vergeblichen Versuch ein Lessingzitat zu belegen, „J.R. Schlegels Kirchengeschichte des 18. Jahrh., II.Bd., Heilbronn 1788, S.908" aufführt (86). Johann Rudolph Schlegels Arbeit ist, wie das Titelblatt beweist, identisch mit Johann Lorenz von Mosheims Kirchengeschichte

des Neuen Testaments, dem sechsten Band, Heilbronn 1788. Die von Feuerbach 1846 benannte „theologische Literaturgeschichte" bezeichnet den Kurztitel der „Geschichte der Literatur…" von Johann Gottfried Eichhorn, die im fünften Band den ersten und im sechsten Band den zweiten Teil der „Geschichte der theologischen Wissenschaften seit der Verbreitung der alten Literatur. Von Carl Friedrich Stäudlin", Göttingen 1810 bzw. 1811, enthält. Daß Herder für Feuerbach im Jahre 1866 eine gewichtige Autorität ist, beweist ein Zitat, daß Feuerbach an die Spitze der „Urtheile über Zinzendorf und (die) Herrnhuter überhaupt" stellt (86).

Neben der Lektüre 1822, der biographischen Rückerinnerung 1846 und der oben nachgewiesenen Verarbeitung der Werke von J.R. Schlegel und J.L. von Mosheim, C.F. Stäudlin und J.G. Eichhorn im Jahre 1866 ist es aufschlußreich, daß diese Autoren im Gesamtwerk Feuerbachs Erwähnung finden oder zitiert werden.

C.F. Stäudlin wird zitiert:

1. in „Spinoza und Herbart" 1836[8] und
2. in den „Vorlesungen über das Wesen der Religion" von 1851.[9]

J.G. Eichhorn wird zitiert:

1. in „Pierre Bayle. Ein Beitrag zur Geschichte der Philosophie und Menschheit" von 1838,[10]
2. in einer Erweiterung zur dritten und umgearbeiteten dritten Auflage der Schrift „Das Wesen des Christentums" von 1849[11] und
3. in „Spiritualismus und Materialismus, besonders in Beziehung auf die Willensfreiheit" aus dem Jahre 1866 in den „Anmerkungen und Belegstellen".[12]

Johann Lorenz von Mosheim, Mitbegründer der Universität Göttingen, Bahnbrecher der modernen Predigt und Begründer der neueren Kirchengeschichtsschreibung wird als Herausgeber von Rudolphi Cudworthi: „Systemata Intellectuale huis universi, Lugduni Batavorum Ed.II 1773" zitiert:

1. in der „Geschichte der neuern Philosophie von Bacon bis Spinoza" in der 3. Auflage der zweiten und dritten Fassung unter der Überschrift: „Kritische Schlußbemerkungen von 1847",[13]
2. in der „Geschichte der neuern Philosophie. Darstellung, Entwicklung und Kritik der Leibnizschen Philosophie" von 1837 und 1844,[14]
3. im „Anhang. Anmerkungen und Beweisstellen" zu der Schrift „Das Wesen des Christentums" in der dritten, umgearbeiteten und vermehrten Auflage von 1849,[15]

4. in den „Vorlesungen über das Wesen der Religion" von 1846[16] und
5. in der Schrift „Theogonie nach den Quellen des klassischen, hebräischen und christlichen Altertums" von 1857 und 1866.[17]

Die Schrift „Zinzendorf und die Herrnhuter" steht, wie oben dargestellt, hinsichtlich der allgemeinen und einführenden Literatur im Lichte der Gesamtdarstellungen, deren Autoren Feuerbach zeitlebens zitierte, wenn auch nicht immer bibliographisch vollständig und im Wortbestand ausgewiesen. So erscheint einiges als Interpretation Feuerbachs, was streng genommen Gedanken und Zitate ungenannter Autoren sind.
Der Wesley-Zinzendorf-Zwist läßt sich indessen nicht aus den von Feuerbach zitierten Gesamtdarstellungen erhellen. Sachlich und historisch ist es richtig, daß Gespräche und Begegnungen stattfanden, die weichenstellend für die Entwicklung von Herrnhutertum und Methodismus wurden. Das Stäudlin-Zitat hat Überleitungsfunktion für Feuerbachs spätere Lutherdeutung bei Zinzendorf. Die von Feuerbach markierte Differenz zwischen Wesley und Zinzendorf ist aus keiner ihm vorliegenden Quelle belegbar.

2. Luther im Streit zwischen John Wesley und Zinzendorf

Hier wird dargelegt werden, wie Feuerbachs Deutung im Gegensatz zu der authentischen Kontroverse erfolgt.

2.1. Die Einheit von Luthertum und Deutschtum

Feuerbach bemerkt zu der Trennung von Wesley und Zinzendorf:
„Wesley zerfiel aber mit Zinzendorf keineswegs aus diesem Grunde allein; der Hauptgrund der Differenz, die Hauptbeschuldigung, die Wesley dem Zinzendorf machte, war vielmehr, dass er ‚blindlings dem Luther folge und anhänge'". (68 f.)
Die im Zitat markierte Zitation stammt aus der Feder Feuerbachs. Sie ist aus der an anderer Stelle zitierten Zinzendorf-Biographie August Gottlieb Spangenbergs von Feuerbach ohne Hinweis auf den Fundort übernommen.[18]
Wesleys authentischer Vorwurf dient Feuerbach als Aufhängepunkt einer sonst aus Feuerbachs ausgewerteter Literatur nicht belegbaren Folgerung: „ – ein Vorwurf, der sich aber zuletzt nur darauf reducirte, dass der

Stifter der Methodisten ein Engländer, der Stifter der Brüdergemeinde ein Deutscher war; denn Deutschthum und Lutherthum ist unzertrennlich, ist eins." (69).

In der unterschiedlichen Nationalität der Kirchenstifter erblickt Feuerbach den Grund und die Veranlassung für die Trennung beider Persönlichkeiten.

Diese Vorentscheidung bei der Urteilsfindung verblüfft. Denn die „Fragmente zur Charakteristik meines philosophischen curriculum vitae" gehen in anderer Richtung, was das Nationalgefühl betrifft: „‚Was Menschentum! Deutschtum ist unser Losungswort. Deutsch sind wir und wollen wir sein.' Ich habe nichts dawider; aber warum ereifert sich denn euer Patriotismus nur gegen die Konsequenz des Christentums, das Menschentum, nicht gegen das Christentum selbst? Das Christentum lehrt aber nicht: Gott und der Deutsch Michel sind eins, sondern: Gott und der Mensch sind eins."[19] Feuerbach betrachtet in der Gegenüberstellung von Wesley und Zinzendorf nicht die Einheit des Verhältnisses von Gott und Mensch, sondern die Einheit des zerstörten Verhältnisses von Deutschtum und Lutertum: „Es war nur die Macht des Auslandes, des Romanismus, des Jesuitismus, die dieses Band, diese Einheit zerrissen hat. Also der wahre und letzte Grund der Entzweiung zwischen Wesley und Zinzendorf ist einfach der, dass dieser ein Deutscher und Lutheraner, und zwar eingefleischter Lutheraner war." (69).

Der Hinweis auf die Macht des Auslandes, den Jesuitismus und den Romanismus wird in kritischer Absicht gegeben. Feuerbachs Ablehnung des Katholizismus wird in den religionskritischen Hauptwerken wie das „Glaubensbekenntnis" eines lutherisch-orthodoxen Interpreten deutlich. In der Rezension „Über den Marienkultus. ‚Die Glorie der heiligen Jungfrau Maria. Legenden und Gedichte nach spanischen, italienischen, lateinischen und deutschen Relationen und Originalpoesien.' Durch Eusebius Emmeran" wird ein bissiges und abschätziges Schlußurteil über katholische Marienverehrung gesprochen: „Notwendig hat daher ihr Kultus die geschmacklosesten, naturwidrigsten und unvernünftigsten Vorstellungen, Gesinnungen und Handlungen zur Folge. Wer sich hier ausführlicher belehren lassen will, lese nur die Schriften von A. v. Bucher, und er wird staunen über die unsägliche Fülle von Unflat und Unsinn, von Dummheit und Albernheit, welche der Jesuitismus mit seinem Marienkultus über Bayern ausgeschüttet hat."[20] In Feuerbachs Monographie „Pierre Bayle. Ein Beitrag zur Geschichte der Philosophie und Menschheit" von 1838 lautet die erste Überschrift: „Der Katholizismus oder der Gegensatz von Geist und Fleisch", unter dem nicht nur der genannte Dualismus, sondern auch die Wissenschaftszurückhaltung des Katholizismus angeprangert wird: „Nicht weniger als die Kunst widerspricht die Wissenschaft dem innern, wahren Wesen des Katholizismus. Wieso? Wer wird die großen Verdienste der Klöster und Päpste um die Wissenschaft leugnen wollen? Niemand, der wenigstens bei Verstande ist, wird diese Tatsache leugnen, aber wohl die gewöhnliche Erklärung derselben. Was die Päpste alles getan und gewirkt, das haben sie deswegen noch nicht immer als heilige Väter, im Einklang mit ihrem ursprünglichen Beruf getan. Oder war Leo der X. als leidenschaftlicher Jäger und Liebhaber des Lustspiels usw. auch der heilige Vater?"[21] Trotz beträchtlicher äußerer Anstrengungen sieht Feuerbach Bildungs- und Wissensdrang im Katholizismus gegängelt und gedrückt. Folglich opponiert er: „Der wissenschaftliche Geist widerspricht dem Geist des Katholizismus... Dem frommen Stifter des Jesuitenordens, dem heiligen Ignatius, war daher das Studieren eine wahre Marter, weil er es nur aus äußerlichen Gründen, nur im Widerspruch, mit seiner katholischen Frömmigkeit trieb: ‚Nulla (praeterea) voluptatis, quam ex studiis caperet, invitatus illecebra... et propter degustatam spiritus suavitatem a studiis literarum abhorrebat."[22]

Die Wirkung der katholischen Volksfrömmigkeit und die Verkennung der Wissenschaften bedeuten für Feuerbach eine doppelte Gefährdung für Deutschland. Deswegen befürwortet Feuerbach die Reformation und den Protestantismus: „Der Widerspruch des Katholizismus mit dem Wesen des Menschen war der innere Grund der Reformation. Der Protestantismus hob den falschen Gegensatz von Fleisch und Geist auf. Er führte unter Sang und Klang den Menschen aus dem Kirchhof des Katholizismus wieder ins bürgerliche und menschliche Leben ein. Er verwarf daher vor allem auch das Zölibat als eine dem Naturrecht des Menschen widersprechende, gottlose, willkürliche Satzung. Aber der Protestantismus, wie er sich als Kirche verwirklichte, befreite und errettete den Menschen nur von seiner praktischen, nicht von seiner theoretischen oder intellektuellen Seite; die höheren Ansprüche, Rechte des Erkenntnistriebes, die Ansprüche der Vernunft anerkannte und befreite er nicht."[23]

Feuerbach begrüßt die reformatorische Wirksamkeit Luthers und bejaht, obwohl er philosophisch den Geltungsbereich der Vernunft eingeengt sieht, die deutsche Reformation. Die Reformation in anderen Ländern ist kein Thema.

8

Als Ergebnis ist festzuhalten:
Feuerbach sieht in Zinzendorfs Nationalität und seinem lutherischen
Bekenntnis den Ursprung der Kontroverse mit Wesley begründet, da er
Zinzendorf lutherisch und als Deutschen interpretiert. Tatsächlich ent-
stammt Zinzendorf österreichischem Hochadel.
Aus der Parteinahme Feuerbachs zugunsten des Luthertums erklärt sich
die schroffe Ablehnung des Katholizismus, die aber im Fall Wesleys überhaupt keinen Sinn gibt: Wesley ist nicht katholisch beeinflußt. Deshalb ist
eine kirchengeschichtliche Klarstellung notwendig, um den entscheiden-
den Punkt der Meinungsverschiedenheit zwischen Wesley und Zinzendorf fixieren zu können.

2.2. Begegnung und Trennung von Wesley und Zinzendorf

1735 hatte John Wesley die Herrnhuter kennengelernt, als er, der in
Oxford Theologie studiert hatte, in die amerikanische Kolonie Georgia
fuhr, um als anglikanischer Pfarrer unter Siedlern und Indianern zu arbeiten. Wesley fühlte sich von einer brüderischen Reisegruppe angesprochen
und war von deren Frömmigkeit tief beeindruckt. Insbesondere faszi-
nierte es ihn, wie in einer gefährlichen Sturmsituation die Herrnhuter
voller Fassung und Glaubensgewißheit die Möglichkeit des eigenen Todes
mit Gebet und Gesang bewältigten. Während seines Aufenthaltes in
Georgia hatte er öfters Kontakt mit Zinzendorfs Mitarbeitern und dem
Bischof August Gottlieb Spangenberg. Auch nach seiner Rückkehr hatte
er weiterhin Kontakt mit den Brüdern. In langen seelsorgerlichen
Gesprächen mit Peter Böhler, der sich als Herrnhuter Missionar auf dem
Weg nach Amerika befand, bereitete sich das für Wesley grundlegende
Bekehrungserlebnis vom 24. Mai 1738 vor.[24]
Wesley schreibt von seiner Bekehrung. Dabei ist von besonderem Inter-
esse, daß Luthers Vorwort zum Römerbrief für Wesley eine Erleuchtung
bedeutete.
„In the evening I went very unwillingly to a society in Aldersgate-Street,
where one was reading Luther's preface to the Epistle to the Romans.
About a quarter before nine, while he was describing the change which
God works in the heart through faith in Christ, I felt my heart strangely
warmed. I felt I did trust in Christ, Christ alone for salvation: And an
assurance was given me, that he had taken away my sins, even mine, and
saved me from the law of sin and death."[25]

Wir sehen, wie Luthers Theologie für Wesley wegweisend wurde, was in Feuerbachs Wesley-Deutung nicht klar wird.

Bald nach diesem Datum trat Wesley eine Deutschland-Reise an. Die erste Brüdergemeinsiedlung, die er aufsuchte, war Heerendijk in Holland. In Marienborn, der nächsten Station, traf Wesley mit Zinzendorf zusammen. Dann fuhr er weiter nach Herrnhut, wo er sich von Augenzeugen wie den Gebrüdern Neißer, David Schneider und vor allem Christian David ausführlich über die Entstehung und das Leben in der bruderschaftlichen Gemeine informieren ließ. Was er in den Gemeinorten sah und hörte, erfüllte Wesley überwiegend mit Bewunderung. Begeistert schrieb er deshalb an seinen Bruder Charles: „Der Geist der Brüder übertrifft unsere höchsten Erwartungen. Ob jung, ob alt, strömten sie zu jeder Zeit und an jedem Ort nur Glauben und Liebe aus."[26] Am 14. März 1740 teilte James Hutton, ein englischer Vertrauensmann Zinzendorfs, diesem nach Wesleys Rückkehr nach England mit, er befürchte, daß sich Wesley allmählich zum offenen Gegner Christi entwickle, denn er wolle alles selber machen und vermische Gesetz und Evangelium in seiner Verkündigung.[27] Einige Monate später, am 20. Juli 1740, erfolgte der offene Bruch, bei dem Wesley Gliedern der Fetter Lane Society, einer Gesellschaft, die im Stil des brüderischen Zusammenlebens organisiert war, vorwirft, daß sie in einseitiger Luther-Gefolgschaft die Rechtfertigungslehre zu stark hervorheben und die Frage nach dem Gesetz und der Heiligung des Lebens vernachlässigen.

2.3. Theologische Differenzen im Dialog – Auswertung

Kurz vor Zinzendorfs Abreise von England nach Pennsylvanien kam es am 3. September 1741 zu einem von beiden angestrebten Gespräch, das aber nicht die ersehnte Versöhnung erbrachte. Das im Park der Juristenvereinigung Gray's Inn abgehaltene Gespräch hat Wesley lateinisch aufgezeichnet, das auch Zinzendorf mit der Veröffentlichung in der „Büdingschen Sammlung" gleichsam authorisierte. Zur Erleichterung der Lektüre ist dem ursprünglich lateinischen Text eine spätere, deutsche Übersetzung beigeordnet.

Z.   Cur Religionem tuam mutasti? (Warum hast du deine Religion (Überzeugung) gewechselt?)

10

W.   Nescio me Religionem mutasse. Cur id sentis? Quis hoc tibi retulit? (Ich bin mir nicht bewußt, meine Religion (Überzeugung) gewechselt zu haben? Wie kommst du darauf? Wer hat dir dies berichtet?)

Z.   Plane tu. Id ex epistola tua ad nos video. Ibi, Religione, quam apud nos professus es, relicta, novam profiteris. (Du selbst. Ich ersehe das aus deinem Brief an uns. Darin bekennst du dich zu einer neuen Religion, nachdem du die, welche du bei uns gelernt hast, aufgegeben hast.)

W.   Qui sic? Non intelligo. (Wieso? Ich verstehe das nicht.)

Z.   Imo istic dicis. „Vere Christianos non esse miseros peccatores." Falsissimum. Optimi hominum ad mortem usque miserabilissimi sunt peccatores. Siqui aliud dicunt, vel penitus impostores sunt, vel diabolice seducti. Nostros fratres meliora docentes impugnasti. Et pacem volentibus, eam denegasti. (Doch, du sagst darin, wahre Christen seien keine armen Sünder. Das ist völlig falsch. Die besten Menschen sind bis zum Tode ganz elende Sünder. Wenn sie etwas anderes sagen, sind sie durch und durch Betrüger oder teuflisch Verführte. Unsere Brüder, die Besseres lehren, hast du bekämpft; und dann, als sie Frieden wollten, hast du ihn verweigert.)

W.   Nondum intelligo quid velis. (Ich verstehe immer noch nicht, was du willst.)

Z.   Ego, cum ex Georgia ad me scripsisti, te dilexi plurimum. Tum corde simplicem te agnovi. Iterum scripsisti. Agnovi corde simplicem, sed turbatis ideis. Ad nos venisti. Ideae tuae tum magis turbatae erant et confusae. In Angliam rediisti. Aliquandiu post, audivi fratres nostros tecum pugnare. Spangenbergium misi ad pacem inter vos conciliandam. Scripsit mihi, „Fratres tibi iniuriam intulisse." Rescripsi, ne pergerent, sed et veniam a te penetrent. Spangenberg scripsit iterum, „Eos petiisse; sed te gloriari de iis, pacem nolle." Jam advenies, idem audio." (Als du aus Georgia an mich schriebst, habe ich dich gar sehr ins Herz geschlossen. Damals erkannte ich dich als einen Menschen mit einfältigem Herzen. Du schriebst wieder. Ich merkte, daß du wohl einfältigen Herzens warst, aber voll verwirrter Ideen. Du kamst zu uns. Deine Gedanken waren noch verwirrter und konfuser geworden. Dann fuhrst du nach England zurück. Einige Zeit später hörte ich, daß unsere Brüder mit dir stritten. Ich schickte Spangenberg, um zwischen euch Frieden zu stiften. Er schrieb mir, die Brüder hätten dir Unrecht getan. Ich schrieb zurück, sie sollten damit aufhören und dich um Verzeihung bitten. Spangenberg antwortete, sie hätten um Verzeihung gebeten, aber du wolltest keinen Frieden, um über sie triumphieren zu können. Jetzt, da ich ankomme, höre ich dasselbe.)

W. Res in eo cardine minime vertitur. Fratres tui (verum hoc) me male tractarunt. Postea veniam petierunt. Respondi, „Id supervacaneum; me nunquam iis succensuisse: Sed vereri, 1. Non falsa docerunt. 2. Ne prave viverent." Ista unica est, et fuit, inter nos quaestio. (Die Sache hat sich in ihrem Hauptpunkt keineswegs verändert. Deine Brüder – das ist wahr – haben mich recht schlecht behandelt. Später baten sie um Verzeihung. Ich antwortete, es sei ganz überflüssig; ich sei über sie niemals erzürnt gewesen, aber sie sollten darauf achten, erstens nicht Falsches zu lehren und zweitens nicht schlecht zu leben. Dies ist und war die einzige strittige Frage zwischen uns.)

Z. Apertius loquaris. (Das muß du deutlicher sagen.)

W. Veritus sum, ne falsa docerunt, 1. De fine fidei nostrae (in hac vita) scil. Christiana perfectione. 2. De mediis gratiae, sic ab Ecclesia nostra dictis. (Ich bin in Sorge, daß sie Falsches lehren einmal über das Ziel unseres Glaubens in diesem Leben, also über die christliche Vollkommenheit, sodann über das, was unsere Kirche die Gnadenmittel nennt.)

Z. Nullam inhaerentem perfectionem in hac vita agnosco. Est hic error errorum. Eum per totum orbem igne et gladio persequor, conculco, ad internecionem do. Christus est sola Perfectio nostra. Qui perfectionem inhaerentem sequitur, Christum denegat. (Ich erkenne keine innewohnende Vollkommenheit in diesem Leben an. Das ist der Irrtum aller Irrtümer. Ihn bekämpfe ich in der ganzen Welt mit Feuer und Schwert, ihn verfolge und vernichte ich. Allein Christus ist unsere Vollkommenheit. Wer eine innewohnende Vollkommenheit lehrt, der leugnet Christus.)

W. Ego vero credo, Spiritum Christi operari perfectionem in vere Christianis. (Ich aber glaube, daß Christi Geist im rechten Christen die Vollkommenheit schafft.)

Z. Nullimode. Omnis nostra perfectio est in Christo. Omnis Christiana perfectio est, fides in sanguine Christi. Est tota Christiana perfectio, imputata, non inhaerens Perfecti sumus in Christo, in nobismet nunquam perfecti. (Keineswegs. Unsere ganze Vollkommenheit liegt in Christus. Alle christliche Vollkommenheit besteht im Vertrauen auf Christi Blut. Die ganze christliche Vollkommenheit ist imputiert (zugerechnet), nicht inhaeriert (einwohnend). Wir sind vollkommen in Christo, in uns selbst niemals.)

W. Pugnamus, opinior, de verbis. Nonne omnis vere credens sanctus est? (Wir streiten – glaube ich – um Worte. Ist nicht jeder, der wirklich glaubt, ein Heiliger?)

Z. Maxime. Sed sanctus in Christo, non in se. (Aber ein Heiliger in Christo, nicht in sich.)

W. Sed, nonne sancte vivit? (Aber lebt er nicht heilig?)

Z. Imo, sancte in omnibus vivit. (Gewiß, er lebt heilig in allem.)

W. Nonne, et cor sanctum habet? (Und hat er nicht ein heiliges Herz?)

Z. Certissime. (Ganz gewiß.)

W. Nonne, ex consequenti, sanctus est in se? (Folglich ist er doch heilig in sich?)

Z.   Non, non. In Christo tantum. Non sanctus in se. Nullam omnino
       habet sanctitatem in se. (Nein, nein. Allein in Christo, nicht heilig
       in sich. Er hat durchaus keine Heiligkeit in sich.)

W.   Nonne habet in corde suo amorem Dei et proximi, quin et totam
       imaginem Dei? (Trägt er nicht in seinem Herzen die Liebe zu Gott
       und zum Nächsten, ja sogar das ganze Ebenbild Gottes?)

Z.   Habet. Sed haec sunt sanctitas legalis, non Evangelica. Sancititas
       Evangelica est fides. (Ja. Aber das ist die gesetzliche Heiligkeit,
       nicht die evangelische. Die evangelische Heiligkeit ist der
       Glaube.)

W.   Omnino lis est de verbis. Concedis, credentis cor totum esse sanc-
       tum et vitam totam: Eum amare Deum toto corde, eique servire
       totis viribus. Nihil ultra peto. Nil aliud volo per Perfectio vel Sanc-
       titas Christiana. (Wir streiten ganz und gar um Worte. Du gibst zu,
       daß das ganze Herz des Glaubenden und sein ganzes Leben heilig
       ist: er liebt Gott von ganzem Herzen und dient ihm mit allen Kräf-
       ten. Mehr verlange ich auch nicht. Nichts anderes verstehe ich
       unter „christlicher Vollkommenheit oder Heiligkeit.)

Z.   Sed haec non est sanctitas eius. Non magis sanctus est, si magis
       amat neque minus sanctus, si minus amat? (Aber das ist nicht
       seine eigene Heiligkeit. Er ist nicht heiliger, wenn er mehr liebt,
       und nicht weniger heilig, wenn er weniger liebt.)

W.   Quid? Nonne credens, dum crescit in amore, crescit pariter in
       sanctitate? (Was? Nimmt denn der Glaubende, der in der Liebe
       wächst, nicht gleichfalls auch in der Heiligkeit zu?)

Z.   Nequaquam. Eo momento quo justificatur, sanctificatur penitus.
       Exin, neque magis sanctus est, neque minus sanctus, ad mortem
       usque. (Niemals. Vielmehr in dem Augenblick, in dem er gerecht-
       fertigt ist, wird er auch völlig bis ins Innerste geheiligt. Folglich ist
       er bis zu seinem Tode weder mehr noch weniger heilig.)

W.   Nonne igitur Pater in Christo sanctior est Infante recens nato! (Also ist der Vater in Christo nicht heiliger als ein neugeborenes Kind?)

Z.   Non. Sanctificatio totalis ac Justificatio in eodem sunt instanti; et neutra recipit magis aut minus. (Nein. Die ganze Heiligung und Rechtfertigung sind in demselben Augenblick da; und keine wird mehr oder weniger.)

W.   Nonne vero credens crescit in dies amore Dei? Num perfectus est amore simulac justificatur? (Wächst nicht der wahre Gläubige in der Liebe Gottes von Tag zu Tag? Ist er denn schon vollkommen in der Liebe, sobald er gerechtfertigt ist?)

Z.   Est. Non unquam crescit in amore Dei. Totaliter amat eo momento, sicut totaliter sanctificatur. (So ist es. Niemals wächst er in der Liebe zu Gott. So ganz liebt er in dem Augenblick, wie er ganz geheiligt wird.

W.   Quid itaque vult Apostolus Paulus, per, „Renovamur de die in diem?" (Was will aber der Apostel Paulus mit dem Spruch: „Wir werden erneuert von Tag zu Tag?")

Z.   Dicam. Plumbum si in aurum mutetur, est aurum primo die, et secundo, et tertio. Et sic renovatur de die in diem. Sed nunquam est magis aurum, quam primo die. (Ich will es dir sagen. Wenn Blei in Gold verwandelt wird, so ist es Gold am ersten und zweiten und dritten Tag. So wird es erneuert von Tag zu Tag. Aber niemals ist es goldener als am ersten Tag.)

W.   Putavi, crescendum esse in gratia! (Ich meinte, wir sollten in der Gnade wachsen!)

Z.   Certe. Sed non in sanctitate. Simulac justificatur quis, Pater, Filius et Spiritus Sanctus habitant in ipsius corde. Et cor eius eo momento aeque purum est ac unquam erit. Infans in Christo tam purus corde est quam Pater in Christo. Nulla est discrepantia. (Sicherlich. Aber nicht in der Heiligkeit. Sobald nämlich jemand

gerechtfertigt ist, wohnen Vater, Sohn und Heiliger Geist in seinem Herzen. Und sein Herz ist in jenem Moment so ganz rein, wie
es jemals sein wird. Ein Kind in Christo ist genau so rein im Herzen wie ein Vater in Christo. Da gibt es keinen Unterschied.)

W.   Nonne justificati erant Apostoli ante Christi mortem? (Waren die
     Apostel nicht vor Christi Tod gerechtfertigt?)

Z.   Erant. (Sie waren es.)

W.   Nonne vero sanctiores erant post diem Pentecostes, quam ante
     Christi mortem? (Waren sie nicht heiliger nach Pfingsten als vor
     Christi Tod?)

Z.   Neutiquam. (Keineswegs.)

W.   Nonne eo die impleti sunt Spiritu Sancto? (Wurden sie nicht an
     jenem Tage voll des Heiligen Geistes?)

Z.   Erant. Sed istud donum Spiritus, sanctitatem ipsorum non respe-
     xit. Fuit donum miraculorum tantum. (Ja. Aber dieses Geschenk
     des Geistes bezog sich nicht auf ihre eigene Heiligkeit. Es war
     ganz eine Gabe der Wunder.)

W.   Fortasse te non capio. Nonne nos ipsos abnegantes, magis magis-
     que mundo morimur, ac Deo vivimus? (Vielleicht verstehe ich dich
     nicht. Wenn wir uns selbst verleugnen, sterben wir dann nicht
     mehr und mehr der Welt und leben Gott?)

Z.   Abnegationem omnem respuimus, conculcamus. Facimus creden-
     tes omne quod volumus et nihil ultra. Mortificationem omnem
     ridemus. Nulla purificatio praecedit perfectum amorem. (Wir wei-
     sen alle Selbstverleugnung zurück, wir treten sie mit Füßen. Als
     Glaubende tun wir alles, was wir wollen, und nichts darüber hin-
     aus. Wir verlachen alle Abtötung. Der vollkommenen Liebe geht
     keine Reinigung voraus.

16

W. Quae dixisti, Deo adjuvante, perpendam.[28] (Was du gesagt hast, will ich mit Gottes Hilfe genau erwägen.)

Die völlige Vorrangstellung der Rechtfertigung für die christliche Existenz hat Wesley seit seiner Bekehrung, die durch Luthers Einleitung zum Römerbrief wesentlich geprägt wurde, seit 1738 erkannt und verkündigt.[29]
Seitdem ist für ihn Glaube „an assent upon rational grounds, because I hold divine testimony to be the most reasonable of all evidence whatever. Faith must necessarily at length be resolved into reason".[30]

Dieser von Hume und Fiddes abgeleitete,[31] aber auch von J. Taylor vertretene Glaubensbegriff wurde in der Begegnung mit den Herrnhutern, mit den Texten Luthers und durch vertiefte Paulusstudien weitgehend zurückgedrängt und mit biblisch-reformatorischem Gehalt gefüllt:
„Christian faith is... not only an assent to the whole gospel of Christ, but also a full reliance on the blood of Christ; a trust in the merits of His life, death, and resurrection; a recumbency upon Him as our atonement and our life, as given for us, and living in us. It is a sure confidence which a man hath in God, that through the merits of Christ, his sins are forgiven, and he reconciled to the favour of God...".[32]

Die Herrnhuter haben also wesentlich Wesleys Begegnung mit der lutherischen Theologie vermittelt. Die relativ frühe Trennung von ihnen hat einen Grund, der aus dem Gespräch vom 3. September 1741 hervorgeht: Wesley und Zinzendorf ordnen die guten Werke der Christen unterschiedlich im Gesamtzusammenhang von Dogmatik und Ethik ein.[33] Noch klarer hat August Gottlieb Spangenberg in der Zinzendorf-Biographie, die Feuerbach eingesehen, aber in diesem wichtigen Fragenkomplex nicht ausgewertet hat, den Sachverhalt dargestellt:
„Die Lehre von der S i n l e s s   P e r f e c t i o n , oder der Vollkommenheit, dabey man sich nicht mehr als einen sündigen Menschen ansieht, gehört insonderheit unter die Puncte, darin der Graf insonderheit mit John Wesley nicht eins war. Der Graf behauptete dagegen, daß ein Mensch, wenn er auch noch so heilig wäre, doch in sich eine sündige Creatur sey, die nicht anders, dann durch die Gnade JEsu Christi, bewahrt werden könne. Seine eigenen Worte davon sind die: ‚Wir glauben, daß die Sünde in unsern Gliedern bleibt, daß sie aber über uns nicht

17

herrschen könne; weil es so in der Schrift steht: Denn da heißt es: So las-
set die Sünde nicht herrschen in eurem sterblichen Leibe' u.s.w. ‚Zum
andern glauben wir, daß man Schwachheiten, äussere Anfälle, Kleinmü-
thigkeiten und dergleichen mit herumschleppt, die einen täglich zum
Sünder machen, wenn wir auch noch so ein ganzes Herz zum Heiland
haben.' Ferner heißt es: ‚Vielmehr ist wahr, daß unsre Heiligkeit von
einem Tage zum andern bis an unser Ende, von dem Schutz und Bewahrung des Heilandes, den wir demüthig und täglich suchen müssen,
abhängt; und daß der größte Heilige morgen des (statt morgendes) Tages
in die größte Vergehung fallen kan, wenn er sich auf seine Heiligkeit was
einbildet.'" [34]

Die Kontroverse zwischen Wesley und Zinzendorf hat Spangenberg angesichts eines Briefes, datiert Marienborn, den 5. Oktober 1740, mit
nahezu wörtlichen Bezügen dargestellt. Er ist überschrieben: „Die Glie-
der der Mährischen Kirche zu Mar. grüssen den Herrn Joh. Wesley einen
Englischen Presbyter."[35]
In dem Brief ist also der unterschiedliche Beurteilungspunkt in der Lehre
der „Sinless Perfection" im Zusammenhang mit der Rechtfertigungs- und
Sündenlehre grundgelegt.
Im Gespräch vom 3. September 1741 wird noch deutlicher, daß Zinzen-
dorf ein imputatives Verständnis der Gerechtigkeit Gottes voraussetzt,
John Wesley hingegen ein inhaerentes Verständnis von Rechtfertigung,
Gnade und Liebe für unverzichtbar hält.

Nun ist Feuerbachs authentischer Satz Wesleys, daß Zinzendorf „blindlings dem Luther folge und anhänge", in die Auswertung einzubeziehen.

In der „Büdingschen Sammlung" im dritten Teil wird ein Brief Wesleys
abgedruckt, der gleichzeitig Wesleys Beschäftigung mit Luther und seine
Distanzierung von den Herrnhutern beurkundet:

„Mond.15. I set out for London; and read over in the Way, that the cele-
brated Book, M a r t i n   L u t h e r s   C o m m e n t   o n   t h e
E p i s t e l   t o   t h e   G a l a t i a n s . I was utterly ashamed. How have
I esteemed this Book, only because I had heard it so commended by
others! Or, at best, because I had read some excellent Sentences, occasio-
nally quoted from it? But what shall I say, now I judge for myself? Now I

18

see with my own Eyes, Why, not only, that the Author makes nothing out, clears up not one considerable Difficulty; that he is quite shallow in his Remarks on many Passages, and muddy and confused almost on all: But that is deeply tinctured with M y s t i c i s m throughout, and hence often fundamentally wrong. To instance only in one or two Points. How does he (almost in the Words of Tauler) decry Reason, right or wrong, as an irreconcilable Enemy to the Gospel of Christ? Whereas, what is Reason (the faculty so called) but the Power of Apprehending, Judging and Discoursing? Which Power is no more to be condemned in the gross, than Seeing, Hearing or Feeling. Again, how blasphemously does he speak of God Works and of the Law of God? Constantly coupling the Law with Sin, Death, Hell or the Devil! And teaching, That Christ delivers us...from the Lavv of God, than that he delivers us from Holiness or from Heaven. Here (I apprehend) is the real Spring of the grand Error of the Moravians. They follow L u t h e r , for better, for worse. Hence their ‚No Works, no Law, no Commandments.' But who art thou that speakth Evil of the Lavv, and judgest the Lavv. Jo. Wesley."[36]

Auf der folgenden Seite der Büdingschen Sammlung ist die deutsche Übersetzung des Wesley-Briefes abgedruckt. Dort heißt der erst im Zusammenhang nachvollziehbare Satz: „Hier ist die Quelle von ihren Grund=Irrthümern zu suchen, Sie folgen eben dem Luther blindlings nach."[37]
Das Satzsubjekt, ‚„Sie" bezieht sich auf die „Moravians", zu deutsch „Herrnhuter". A. G. Spangenberg hat in der dritten Person pluralis die Kritik wiedergegeben.[38]

Feuerbach wechselt das Satzsubjekt aus und schreibt statt „Moravians" oder „Herrnhuter": „er", bezogen auf Zinzendorf:
„der Hauptgrund der Differenz, die Hauptbeschuldigung, die Wesley dem Zinzendorf machte, war vielmehr, dass er ‚blindlings dem Luther folge und anhänge'". (69).

In dem Vertauschen der Subjekte wird Feuerbachs erkenntnisleitendes Interesse sichtbar. Er betont das „Luthertum" (69) Zinzendorfs und verschweigt Wesleys Bekehrungserlebnis und die wiederholte Auseinandersetzung mit Luther. Ob der die Herrnhuter der blinden Nachfolge Luthers bezichtigende Brief tatsächlich Wesleys Auseinandersetzung mit der reformatorischen Theologie gerecht wird, ist stark zu bezweifeln. Der Satz aus dem Brief Wesleys an Zinzendorf vom 15. Juni 1741 darf nicht isoliert werden, um gegen die anderen positiven Aussagen über Luther ausgespielt zu werden. Das unternimmt Feuerbach. Martin Schmidt schreibt in seiner Studie über „Die Bedeutung Luthers für John Wesleys Bekehrung": „Ich widerstehe der Versuchung, die dort (sc. dem Wesley-Brief vom 15. Juni 1741) über Luthers und der Herrnhuter Lehre gefällten Urteile zum Verständnis der Bekehrung heranzuziehen. Ich glaube vielmehr: John Wesley hat seine innere Stellung geändert, die in der Bekehrung erreichten, so nahe an Luther heranführenden Einsichten sind ihm wieder verlorengegangen."[39]

Wesley hat ein Verständnis von Glaube und Ethik, das er in doppelter Hinsicht gefährdet sieht: durch den Quietismus und Antinomismus, den er bei Mystikern findet und fälschlich Zinzendorf und den Herrnhutern unterstellt, „sowie gegen die Werkgerechtigkeit, die er im Katholizismus und in seiner eigenen anglikanischen Kirche zu finden glaubte."[40]

Die Konsequenz, die Wesley zieht, ist nicht folgerichtig, daß nämlich die Herrnhuter, da sie nicht seinem Verständnis in der Lehre der sinless perfection entsprechen, zu einer Gruppe eines einseitigen Luthertums gemacht werden. Feuerbachs Augenmerk ist aber gerade auf Zinzendorfs Verhältnis zu Luther gerichtet, ohne Wesleys Abhängigkeit von Luther zu würdigen. Der Wesley-Zinzendorf-Zwist wurde aber deshalb so ausführlich dargestellt, da in ihm Entscheidungen im Verständnis von Theologie sichtbar wurden, die im Zusammenhang von Feuerbachs anthropologischer Deutung der Theologie Luthers und Zinzendorfs mitbedacht und weitergedacht werden müssen.

3. Zinzendorf als Lutherus redivivus

Da für Feuerbach Zinzendorf ein „eingefleischter Lutheraner" ist, schreibt er: „Zinzendorf's Freunde, ja er selbst nannte sich L u t h e r u m v e r e r e d i v i v u m oder L u t h e r u m L u t h e r a n i s s i - m u m ." (69).

Feuerbach hat den Fundort des Zitates nicht benannt, es auch nicht in Anführungszeichen gesetzt. Hat er selber das Diktum geschaffen? Nein.

In den von Feuerbach bearbeiteten Werken läßt es sich in Johann Lorenz von Mosheims Kirchengeschichte nachweisen. Hier wird auch der theologische Ort und die Funktion des Diktums deutlich.

3.1. Der theologische Streit zwischen J.S.Baumgarten und Zinzendorf

Johann Rudolph Schlegel hat in der Kirchengeschichte von Johann Lorenz von Mosheim unter . 234 (des II.Abschn.II.Th.IV. Hauptst.) die „Der Brüderunität gemachte(n) Vorwürfe" dargestellt.[41] Bereits im ersten Satz des Paragraphen wird die Absicht des Verfassers deutlich: „In den ersten Zeiten hat man die Brüderunität, vornehmlich aber ihren Stifter, vieler Irrthümer beschuldigt, seine Anstalten für schädlich erklärt, seine Handlungen getadelt, und ihm sträfliche Absichten beygemessen; und daran war er wohl selbst am meisten Schuld."[42]

In der Kirchengeschichte werden eine Fülle von Streitschriften gegen Zinzendorf und die Herrnhuter präsentiert:
Sigmund Jacob Baumgarten,[43] Johann Philipp Fresenius,[44] Johann Albrecht Bengel,[45] Johann Georg Walch,[46] Johann Adam Steinmetz,[47] D.Carl Gottlob Hoffmann,[48] Johann Hermann Benner und Johann Peter Siegmund Winkler,[49] Adam Struensee und Christoph Bauer,[50] Johann Christoph Schinmeier und August Anton Rhode.[51]
Als Nichttheologen werden genannt: Alexander Volk,[52] Heinrich Joachim Bothe,[53] Heinrich Rimius und Heinrich Casimir Gottlieb Graf zu Lynar.[54]

Ein positives Werturteil wird zu einem Streittheologen gegeben:
„Niemand aber unter allen Gegnern des Grafen hat die Sache desselben bescheidner und gründlicher geprüft, und die Ausbreitung seiner Gemeine in manchen Gegenden mehr gehindert, als D. S i e g m . J a c . B a u m g a r t e n in seinem t h e o l o g i s c h e n B e d e n c k e n , welches er 1741 auf die Anfrage eines Predigers gestellt hat."[55] Da das Diktum „Lutherus vere redivivus oder Lutherus Lutheranissimus" im Streit um Zinzendorfs echtes oder unechtes Luthertum Erwähnung findet, ist es notwendig, diesen kontrovers-theologischen Sachverhalt darzulegen. Hier kündet sich eine Lutherrenaissance an, deren Ursprünge im pro und contra aufgesucht werden.

Baumgartens Ausführung in den „Theologischen Bedencken" wird bei Mosheim/Schlegel referiert: „1) Die mährische Brüdergemeine gehört nicht zur lutherischen Kirche; denn sie hat niemals unsere Verfassung ohne Beyfügung ihrer eignen angenommen, sondern sich ausdrücklich und feyerlich zu der alten Kirche der böhmischen und mährischen Brüder bekannt, und derselben Namen, Bekenntnisse und gottesdienstliche Verfassung sich zu eigen gemacht. Sie hat sich auch nicht nur mit besondern gottesdienstlichen Lehrern versehen, sondern hat auch dieselben ausser unsrer Kirche einsegnen lassen, und der Graf selbst hat zur Fortpflanzung des Lehramts der Brüdergemeinen die Ordination von einem reformirten Lehrer empfangen. ...der Graf hat den Verdacht nicht genugsam von sich abgelehnt, daß die Annahme solcher Kirchenverfassung und Benennung blos zum Vorwande geschehen sey, weil diese Kirche der böhmischen Brüder unter den Protestanten für eine privilegirte und evangelische Kirche jederzeit erkannt worden, um dadurch Anlaß und Freyheit zu bekommen, in und unter andern protestantischen, besonders lutherischen, Kirchen allerhand Aenderungen ihrer Verfassung vorzunehmen, ohne den Vorwurf einer errichteten neuen Secte befürchten zu dürfen...2) Einige Irrthümer und Anordnungen der Brüdergemeine haben ihre erweisliche Gewißheit – Wenn sie sich auch nicht aller antinomistischer Irrthümer teilhaftig gemacht haben: so tragen sie doch die Lehre von Gesetz und Evangelium, und der Bekehrung zu Gott so vor, daß sie dadurch von der heil.Schrift und unsern Bekenntnißbüchern merklich abgehen, und eine Erneuerung der antinomistischen Irrungen verursachen... So getrauet sich er (sc.Baumgarten) nicht zu behaupten, daß die Stellen in den Schriften des Grafen eine allgemeine oder festgesetzte Lehre und Uebung seiner Gemeine enthalten, in welchen die Erbsünde der Kinder der Gläubigen geläugnet, verschiedene Arten der Vergebung der Sünden angenommen,... bey Gläubigen aller Kampf gegen die Sünde geläugnet, die Möglichkeit einer gänzlichen Unsündlichkeit in diesem Leben behauptet...wird...und der Graf...Hülfsmittel der Gottseligkeit in Pflichten verwandle, und dadurch zum Nachtheile der evangelischen Freyheit ein menschliches Joch einführe."[56]

Theologumena Luthers, die Wesley bei Zinzendorf im Übermaß meinte kritisieren zu müssen, macht Baumgarten, wie in Mosheims Kirchengeschichte gegen Zinzendorf dargestellt wird, geltend. Baumgarten verkennt Zinzendorfs Kirchenmodell, das die konfessionellen Grenzen des Luthertums zu überwinden sucht.

Unter dem Leitgedanken „Antwort der Brüder auf diese Vorwürfe" werden unter § 235 der Mosheimschen Kirchengeschichte die Ausführungen gegeben, die in Feuerbachs Deutung eingearbeitet sind.

Die Tendenz des Verfassers wird in dem ersten Satz des Paragraphen ausgesprochen: „Die Brüder ließen diese Vorwürfe nicht unbeantwortet; ihre Vertheidigungsschriften hatten aber fast alle einerley Charakter. Nie blieben sie bei der Hauptsache, und faßten den Punct, worüber gestritten wurde, fest; nie ließen sie sich gehörig auf Vernunft- und Schriftbeweise und auf deutliche und bestimmte Erklärungen ihres Lehrsystems ein."[57]

Zu den theologischen Streitfragen, die Baumgarten benannt hat, bemerkt Johann Rudolph Schlegel zusammenfassend: „Das B a u m - g a r t i s c h e Bedencken beantwortete der Graf selbst, unter dem angenommenen Namen S i e g f r i e d. Er nannte diese Bedencken die wichtigste Schrift, die wider die Brüder erschienen wäre, hingegen sprach er von den Schriften H a l l b a u e r s, B e n n e r s, F r ö r e i s e n s, W i n k l e r s, S c h i n m e i e r s sehr verächtlich, wendete alle Kräfte an, zu behaupten, daß seine Gemeine zu der lutherischen Kirche zu rechnen sey, berief sich auf das Tübingische Responsum, auf seine Ordination zum Theologen A. C. auf das vorhergegangene Examen zweyer Theologen, auf ein Rescript des kursächs. Director. Evang. vom 7ten Aug. 1737... sie haben Gemeinen und Diener unter sich, die es mit der lutherischen Religion halten und sich zur A. C. bekennen; ihre besonderen Kirchenanstalten sonderten sie (sc. die Mährischen Brüder) so wenig von der evangelischen Kirche ab, als die Spenerischen und Hallischen sie von denselben abgesondert hätten; ein Theil sey lutherisch, einer reformirt, und einer blos mährisch; diese seyen zwar von einander u n t e r - s c h i e d e n, aber nicht g e s c h i e d e n ... Uebrigens sey der Graf allenthalben, wo es mit ihm zur Untersuchung gekommen, in alle Wege mit der evangelischen Kirche A. C. harmonisch befunden worden, und er stellte in seinem ganzen Wesen, Predigen, Anstalten und persönlichen Betragen einen in dem allertiefsten Grunde an dem Evangelio fest hangenden und der Absicht der Reformation in Lehr und Wandel ganz ergebenen Theologen der A. C. ja einen L u t h e r u m v e r e r e d i v i v u m oder L u t h e r u m L u t h e r a n i s s i m u m dar."[58]

Bei Johann Rudolph Schlegel hat es den Eindruck, als ob Zinzendorf in der anonym unter dem Titel „Siegfried..." erschienenen Schrift, sich selbst als „Lutherum vere redivivum oder Lutherum Lutheranissimum" ausgegeben habe.

Doch in der Verteidigungsschrift „Siegfried", die zwar von Zinzendorf anonym verfaßt und vorbereitet wurde, wird ein anderer Urheber des einschlägigen Wortes genannt: „Soll ich mich aber auch ratione interni hierbey erklären; so wolte ich wol sagen, daß des Herrn Grafens Lehre ins ganze betrachtet, und in einem generalen Conspect gebracht, je näher sie der Application aufs Herz komt, und je näher sie mit den Absichten der ganzen Reformation, und den vornehmsten Grundlagen, sonderlich respectu der damaligen Gegner und Irrgläubigen, gegeneinander gehalten wird, nichts anders als einen L u t h e r u m   v e r e   r e d i v i v u m , oder, wie es ein Socinianischer Scribent zu Philadelphia in America in Zorn gegen den Herrn Grafen ausgedrückt, und mit dem Axiomate eines D o c t o r i s   T r i n i t a r i s s i m i verknüpfet hat, L u t h e r u m L u t h e r a n i s s i m u m darstelle."[59]

Gemäß diesem Hinweis hat ein Sozinianer das Diktum „Lutherus redivivus" oder „Lutherus Lutheranissimus" geprägt. Genau darauf geht S.J.Baumgarten in der vierten Sammlung seiner „Theologischen Bedenkken" ein: „Des Herrn Grafen von Zinzendorf Lutheranismus ist nicht nur, wie es Siegfried ausdruckt, sectirischscheinend; sondern beruhet auf der gar erweislichen Absicht seine Partey in unserer Kirche und unter den Gliedern derselben auszubreiten... und gehet darin so weit, daß er gar alle Glieder unserer Kirche, die solcher Partey nicht beitreten wollen, vor unächte und irrige Lutheraner erkläret... und ist also in diesem Verstande sectirerisch genug. Welches durch sein Verhalten in America hinlänglich erwiesen worden, alwo er sich mit einer vorsätzlichen Unwahrheit vor einen lutherischen Prediger ausgegeben... Es heist der Herr Graf von Zinzendorf ist darin, nemlich in Behauptung seines fast sectirischscheinenden Lutheranismi, gewis weiter gegangen als die meisten, wo nicht alle jetzt lebenden Theologi dieser Kirche, womit er, wenn es der Herr nicht direct anders gewendet, vielleicht unter uns procedirt hätte, als vors Reich Christi nützlich gewesen wäre."[60]

Die Skepsis und Ablehnung von Zinzendorfs „Lutheranismus" ist Grundtenor in Baumgartens „Theologischen Bedencken". J.R.Schlegel übernimmt in J.L. von Mosheims Kirchengeschichte Baumgartens kritische Haltung gegenüber Zinzendorf. Soweit ist die Rezeptionsgeschichte nachgewiesen.

Der Hinweis aus der Schrift „Siegfried" „mit dem Axiomate eines Doctoris Trinitarissimi" wird von J.R.Schlegel nicht, wie oben dargelegt, in Mosheims Kirchengeschichte eingearbeitet. Was hat dieser Befund für Feuerbachs Ausführungen zur Folge? Er konnte nur das ihm vorliegende Diktum, also gewissermaßen in Kurzform, jedoch im Aussagegehalt faszinierend, wiedergeben. Da Feuerbach weder die Schrift „Siegfried" noch die „Theologischen Bedencken" von Baumgarten nennt oder nachweislich zitiert, ist es sehr wahrscheinlich, daß ihm die eigentlichen Streitschriften von Zinzendorf und Baumgarten zur Sache nicht vor Augen lagen.

Feuerbach arbeitet indessen mit Johann Rudolph Schlegels Darlegungen in Johann Lorenz von Mosheims Kirchengeschichte. Welche Interessen verfolgt Feuerbach dabei?

Feuerbach hat die Absicht, mit der Wiedergabe der Worte „Lutherum vere redivivum oder Lutherum Lutheranissimum" Zinzendorf als einen erklärten Lutheraner zu interpretieren. Der Hinweis auf den bei Johann Rudolph Schlegel ausführlich gegebenen Streitpunkt, ob sich die Brüdergemeine mit ihrer Berufung auf die alte Brüder-Unität und ihrem Selbstverständnis als neue oder erneuerte Brüder-Unität zugleich als eine eigene Kirche ausgeben kann, die sich erklärtermaßen zu Luther, seiner Theologie und der Confessio Augustana bekennt, das bleibt bei Feuerbach ohne Erwähnung. Denn in der Darstellung von Johann Rudolph Schlegel in Mosheims Kirchengeschichte wird der Anspruch Zinzendorfs und der Herrnhuter kritisch an den Äußerungen von Sigmund Jacob Baumgarten gemessen. Da Baumgarten vehement gegen Zinzendorfs Berufung auf Luther kritische Argumente geltend macht, diese bei J.R.Schlegel Beachtung finden, ist es verständlich, daß Feuerbach die kontroverstheologische Problematik zwischen Baumgarten und Zinzendorf nicht darlegt, da diese Sachverhalte gegen Feuerbachs Interpretation sprechen. Für J.R.Schlegel ist Zinzendorf nicht – weder seine Person noch sein Werk – als Lutherus redivivus oder Lutherus Lutheranissimus haltbar. Daran ist aber Feuerbach alles gelegen, wie der Fortgang seiner Arbeit ergibt. Feuerbachs intendierte Lutherrenaissance erwächst im Gegensatz zu J.R.Schlegels kritischer Beurteilung des lutherischen Erbes bei Zinzendorf.

3.2. Der wiedergeborene Luther im Urteil von W.F.Jung

Feuerbach schreibt: „Im Jahre 1752 erschien von einem unpartheiischen, evangelisch-lutherischen Prediger eine Schrift mit dem Titel: ‚Der in dem Grafen von Zinzendorf noch lebende und lehrende, wie auch leidende und siegende Luther.‘ Und der Titel ist ganz richtig. Zinzendorf ist der im 18. Jahrhundert, aber eben deswegen nicht mit Haut und Haaren, sondern seinem inneren Wesen nach, nicht in der Gestalt eines Bergmannssohnes und ehemaligen Augustiner-Mönches, sondern in der Person eines Weltmannes, eines Grafen, wiedergeborene Luther." (69). Feuerbach erwähnt die Schrift auffällig und als Beleg für sein Verständnis von Luther und Zinzendorf. Er nennt aber nicht den Verfasser. Der Titel in der von Feuerbach erfaßten Schreibart und der Erscheinungsort sind belegbar. August Gottlieb Spangenberg hat in seinem „Leben des Herrn Nikolaus Ludwig Grafen und Herrn von Zinzendorf und Pottendorf" im VII. Teil die genannte Arbeit aufgeführt.[61] Sie stammt von Wilhelm Friedrich Jung, was Feuerbach bei der Ausarbeitung der Schrift über „Zinzendorf und die Herrnhuter" entfallen ist, da er den Autor nicht erwähnt, sonst aber genauso wie A.G.Spangenberg den Titel wiedergibt. Zu Wilhelm Friedrich Jung und seiner Arbeit schreibt Spangenberg indessen, was zum Verständnis der Schrift notwendig ist:
„Der Verfasser hatte bis daher alles gelesen, was für und gegen die Brüder und den Grafen in Deutschland war gedruckt worden; und weil er nicht weit von Marienborn und Herrnhaag wohnte, so hatte er zehn bis zwölf Jahre nacheinander Gelegenheit, die Brüder kennenzulernen, und sie selbst zu hören. Nun war er von Jugend auf ein fleißiger Leser von Lutheri Schriften gewesen, und hatte sich mit der Reformationshistorie sehr bekannt gemacht. Da fand er eine solche Gleichheit zwischen den damaligen und jetzigen Religionsstreitigkeiten, daß er glaubte, er sey verbunden, allen verständlichen und redlichen Leuten der evangelischen Religion solches vor Augen zu legen. Er sahe nemlich, daß eben die Wahrheiten, welche Lutherus gelehrt, itzt von den Brüdern und dem Grafen mündlich und schriftlich bekant, und auf eben die Art, wie es damals geschehen, von den Gegnern derselben widersprochen würden."[62]
Ein Hinweis erweist sich als aufschlußreich. Wird die Titelwiedergabe, die bei Spangenberg und Feuerbach gleich ist, mit dem Originaltitelblatt der Schrift von Wilhelm Friedrich Jung verglichen, dann fällt bei genauer

Betrachtung der Unterschied ins Auge. Die Differenz liegt in der Zeichensetzung: Feuerbach setzt wie Spangenberg die Anfangsbuchstaben der Adjektive statt in großen in kleinen Lettern und zwischen die Worte „lehrende wie" ein Komma.[63] Abänderungen in der Schreibweise beweisen also, wie die genaue Analyse der Feuerbachschrift über „Zinzendorf und die Herrnhuter" und der anderen Werke Feuerbachs, daß ihm nicht die Apologie von Wilhelm Friedrich Jung als Buch vor Augen lag. Das Urteil wird durch die Tatsache bestätigt, daß die sorgfältige Gegenüberstellung von Zitaten Luthers und ihnen korrespondierenden Zitaten von Zinzendorf, die von Wilhelm Friedrich Jung besorgt wurde, nicht durch Feuerbach verarbeitet wird. Die apologetische Arbeit Jungs wäre für Feuerbachs Interesse, Zinzendorf als wiedergeborenen Luther darzustellen, ein kostbares Zitatenarsenal gewesen. Sie lag ihm aber nicht vor. Denn keines der in der Schrift „Feuerbach und die Herrnhuter" wiedergegebenen Zitate Luthers und Zinzendorfs ist in der Arbeit Wilhelm Friedrich Jungs aufgeführt. Folglich hat sich Feuerbach das Zitatenmaterial aus anderen Quellen zusammengesucht und dies ausgewertet.

3.3. Lutherzitate bei A.G.Spangenberg als Belege für Feuerbach – eine Problemanzeige

Feuerbach sucht seine Zinzendorf-Interpretation mit ausgewählten Zitaten zu untermauern: „Führen wir zum Beweis einige charakteristische Aeußerungen Luthers an, die Zinzendorf selbst in seiner unter S p a n - g e n b e r g ' s Namen 1752 erschienenen apologetischen Schlussschrift anführt, um seinen Gegnern, darunter besonders den bornirten, den Buchstaben mit dem Geist verwechselnden lutherischen Orthodoxen gegenüber, sich als L u t h e r u m L u t h e r a n i s s i m u m zu legitimiren." (69).
Die folgenden von Feuerbach ausgesuchten Zitate dienen als Beweismaterial. Teils sind sie mit Stellenangabe kenntlich gemacht, teils nicht. Die hier von Spangenberg vorgelegte Arbeit enthält in zwei Teilen die letzten offiziellen .ußerungen Zinzendorfs gegenüber seinen Gegnern. Spangenberg sammelt, wie es im Untertitel heißt, „über tausend Beschuldigungen gegen die Brüder-Gemeinen und ihren zeitherigen Ordinarium" in der Form von Quaestiones, die Zinzendorf eigenhändig beantwortet. Häufig stellt Spangenberg an den Schluß des Frage-Antwort-Verfahrens

ein oder mehrere Lutherzitate, die den Streit mit den Gegnern entkräften sollen. Feuerbach benennt die Gegner als „lutherische(n) Orthodoxe". So wird ersichtlich, daß Feuerbach gerade gegenüber der Polemik von lutherisch-orthodoxer Seite Zinzendorf als echten Lutheraner zu interpretieren beabsichtigt. Dabei verschmilzt Feuerbach Kommentare A.G.Spangenbergs, die in Form von Quaestiones gehalten sind, mit Zitaten Zinzendorfs, die entsprechend zu den Fragen Antworten geben. Fragen Spangenbergs und Antworten Zinzendorfs werden in der „Apologetischen Schluß=Schrift" mit Lutherzitaten untermauert und autorisiert. So werden Zitate in vierstufiger Rezeption von Luther, über Zinzendorf und Spangenberg bis Feuerbach nachgewiesen. Zur besseren Übersicht werden dabei die Zitatensammlungen, die Feuerbach wiedergibt, in einzelnen Abschnitten behandelt.

1. Zitatgruppe:

„‚Ist denn das eine neue Lehre, wenn man sagt, es ist kein anderer Gott als in Christo? Dr. Luther sagt in gebundener und ungebundener Rede: kein anderer Gott als Jesus Christus, keinen anderen haben w o l l e n (sagt er gar irgendwo) ist das Zeichen der wahren Kirche (die Hervorhebung = Hvb. ist von Feuerbach). Alle Gottheit außer Jesus Christus betrachtet, ist Hirngespinst oder Teufeley'".[64] Spangenberg und Zinzendorf zitieren nach der Jenaer Lutherausgabe (1555-1558). Sie stand unter der Redaktion von Johannes Aurifaber (1519-1575), dem Hofprediger in Weimar und von Georg Rörer. Nikolaus von Amsdorf und ein Freund und Verwandter Luthers, der Arzt Matthäus Ratzeberger, wirkten nach Kräften mit, um der evangelischen Christenheit Luthers Wort zugänglich zu machen. Johannes Aurifaber, ein eifriger Sammler von Lutherschriften, gab außerdem zwei Ergänzungsbände zur Wittenberger und Jenaer Ausgabe (Eisleben 1564-1565), ferner zwei Bände lateinischer Lutherbriefe (1556 und 1565) sowie als erster einen Band Tischreden und Colloquia (1566) heraus.

Sachlich wird bei Spangenberg zu Qu.698 Luthers christologisch-zentrierte Theologie hervorgehoben:
1. „Lutherus sagt über Joh.17,10. ‚Ein Christ soll nichts anders wissen, GOtt zu suchen noch zu finden, denn in der Jungfrauen Schoos und am Creuz, oder wie und wo sich Christus in dem Wort zeigt' Tom.X. Lips.p.221.a." Gotteserkenntnis wird hier bei der Geburt Jesu, dem Kreuzesgeschehen und durch die Mächtigkeit des Wortes Wirklichkeit.

2. „Lutherus: ‚Ita decretum est, inquit Paulus, ut in Christo JEsu omnis plenitudo Divinitatis corporaliter seu substantialiter inhabitet; ita, ut, qui in Christo JEsu non invenit nec apprehendit Deum; is extra Christum nunquam & nusquam Deum invenire & apprehendere debeat, licet vel supra coelos evolet, vel ad inferos descendat, vel denique ex ipso mundo emigret.' Tom. VII. Witeb. Lat. p. 140. "

3. „Item Wilt du sicher fahren und GOtt recht treffen und ergreifen, so laß dir nicht einreden, daß du ihn anders wo suchest, denn in dem HErrn Christo. An dem Christo fange deine Kunst an und dein studiren; da laß sie auch haften und bleiben. Wer dich anderes wohin weisen will, da sprich, ich will von keinem andern GOtt nichts wissen als von meinem HErrn Christo.' Tom. VI. Jen. fol. 178. "[65]

2. Zitatengruppe:

„‚Wer keinen anderen Gott kennt als den Gottmenschen Jesus Christus, der kann selig und überselig sein; 100tausend Kinder und 20tausend einfältige Leute gehen heim und haben so wenig Verstand von Gottes Wesen als von der Algebra, haben aber Jesum, ihren Heiland lieb, zweifeln nicht, dass er sie geschaffen, und lassen ihn i n s t a r   o m n i u m sein. (Hvb. v. Feuerbach). Warum haben denn die Alten gesagt: S i   C h r i s t u m   d i s c i s ,   s a t i s   e s t ,   s i   c a e t e r a   n e s c i s.'" (69f.)[66]
„Und Luther sagt: ‚die hochfliegenden Geister soll man in Christus Menschheit binden. Er wird nirgends bass, denn in Christus Menschheit gefunden und gelernt, was uns zu wissen noth ist.'" (70)[67]

3. Zitatengruppe:

„‚Wo steht es aber in der göttlichen Offenbarung, dass Christus a l l e i n die Welt erschaffen habe? Antwort. In dem Sinn kann man's sagen, wie Lutherus singt: Er ist ein Kindlein worden klein, der alle Ding erhält a l l e i n. Lutherus: ‚O das ist ein lächerlich Ding, dass der einige Gott, die hohe Majestät, sollte ein Mensch werden und kommen hier zusammen beide Schöpfer und Kreatur in einer Person... wir sollen da solche Narren werden, dass wir gewißlich glauben, dass dies(s) Kind oder diese Kreatur ist der Meister und S c h ö p f e r selber'." (70)[68]
„Item: ‚'Der Mensch Christus Jesus, der Zimmermann, der dort zu Nazareth auf der Gasse geht, ist der rechte, der wahrhaftige Gott, der die Welt geschaffen hat, er ist allmächtig''." (70)[69]

4. Zitatgruppe:
„„Das Kind in den Windeln ist der Schöpfer der Welt"... nach der
u n i o n e h y p o s t a t i c a n a t u r a r u m . Lutherus: „Hier ist mein
Gott. Ich will an keinen Gott glauben, als einen Schöpfer Himmels und
der Erden, ohne allein, der da einig ist mit dem, der da heisst Jesus Christus. Ich will von keinem anderen Gott wissen als dem der da heisst
J.(esus) Chr.(istus). '"(70)[70]

Feuerbach hat Fragen Spangenbergs mit Antworten Zinzendorfs ver-
mischt. Dabei hat er die apologetische Funktion der Schrift als auch der
ausgewählten Zitate gezielt hervorgehoben, um Zinzendorf als
„Lutherum Lutheranissimum" zu interpretieren. Der Zitatbefund verdeutlicht, daß Zinzendorf durch Fragestellung Spangenbergs auf Topoi
lutherischer Theologie verwiesen wird:
– Gotteserkenntnis ist ausnahmslos in der Christologie verankert,
– Gotteserkenntnis ist an die menschliche Natur der Person Jesu Christi
   verwiesen,
– Gotteserkenntnis ist hinsichtlich des Glaubens an den Schöpfer auf die
   in der Inkarnation Christi sichtbare göttliche Offenbarung angewiesen
   und
– Gotteserkenntnis beginnt in der Wahrnehmung des Kindes in der
   Krippe. Hier zeigt sich der Schöpfer der Welt.

Zwei wichtige Zitatauffälligkeiten sind nun zu bedenken: Erstens erfolgt
in dem einleitenden Zitat eine Sperrung: „keinen andern Gott haben
w o l l e n ". Hier wird eine Willenserklärung Feuerbachs als Verstärkung
des Willens Luthers aufgezeigt. Im Fortgang der Analyse wird die Frage
virulent, ob sich der Wille des interpretierenden Feuerbachs oder aber
des interpretierten Theologen Geltung verschafft:

– Will Feuerbach bei Zinzendorf dessen erklärte und gewollte theologi-
   sche Intention darstellen?
– Oder will Feuerbach bei Zinzendorf seine eigene erklärte und gewollte
   anthropologische Intention angesichts der Theologie darstellen?
– Will Feuerbach das eine oder aber das andere? Will er vielleicht beiden
   Intentionen gleichursprünglich Rechnung tragen? Doch wie verhält
   sich der zu interpretierende Gegenstand zu der an ihm vollzogenen
   Interpretation?

30

Zweitens fällt die Nennung der dogmatischen Lehre der „u n i o h y p o s t a t i c a   n a t u r a r u m" auf. Die Sperrung verdeutlicht die Wichtigkeit.

- Wird die Lehre der unio hypostatica naturarum gezielt eingeführt?
- Oder wird die Lehre der unio hypostatica naturarum beiläufig benannt?

Sicher ist, daß die Apologetische-Schlußschrift die Anregung gibt. Denn dort ist die Frage gestellt, ob es nicht zu den Irrtümern gehört, wenn es in der Frage Spangenbergs heißt: „Das Kind in den Windeln ist der Schöpfer der Welt: sonst keiner." Zinzendorf antwortet: „Freylich nach der Unione hypostatica naturarum."[71]

Ohne die substantielle Einheit der Naturen begrifflich oder sachlich zu präzisieren, kommentiert Feuerbach:

„Der aus Liebe zum Menschen Mensch geworden, zu seinem Besten leidende, ihn durch sein Blut, seinen Tod, von Tod und Sünde erlösende, durch diese That und deren gläubige, d. h. innige, herzliche Annahme und Aneignung selig machende Gott – der Gott, der Mensch, der Mensch, der Gott. Die Gleichheit und Einheit des göttlichen und menschlichen Wesens ist das Wesen, der Mittelpunkt, das Eins und Alles Luthers wie Zinzendorfs; aber Luther hat die Consequenzen..., die sich aus diesem Menschwerden Gottes, das gleich ist dem Gottwerden des Menschen, aus diesem Leiden Gottes zum Wohle der Menschheit ergeben, nicht so sich zu Gemüthe gezogen, nicht so ausgebeutet, nicht in so sinnfälliger und darum den streng Gläubigen anstössiger Weise realisirt, wie Zinzendorf." (70f.).

Der Kommentar steht in einem sonderbaren Gegenüber zu den Aussagen Zinzendorfs, Spangenbergs und Luthers. Deren Absicht ist es, sprachlich dem Glauben an Gott in Christo zu entsprechen. Feuerbachs Kommentar hat begriffliche und gedankliche Nähe zu dem Gesagten. Aber fundamental-theologische Differenzen treten bei sorgfältigem Vergleich ins Auge:

1. Feuerbach verwischt die theologische Differenz zwischen Gott und Mensch, indem er die Einheit von göttlichem Wesen und menschlichem Wesen voraussetzt. Das ist jedoch nicht der reformatorischen

Theologie zuzurechnen, sondern Feuerbachs religionsphilosophischen Vorentscheidungen.[72]

2. Mit der Aufhebung der theologischen Differenz zwischen Gott und Mensch wird die ontologische Differenz zwischen Gott und Mensch gegenstandslos, die für Zinzendorf und Luthers Theologie unverzichtbar ist.

3. Feuerbachs Rede vom „göttlichen und menschlichen Wesen" benennt die Wesenskategorie. Sie ist in Zinzendorfs und Luthers Aussagen nicht intendiert. In der Rede vom „göttlichen Wesen" wird die einfache und klare reformatorische Rede von Gott in einem metaphysischen Wesensbegriff einbezogen, der, da in den Quellen nicht belegt, faktisch eine Hypostasierung der theologischen Aussagen in einem metaphysischen, real nicht erschließbaren Wesensbegriff nach sich zieht.

4. Feuerbachs Rede vom „menschlichen Wesen" steigert das singuläre, reale, empirisch verifizierbare menschliche Phänomen in ein allgemeines, abstraktes Verständnis „eines menschlichen Wesens", das aller Realität entbehrt. Das bedeutet eine faktische Hypostasierung der in Luthers Theologie enthaltenen anthropologischen Implikate in einem allgemeinen anthropologischen Konstrukt.

5. Die Gleichsetzung von Mensch und Gott sowie Gott und Mensch bedarf einer entschiedenen Klärung. Feuerbach sucht die Relation des Gottesverhältnisses vom Menschen auf Gott zu erfassen und schließt von seinem anthropologischen Vorverständnis gegen die Grundeinsicht reformatorischer Theologie. Das Gottesverhältnis des Menschen ist deshalb vom Verhältnis Gottes zum Menschen streng zu unterscheiden.[73]

6. Gegenüber der Verwischung der Rede von Gott und der Rede vom Menschen ist die Relationalität der theologisch relevanten Relata zu benennen. In solcher Relation stehen nur Gegenstände, die es tatsächlich gibt, ohne daß es auch sie erkennende Menschen gibt. Die Gegenstände können von uns zwar intendiert werden oder identifiziert werden. Ihre Existenz verdanken sie aber nicht dem menschlichen Intendieren oder Identifizieren. Die Faktizität der Relation hängt also nicht von dem Erfassen der Relationalität ab.

7. Feuerbach verkürzt in der Rede von Gott den Gedanken von Gott auf die mensch-göttliche Natur in der Person Jesu Christi. Die in der göttlichen Natur Jesu Christi lokalisierte Göttlichkeit wird in die mensch-

liche Natur in der Person Jesu Christi gelegt. Die menschliche Natur Jesu Christi wird zum alles bestimmenden anthropologischen Ausgangspunkt der Deutung von Feuerbach. Dabei wird die Rede von Gott, von Jesus Christus ihres theologischen Inhaltes beraubt. Bemerkenswert ist, daß Feuerbach in seiner Deutung eine binitarische Wahrnehmung der ersten und zweiten Person der Trinität vornimmt, dabei aber die dritte Person unbeachtet läßt. Erst ihre Einbeziehung wird der theologischen Rede von Gott in ihrer trinitarischen Struktur gerecht. Daß Feuerbach die dritte Person der Trinität in seine Interpretation einbeziehen wird, sei hier nur vorangekündigt. (vgl. 74-76).

8. Die trinitarische Ausbildung der Gotteslehre und die Beziehung zur Anthropologie sind innerhalb der folgenden drei Bedingungen einer jeden Relationalität zu denken, die reale Relationen in ihren Beziehungen präzisieren. „Das heißt:
   – Die Relate realer Beziehungen existieren: sie stehen in einem realen Zusammenhang.
   – Sie sind Gegenstände derselben Gegenständlichkeiten, d. h. sie lassen sich prinzipiell auf dieselbe Weise und damit gemeinsam identifizieren: stehen in einem realen Zusammenhang.
   – Sie können als Gegenstände einer bestimmten Gegenstandsart näher charakterisiert werden. Durch diese Charakterisierung wird ein Horizont möglicher Beziehungen zwischen ihnen abgesteckt, der ihren konkreten Zusammenhang als Realisierung einer ihrer Möglichkeiten zu bestimmen erlaubt: es besteht ein realer Zusammenhang einer bestimmten Art zwischen ihnen."[74]

9. Daß und wie Feuerbachs verkürzende Uminterpretation der Relationalitätsproblematik theologisch relevant ist und sich in der folgenden Analyse bestätigen wird, zeigt folgender Sachverhalt. Indem er in enttheologisierender Interpretation (vgl. Punkt 7f.) von Mensch und Gott rein anthropologisch deutet, vollzieht sich eine philosophische Entscheidung, deren Reichweite hier bereits benannt werden soll: Die Schwierigkeit ist in dem Verhältnis von Gotteserkenntnis und Gottes Existenz gesetzt.

10. Feuerbach befürwortet die christologische Gotteserkenntnis, wie sie von Zinzendorf und mit Zitatbelegen von Spangenberg aus Schriften Luthers gegeben ist. Aber die Erkenntnis wird als produktiver Vorgang durch den Menschen interpretiert, indem der Wille und das Wol-

len Luthers und Zinzendorfs erst den Gegenstand der Erkenntnis schaffen: Gott. Diesen Vorgang verdeutlicht die Analyse der Schrift. Damit ist ein wichtiger Unterschied aufgezeigt: Zinzendorf hat mit Luther die Erkenntnis Gottes in Jesus Christus unzweideutig benannt. Hier liegt der noetische Zugang zur Gotteserkenntnis in der Christologie. Feuerbach interpretiert die Erkenntnis idealistisch, indem das menschliche Wollen den zu erkennenden Gegenstand schafft. Bei diesem Vorgehen wird die ontologische Fragestellung von der noetischen präjudiziert.

11. Feuerbach überträgt die christologische Lehre der Unio hypostatica naturarum von Jesus Christus auf sein Verständnis des Menschen. Das widerspricht aber völlig der Lehre Zinzendorfs, dessen Christologie statt der Anthropologie Mittelpunkt der Theologie ist. Zinzendorf bestätigt die Einmaligkeit: „Denn es kan per Rerum Naturarum nicht anders seyn, man muß die U n i o n e m h y p o s t a t i c a m* gläuben; sonst wären zwey Christi: es ist aber nur einer, der gestern war, der heute ist, und der immer, in alle Ewigkeiten ebenderselbe seyn wird. N o n e r i t , u b i n o n e s s e t."[75] Die im Zitat mit Stern gekennzeichnete Anmerkung lautet als Bestätigung der Unübertragbarkeit der Lehre: „Das Wort Unio hypostatica paßt nicht... auf des Menschen Leib und Seele..."

12. Die Inkarnationschristologie ist für Luther und Zinzendorf eine gemeinsame theologische Grundentscheidung. Sie wird von Feuerbach hinreichend wiedergegeben, aber in einem anderen Sinn interpretiert: „der Gott, der Mensch, der Mensch, der Gott." (70). Die fast willkürlich erscheinende Aneinanderreihung der Substantive erklärt sich aus Feuerbachs Deutung der Inkarnation: Ihm sind wichtig, „die Consequenzen... die sich aus diesem Menschwerden Gottes, das gleich ist dem Gottwerden des Menschen" hervorzuheben. (71). Die Ableitung eines Gottwerdens des Menschen aus dem Menschwerden Gottes weist in Feuerbachs religionskritische Hauptschrift „Das Wesen des Christentums" zurück.

4. Menschwerdung Gottes und Gottwerdung des Menschen im Gegenüber der theologischen Tradition von Zinzendorf und Luther und ihrer Deutung durch Feuerbach

„Das Geheimnis der Inkarnation"[76] gibt Feuerbach im „Wesen des Christentums" preis. Diesem Grundgedanken bleibt er in der Spätschrift über „Zinzendorf und die Herrnhuter" treu: „Wenn der menschgewordene Gott in der Inkarnation als das erste gesetzt und betrachtet wird, so erscheint freilich die Menschwerdung Gottes als ein unerwartetes, frappierendes, wunderbares, geheimnisvolles Ereignis. Allein der menschgewordene Gott ist nur die Erscheinung des gottgewordenen Menschen, was freilich im Rücken des religiösen Bewußtseins liegt; denn der Herablassung Gottes zum Menschen geht notwendig die Erhebung des Menschen zu Gott vorher. Der Mensch war schon in Gott, war schon Gott selbst, ehe Gott Mensch wurde."[77]

Die anthropologische Voraussetzung der Menschwerdung Gottes soll eine ihr vorhergehende Entgöttlichung des Menschen sein.

Die Entgöttlichung nimmt Feuerbach in einer Vergegenständlichung durch den Menschen an. Kraft seines Wollens und Wünschens vergegenständlicht der Mensch die in ihm liegenden göttlichen Eigenschaften. Dieser Vorgang ist, so noch nicht bei Feuerbach benannt, als Projektion bekannt. Für ihn ist die Projektion eines vergegenständlichten Gottes erst der Ort, der die Inkarnation gedanklich ermöglicht. Im Sinne Feuerbachs wäre der Inkarnation eine „Exkarnation" durch den Menschen vorausgegangen.

Diese Darlegung beantwortet Feuerbachs Frage: „Wie hätte sonst Gott Mensch werden können? Ex nihilo nihil fit."[78]

In der zweiten Auflage der Christentumsschrift von 1843 und der dritten von 1849 gibt Feuerbach für die postulierte Richtigkeit der Interpretation einen Traditionsbeweis.

„Aber was in der Wahrheit der Religion der Grund, das bestimmt sich im Bewußtsein der Religion zur Folge; so hier die Erhebung des Menschen zu Gott zu einer Folge der Erniedrigung oder Herablassung Gottes zum Menschen. Gott, sagt die Religion, vermenschlichte sich, um den Menschen zu vergöttern. ‚Deus homo factus est, ut homo deus fieret'(Augustinus, Serm(ones) ad pop(ulum), p.371, c.l. Bei Luther (T.I., p.334) findet sich jedoch eine Stelle, die das wahre Verhältnis andeutet. Damit sagt Luther z.B. (T.I., p.334), daß Moses ‚Gottes Bild, Gott gleich' den Menschen nennt, habe er dunkel andeuten wollen, daß ‚Gott sollte Mensch werden'. Hier ist

also die Menschwerdung Gottes als eine Folge von der Gottheit des Menschen ziemlich deutlich ausgesprochen.“[79]
Zwar kann Feuerbach eine Deutung der Gottwerdung des Menschen aus der Tradition mit Verweis auf Augustin belegen, aber die Wortzitate Luthers können keinen Anspruch auf Richtigkeit im Sinne einer Deifikation geben. Deswegen spricht Feuerbach davon, „daß...hier (die) Gottheit des Menschen ziemlich deutlich ausgesprochen“ sei. Das ist eine rhetorische Einschränkung, die jedoch sprachlich das Anliegen für ihn nicht schmälern soll: das Gottwerden des Menschen. Den Gedanken der Gottwerdung des Menschen hat Feuerbach in der 1844 entstandenen und 1846 erschienenen Arbeit, also zwischen der zweiten und dritten Auflage der Schrift „Das Wesen des Christentums“ in einem kurzen Beitrag niedergeschrieben: „Der Unterschied der heidnischen und christlichen Menschenvergötterung“.[80]

Dabei entspricht dem Gottwerden des Menschen eine Menschenvergötterung, die in zwei Grundformen unterschieden wird:
„Kurz, die Heiden waren nur illusorische, seichte, oberflächliche Menschenvergötterer, die Christen sind tiefe, gründliche, radikale Menschenvergötterer. Im Heidentum war die Gottheit nur ein Privilegium, nur eine Anmaßung der Aristokratie; im Christentum ist sie wohlbegründetes, rechtliches Gemeingut: Nicht einige Menschen, jeder Mensch als Mensch ist Gott.“[81]

Die zweite Form einer Menschenvergötterung meint Feuerbach bei Luther wiederzufinden – seine Belege lassen indessen zu wünschen übrig – und bei Zinzendorf vertieft nachgewiesen zu haben. Sie sei „in so sinnfälliger und den Gläubigen anstößiger Weise realisiert.“ (71).
Auch wenn der Quellenbezug Feuerbachs gleich null ist, der die These der Deifikation bei Luther und Zinzendorf tragen soll, so stellt sich die Frage, ob in der Geschichte der Theologie nicht Ansätze zu Feuerbachs Deutung liegen.
„Teilnahme an der göttlichen Natur. 2.Petr. 1,4 in der theologischen Exegese des Pietismus und der lutherischen Orthodoxie“ heißt ein lehrreicher Aufsatz von Martin Schmidt.[82]
In ihm wird klar, wie 2.Petr. 1,4 Anlaß und Ausgangspunkt für das Eindringen griechisch-hellenistischer Strömungen bot. Zugleich „weist das Wort in weite dogmengeschichtliche und konfessionelle Horizonte. Die

altkirchlich-griechische Welt ist nicht minder an ihm interessiert als Augustin und der römische Katholizismus."[83]

In der Auslegung von 2.Petr. 1,4 entfachte sich ein Streit zwischen den Auslegern. Aber schon Luther bemerkte zur Auslegung der Stelle: „Das ist eyn sollicher spruch, desgleichen nicht steht ym newen und alten Testament."[84]

Bei der Auslegung steht jeweils die Frage auf dem Spiel, ob ein Teilhaftigwerden der göttlichen Natur zugleich ein Gottwerden des Menschen zur Folge hat.

Im zweiten Diskurs der „Ein und zwanzig DISCURSE über die Augsburgische Confession gehalten vom 15.Dec. 1747 bis zum 3.Mart. 1748" stellt Zinzendorf fest:

„Dieselbe Quasi-Vergötterung*,

die haben wir nicht als den letzten Grund der Vollkommenheit, der ein Bißgen über die Ewigkeit hinaus geht, (nach der Mysticorum Heils-Ordnung,) anzusehen". Unter der Anmerkung mit Stern wird der Bezug klar: „Ins himmlische Wesen versetzen, der göttlichen Natur theilhaftig machen, in Christum transformiren, das sind aequipollente Redens=Arten. Die alten Kirchen=Lieder drükken es so aus: ,Er wechselt mit uns wunderlich, Fleich und Blut nimmt er an, und gibt uns in seins Vaters Reich die klare Gottheit dran.'"[85]

Eine „Quasi-Vergötterung" schließt Zinzendorf im Gegensatz zu Feuerbachs Interpretation also gerade aus. Zinzendorfs Sichtweise wird aus seiner Wendung zu Luther deutlich, die gleichzeitig eine Absage an den Mystizismus beinhaltet.

In der heutigen Zinzendorf-Forschung wird die „Wendung zu Luther (1730-1739)" anerkannt. [86]

In dem Vorwort zum 1. Band der „Büdingschen Sammlung", erschienen 1742 in Büdingen, bezeugt Zinzendorf rückblickend diesen Vorgang: Mit der Schilderung des biographischen Entwicklungsprozesses, der besonders stark die frömmigkeitsgeschichtlichen Prägungen herausstellt, wird der wachsende Einfluß der Theologie Luthers betont. Nach dem Rechtgläubigkeitsexamen in Stralsund stellte sich Zinzendorf die Frage, „wie weit ich mit dem Systemate Lutherano harmoniren könnte, denn hätte ichs nicht gekont, so hätte ich mich nicht mehr für lutherisch ausgegeben."[87]

Vor dem Eintritt in den geistlichen Stand, der in Tübingen am 17. Dezember 1734 erfolgte, bemerkt Zinzendorf eine innere Veränderung, die eine Reaktion auf das Gespräch mit Johann Konrad Dippel ist: „Einige Zeit zuvor (sc. vor dem Eintritt in den geistlichen Stand) gieng in meinem Herzen etwas besonders vor. Herr Mischke sagte in einer Sorauischen Conferenz, ich wäre nie rechtschaffen bekehrt worden, Herr Dippel kam zu gleicher Zeit mit seiner Idee von der wirklichen Reinigung hervor, und wolte die J u s t i t i a m i m p u t a t i v a m schmählern... Als aber ich selbst in die genaue Untersuchung meiner Bekehrung kam, merckte ich: daß in der Nothwendigkeit des Todes JEsu und dem Wort Lytron ein besonder Geheimniß, und grosse Tieffe stecke, wo die Philosophie zwar simpliciter stehen bleibe, und nicht weiter komme, die Revelation aber unbeweglich drüber halte, das gab mir einen Aufschluß in die ganze Heils=Lehre... und seit 1734. wurde das Versöhn=Opfer JESU unsre eigne, und offentliche und einige Materie, unser Universal wieder alles Böse in Lehre und Praxi, und bleibts in Ewigkeit."[88]

Dieser Notiz ist große Aufmerksamkeit zu schenken, da in ihr eindeutig die Wendung zu Luther und seiner Kreuzestheologie angegeben wird und auf das Jahr 1734 datiert ist.

Mit der Wendung zu Luther ist für Zinzendorf die Absage an den Mystizismus verbunden. Nun urteilt er kritisch über Madame Guyon und Jakob Böhme. Auch Gottfried Arnold ist ihm zu „sehr in der Mystik" verstrickt, ja in sie gerade „verliebt".[89]

Mit den Bedenken gegenüber den Mystikern, die Zinzendorf durchaus kannte, verbindet sich eine ganz andere und verschärfte Kritik am Mystizismus, durch dessen Hybris der Gipfel der Selbstüberhebung erreicht werden soll: die Gottwerdung oder Vergötterung des Menschen. In der siebten Londoner Predigt, gehalten den 16. Februar 1752, wird unmißverständlich der Vergötterung in theologischer Absicht eine Absage erteilt: „Darum ist der m y s t i c i s m u s , die idee von der vergötterung der creatur eine gefährliche und miserable lehre, weil sie direct gegen den grund der schöpfung angehet. Denn wenn wir millionen ewigkeiten gelebt hätten, wenn die menschliche Natur durch millionen grade sich erhöhen könte, und über den höchsten Erz=engel erhaben würde; so wird doch niemals ein GOtt, ein Heiland, ein Christus draus, niemals ein JEsus, nur wie Er in der menschlichen hütte gelebt hat, sondern der held bleibt allemal eine dürftige creatur, ein zerbrechliches gefäß, das sein töpfer zusammen schmeissen, und aus der majestätischen form, die Er ihm heute gibt, das allerschlechteste und opponirteste machen könte, wenn Er wollte."[90]

In Anspielung auf eine Übertragung der Leibnizschen Lehre der prästabilierten Harmonie in das Lehrgebäude des Mystizismus konstatiert Zinzendorf: „Unsere sicherheit stehet nicht in der natur der sache, in einer h a r m o n i a   p r a e s t a b i l i t a dieser idee: Es muß alles wachsen, in die höhe steigen, clarificirter, purificirter, reiner, edler werden; denn das sind, in ansehung unser, lauter träume; sondern alle unsere beständige seligkeit stehet in seiner verheissung: ‚Ich will euch nie waisen lassen. Wo Ich bin, da soll mein diener auch seyn.' Das ist unser Charter, die garantie unserer künftigen bleibenden seligkeit."[91]

Die Idee der Vergötterung der Kreatur stellt sich für Zinzendorf als Mystizismus dar. Die Vergötterung, die Feuerbach im Christentum, aber besonders bei Luther und vollends bei Zinzendorf legitim interpretiert zu haben meint, ist nicht haltbar. Allenfalls läßt sich eine Tradition einer Vereinigung mit Gott und der Gedanke der unio mystica im Anschluß an Johann Arndt belegen. Diese theologische Tradition ist in Zinzendorfs theologischem Widerpart verkörpert, in Sigmund Jacob Baumgarten.

„Die dominierende Stellung, die der Gedanke der Vereinigung mit Gott in Baumgartens Theologie einnimmt, wäre nicht denkbar ohne die besondere Wertschätzung der unio mystica in der Arndtschen Tradition, in der er stand."[92]

Feuerbachs Deutung von Zinzendorf im Gefolge von Johann Arndt könnte – bleibt die atheistische Prämisse am Rande – sich auf Baumgarten berufen. Denn: „Wie es scheint, hat... die hauptsächlich von Johann Arndt herkommende Linie der lutherischen Frömmigkeit, für die Erfahrung der ‚Gottseligkeit' und ihre Bewährung in einem geistigen und sittlichen Leben Schwerpunkt und Ideal bildet, bei Baumgarten einen vollständigen Sieg in der wissenschaftlich-theologischen Systematik errungen."[93]

Mit dem Verweis auf mystische Denker, die ihren Einfluß im 18. Jahrhundert unschwer erkennen lassen, wendet sich Zinzendorf gegen eine auf Vergötterung abzielende theologische Denkungsart:

„An der Klippe sind die teuersten Anstalten zum Exempel der Labbadisten, die die nobelsten Absichten gehegt, gescheitert, weil sie sich herüberholen lassen in die Principia des seligen Erzbischofs von C a m b r a y , der seligen G u y o n und anderer, die es auf eine Vergötterung angestellt und in eine Natur hineingewollt, die wir nicht haben, noch jemals erlangen."[94]

Zusammenfassend ist festzuhalten: Feuerbach will Luther und Zinzendorf zu Theologen erheben, die die Gottwerdung des Menschen proklamieren. Dieser Deutung widersetzt sich Luther. Zinzendorf erklärt sie für Mystizismus und für gescheitert, da sich die Kreatur nicht an die Stelle des Schöpfers setzen kann. Das wäre anthropologische Träumerei und theologisch nicht haltbar.

Zinzendorfs Theologie erweist sich gegenüber Feuerbachs Deutung als ausgesprochen desillusionierend. Gegenüber dem Mystizismus hat sie eine entmystifizierende Kraft: Gott wurde Mensch, damit Gott und Mensch ein für alle Mal definitiv voneinander unterschieden werden. Diese in dem Unterschied von Schöpfer und Geschöpf bedingte qualitative Differenz beabsichtigt Feuerbach zu überspringen.[95]

Die These der Vergöttlichung des Menschen, die Feuerbachh voraussetzt und in seine Deutung einträgt, ist, wie ein aufschlußreicher Vergleich zeigt, bereits zu Zeiten Zinzendorfs kritisch beurteilt worden.

Joachim Lange, der eigentliche Apologet der hallischen Theologie und ein Vertrauter von August Hermann Francke, hat bereits im Jahre 1714 in seiner Schrift „Die richtige Mittel-Strasse zwischen den Irrthümern und Abwegen" auf die durch die Vergötterung des Menschen drohenden Gefahren aufmerksam gemacht. Dieser Hinweis hat Bedeutung, da Zinzendorf gerade von Joachim Lange aufgefordert wurde, den Streit zwischen Prof.Dr.Wernsdorf in Wittenberg und August Hermann Francke in Halle zu schlichten.[96]
Zinzendorf nimmt die Friedensschlichtung zwischen den Parteien mit Berufung auf Matthäus 5,9 – „Selig sind die Friedensstifter" – an.[97]
Joachim Lange urteilt wegweisend und sachlich bedenkenswert:
„Wer in den Schrifften der Kirchen-Väter versiret ist/wird wissen/dass darinnen besagte Redens-Arten (nämlich: Vergötterung) nicht selten vor-

kommen; jedoch aber dem contexte nach gemeiniglich in einem bessern und richtigern Verstande / als es die Worte sonst mit sich bringen. Die Gelegenheit dazu haben sie genommen/theils aus solchen Örtern der heiligen Schrifft/die von der genauen Vereinigung der Gläubigen mit GOtt gar nachdrücklich handeln; theils auch aus der Pythagoreischen, Platonischen und stoischen Philosophie; darinnen aber solche Redens-Arten sehr irrig sind und endlich/wenn man sie nach den principiis pseudo-philosophicis genaue untersuchet/gar auf das alterum extremum, auf den Atheismum, hinausführen. Denn wer die wahre Gottheit darinnen setzet/, darinn sie nicht ist/der kan endlich/wenn er den Ungrund seiner Meinung einsiehet/gar leichtlich auf die Verleugnung des göttlichen Wesens verfallen."[98]

Mit der Vergötterung, die aus pseudo-philosophischen Prinzipien abgeleitet wird, ist eine Warnung vor einem sich heimlich einschleichenden Atheismus ausgesprochen. Indem Zinzendorf vor den Träumereien des Mystizismus zurückschreckt und diese kritisiert, greift er Langes Warnung vor den Gefahren der Lehre der Vergötterung zustimmend auf. Langes Urteil, daß sich mit der Vergötterung zugleich der Atheismus ausbreite, hat Zinzendorf so aufgenommen, daß er gegen den zeitgenössischen Atheismus theologisch und philosophisch-argumentativ angegangen ist. (vgl. unten V. 3.).
Eine platonisierende Theologie gaukelt den Menschen Illusionen vor, so konstatiert Lange ca. 120 Jahre vor Feuerbachs Religions- und Idealismuskritik, und nimmt damit einen Standpunkt ein, der dem Atheismus wehren, die These der Vergötterung widerlegen und die Theologie zu ihrer eigenen Sache zurückrufen will. Denn die göttliche und menschliche Natur in der Person Jesu Christi treten miteinander in die engste Gemeinschaft, ohne sich miteinander zu vermischen. Die christologischen Konsensformeln von Chalcedon wurden ca. 120 Jahre später durch Feuerbach in die Anthropologie übertragen. Mit Feuerbach wurden – um mit Lange zu sprechen – „Irrthümer" und „Abwege" beschritten, die Zinzendorf in seiner klaren und eindeutigen Grundentscheidung zugunsten der Christologie und ihrer Gültigkeit für den Schöpfungsglauben von Anfang an nicht begangen hat. Deshalb beruft er sich gerade auf Luther, dessen Theologie er nicht als mystizismusverdächtig betrachtet, sondern als Befreiung durch den in dem Versöhnungsgeschehen Christi erfolgten Gnadenakt Gottes zugunsten des Menschen erlebt. In der Überwindung

eines himmelstürmenden Mystizismus wird Luthers reformatorische Einsicht gerade für Zinzendorf wichtig.

5. Feuerbachs Entdeckung und Rezeption Luthers

Vor dem Studium der Theologie hatte Feuerbach bereits in dem Lutherbrevier „Weisheit Luthers" gelesen. Aber der Fakultätenwechsel in die Philosophie ließ Luther in Vergessenheit geraten.

In Feuerbachs Vorwort zum ersten Band seiner „Sämtlichen Werke" von 1846 wird ein wichtiger Hinweis gegeben, der die Entdeckung Luthers benennt:

„Aber was du als das Wesentliche der Religion erkanntest, das war anfangs noch immer nicht dein Wesentliches, wenigstens theoretisch, für dein Bewußtsein, deine Erkenntnis; es spukte dir noch das abstrakte Vernunftwesen, das Wesen der Philosophie im Unterschiede vom wirklichen, sinnlichen Wesen der Natur und Menschheit, im – Kopfe. In diesem Widerspruch ist selbst noch, wenigstens teilweise, dein ,Wesen des Christentums' geschrieben; erst in deinem ,Luther', der daher keineswegs nur ein ,Beitrag' ist, wie es auf dem Titel heißt, sondern zugleich selbständige Bedeutung hat, ist er wahrhaft überwunden; erst in ihm hast du den Philosophen vollständig ,abgeschüttelt', den Philosophen vollständig im Menschen aufgehen lassen.

So hängen also deine Schriften zusammen; sie enthalten nichts als die Geschichte, die unwillkürliche Entstehung und Entwicklung, folglich Rechtfertigung deines gegenwärtigen Standpunkts."[99]

In dem Sammelwerk des radikalen Junghegelianismus „Anekdota zur neuesten deutschen Philosophie und Publizistik" von Bruno Bauer, Ludwig Feuerbach, Friedrich Köppen, Karl Nauwerk, Arnold Ruge und einigen Ungenannten (darunter Karl Marx) erschien mit der Überschrift L. Feuerbach 1843 eine Arbeit, die in zweiter und dritter Fassung unter dem Titel „Vorläufige Thesen zur Reformation der Philosophie" in Bd. II der „Sämtlichen Werke" Leipzig 1846 veröffentlicht wurde.[100]

In der ersten Auflage hieß es im Titel statt „Reformation" „Reform". Mit dem Begriff der „Reformation" ist ein „theologischer" Zug in den Titel der zweiten Auflage gekommen. Daraus ist ersichtlich, wie Feuerbachs Werk in Anlehnung an die theologische Reformation Martin Luthers verstanden sein will.

42

Die Reformation der Philosophie wird nach Meinung Feuerbachs Spinozas und Hegels Philosophie umstülpen, indem der Materie der ihr philosophisch angemessene Platz eingeräumt wird: „Spinoza hat die Materie wohl zu einem Attribut der Substanz gemacht, aber nicht als ein Prinzip des Leidens, sondern gerade deswegen, weil sie nicht leidet, weil sie einzig, unteilbar, unendlich ist, weil sie insofern die nämlichen Bestimmungen hat als das ihr entgegengesetzte Attribut des Denkens, kurz, weil sie eine abstrakte Materie, eine Materie ohne Materie, ist, gleichwie das Wesen der Hegelschen ‚Logik' das Wesen der Natur und des Menschen ist, aber ohne Wesen, ohne Natur, ohne Mensch."[101]

Feuerbach verweist hinsichtlich seines Bruches mit der spekulativen Philosophie Schellings und Hegels auf seine in den „Hallischen Jahrbüchern" im September 1839 erschienene Schrift: „Kritik der Hegelschen Philosophie".[102]

Feuerbach trägt seine Philosophiekritik als Idealismuskritik vor, ohne das Movens seiner Kritik mit der Autorität Luthers zu belegen. Sachlich vollzieht sich jedoch hier ein Durchbruch, der mit der oben wiedergegebenen Notiz aus dem Vorwort zum ersten Band der „Sämtlichen Werke" verglichen werden muß:

„Der Philosoph muß das im Menschen, was nicht philosophiert, was vielmehr gegen die Philosophie ist, dem abstrakten Denken opponiert, das also, was bei Hegel nur zur Anmerkung herabgesetzt ist, in den Text der Philosophie aufnehmen... Die Philosophie hat daher nicht mit sich, sondern mit ihrer Antithese, mit der Nichtphilosophie, zu beginnen. Dieses vom Denken unterschiedene, unphilosophische, absolut antischolastische Wesen in uns ist das Prinzip des Sensualismus."[103]

Feuerbach sieht sich durch Luther in seinem Bruch mit der idealistischen Philosophie, insbesondere im definitiven Bruch mit Hegel bestätigt, indem er Luthers Theologie als reine Anthropologie deutet und in ihr das Prinzip des Sensualismus festmacht, das er meint bei Luther gefunden zu haben. Mit der Schrift „Thesen zur Reformation der Philosophie" ist sachlich dem Bruch, also dem Abstoß von der Philosophie Hegels Rechnung getragen und die neue Position im Prinzip des Sensualismus ausgesprochen.

Die Entdeckung Luthers hat eine grundlegende Bedeutung für Feuerbachs Überarbeitung der ersten Auflage der Schrift „Das Wesen des Christentums" von Anfang Juni 1841.[104]

Die Absicht der Schrift faßt Feuerbach in einem Satz im Vorwort zusammen: „Was nämlich in dieser Schrift sozusagen a priori bewiesen wird: daß das G e h e i m n i s d e r T h e o l o g i e d i e A n t h r o p o l o g i e ist, das hat längst a posteriori die Geschichte der Theologie bewiesen und bestätigt."[105]
Erst in der zweiten Auflage der Schrift „Das Wesen des Christentums" von 1843 gibt er eine Fülle von Lutherzitaten an, die in der ersten Ausgabe noch fehlten. Daraus ist zu schließen, daß Feuerbachs Auseinandersetzung mit Luther erst nach dem Abschluß der ersten Auflage erfolgte. In der Briefnotiz an Otto Wigand vom 18. Januar 1842 gibt Feuerbach einen gewichtigen Hinweis:
„Mein Werk wird durch die zweite Auflage bedeutend genauer. Ich habe bereits mehrere Materien tiefer begründet und weiterentwickelt und dabei so klar, daß das Buch den Rang einer unumstößlichen, evidenten Wahrheit – einer wissenschaftlichen, und zwar mehr als wissenschaftlichen, einer welthistorischen Tatsache bekommen muß. Auch habe ich die köstlichsten Belegstellen – zumal aus Luther und Augustin – den beiden Matadoren des Christentums, bereits gesammelt."[106]
Der Beginn der Lutherstudien, der Terminus ad quem ist also mit der Angabe vom „18. Januar 1842" gesetzt. Der Terminus a quo der intensiven, in den Werken Luthers ansetzenden Studien ist hingegen offen. Feuerbachs Zitathinweise gehen unisono in die von Johann Heinrich Zedler verlegte Leipziger Lutherausgabe von 1729-1734, die 22 Foliobände umfaßt, denen 1740 ein weiterer Band folgt. Daß Feuerbach in den Besitz der Leipziger Lutherausgabe gekommen ist, läßt sich nachweisen. Ob die Ausgabe auch sein Eigentum geworden ist, bleibt ein bibliographisches Geheimnis. Im Zusammenhang seiner Lutherstudien bemerkt Ludwig Feuerbach am 10. Dezember 1843 in einem Brief an Friedrich Feuerbach: „Die Briefe Luthers, von De W(ette) herausgeg(eben), brauche ich nur der gelehrten Pedante(n) willen. Sind sie nicht in Nürnberg, so sind sie auf alle Fälle in Erlangen. Auf die Nürnberger Bibliothek muß ich aber, um (über) das Verhältnis meiner Ausgabe – der Leipziger, die übrigens eine sehr sorgfältige und gewissenhafte ist – zu spätern mich zu unterrichten, gleichfalls nur um der Pedante(n) willen, denn ich habe an diesen 23 Bänden Luthers übergenug."[107]
John Glasse hat eine weithin anerkannte These geltend gemacht, daß Feuerbach durch die Rezension des Theologen Julius Müller herausgefordert wurde, seine Ergebnisse zu bedenken.[108]

44

Die in den „Theologischen Studien und Kritiken" im 1. Heft 1842 abge-
druckte Feuerbach-Kritik hat, wie Johannes Wallmann feststellt, unter
anderem den zentralen Schwachpunkt markiert, daß der Müllersche
„Vorwurf der Einseitigkeit bei der Quellenbenutzung" Feuerbach zu
einer intensiven Beschäftigung mit Luther provoziert hat.[109]
Heinz-Horst Brandhorst hat acht Kritikpunkte von Julius Müller systematisch zusammengefaßt. Für die Spätschrift „Zinzendorf und die Herrnhuter" ist dabei von Interesse, daß Müller feststellt:
„Im Gebiete des Protestantismus nimmt der Verfasser noch am meisten
Notiz von den Productionen der Brüdergemeine, sehr begreiflich, weil in
ihnen eben Gemüth und Phantasie ganz unbeschränkt herrschen und
allerlei wunderliche Extravaganzen hervorgetrieben haben."[110]
Noch schärfer wird Feuerbach Müllers Vorwurf getroffen haben, daß
Belege „vornehmlich von einigen Theologen des Mittelalters, besonders
natürlich von den Mystikern, am liebsten von Bernhard und Pseudo-
Bernhard, wobei denn jeder Ausbruch des mystischen Affects sofort zum
Dogma gemacht wird", seine Arbeitsergebnisse nicht decken.[111]
Gegen den Vorwurf, Mystiker des Mittelalters zu favorisieren, polemisiert Feuerbach: „Lächerlich, ja wahrhaft lächerlich! Glaubt denn mein
scharfsinniger Rez.(ensent), daß ich meinen ganzen Vorrat verschossen,
daß ich weiter nichts gelesen, als was ich zitiere?"[112]
Auf die Feststellung, daß „Productionen der Brüdergemeine" schwache
Belegstellen sind, antwortet Feuerbach erregt: „Gemüt und Phantasie
bewegen sich übrigens in dem Gesangbuch der Brüdergemeine innerhalb
der Schranken des christlichen Glaubens; sie drücken sich nur sinnlich,
unverhohlen, aber deswegen bezeichnend aus... Ob ein Schwärmer oder
Orthodoxer, ob ein simpler Herrnhuter oder ein aus Zitaten komponier-
ter Professor der Theologie, das ist mir ganz eins. Nein, nicht eins; der
religiöse Affekt hat weit mehr Geist und Autorität als eine verschmitzte
Dogmatik, die weder kalt noch warm, weder religiös noch vernünftig,
weder gläubig noch ungläubig ist."[113]
Feuerbach wird herausgefordert, der Kritik Müllers nicht auszuweichen
und sich mit der Theologie Luthers zu beschäftigen, um intensiv mit
Lutherzitaten die Stimmigkeit seiner Deutung zu erhärten.
Weiter erfolgt die Herausforderung, sich mit Luthers Theologie in dem
Zusammenhang zu beschäftigen, daß der Vorwurf der einseitigen Berück-
sichtigung der evangelischen Tradition vorherrsche, nämlich in der Form
der Brüdergemeingesangbuch-Lieder.[114]

Abschließend ist festzuhalten, daß Feuerbach bereits Mitte Januar 1842 die „köstlichen Belegstellen – zumal aus Luther", aber auch Augustin benennt. Damit ist gesichert, daß die danach abgefaßten Schriften Feuerbachs seine intensive Lektüre und Auswertung der Leipziger Lutherausgabe voraussetzt.

H.-H.Brandhorst stellt fest: „Erwägenswert ist aber ein möglicher Einfluß der ersten Lutherstudien während der Abfassungszeit der ‚Thesen'."[115]

C.Ascheri konstatiert klarer, daß nämlich für die in den Thesen ausgesprochene „Anerkennung des Positiven in der Religion, ihres ‚Mehr' gegenüber der Theologie und spekulativen Philosophie" – hier liegt die Differenz zu Brandhorst – „die Luther-Texte von großer Bedeutung gewesen" „und zweifelsohne nicht ohne Einfluß auf die Thesen geblieben" sind.[116]

Brandhorst kann diese Deutung nicht teilen. Dahinter steckt die These von Ascheri, daß Feuerbach in der lutherischen Christologie „eine Reduktion Gottes auf den Menschen" gesehen und dies als „Vorwegnahme seiner eigenen religiösen Anthropologie" verstanden habe.[117]

Ascheri meint, wie ähnlich auch J.Glasse, daß Feuerbach „wieder die Wahrheit der Religion" entdeckt habe.[118]

Dieser Sicht will sich Brandhorst nicht anschließen, obwohl historisch geurteilt die Auseinandersetzung mit der Leipziger Lutherausgabe und ihre Einarbeitung in die zweite Auflage der Schrift „Das Wesen des Christentums" zwingend ist. Die fundierte und weitausholende Arbeit von Brandhorst läßt aber gerade die entscheidende Frage unbeantwortet, ob sich Feuerbach zu Recht auf Luther berufen hat oder berufen konnte, um die These der Antropologisierung der Theologie bei und durch Luther vertreten zu können. Das Defizit soll aufgezeigt und mit vorliegender Analyse und Aufarbeitung der Schrift über „Zinzendorf und die Herrnhuter" einer eindeutigen Antwort zugeführt werden.

Die späteren Arbeiten Feuerbachs, besonders die Schrift „Das Wesen des Glaubens im Sinne Luthers" mit dem Erstdruck von 1844, sind heranzuziehen.[119]

Dazu gehört die ursprünglich Karl Marx zugerechnete Schrift „Luther als Schiedsrichter zwischen Strauß und Feuerbach", die im zweiten Band der im Februar 1843 erschienenen „Anecdota zur neuesten deutschen Philosophie und Publicistik" herauskam. Sie sind Fortwirkungen der engagierten Luther-Lektüre. Ein unerwarteter Zeuge wird auf den Plan gerufen:

„Luther – eine sehr gute Autorität, eine Autorität, die alle protestanti-
schen Dogmatiken sammt und sonders unendlich überwiegt, weil die
Religion bei ihm eine unmittelbare Wahrheit, sozusagen Natur war –
Luther entscheide.“[120]

In die Analyse einzubeziehen ist die am wenigsten beachtete, da weitgehend unbekannte Feuerbach-Schrift von 1844: „Merkwürdige Äußerungen Luthers nebst Glossen“.[121]

Feuerbach hat also in Martin Luther den Begründer der Reformation in
Deutschland für sich und seine Philosophiekritik entdeckt, nachdem ihm
mangelnde Auseinandersetzung mit der evangelischen Tradition vorge-
worfen wurde. Seine Replik war nicht nur gegen seinen Rezensenten
Julius Müller gerichtet. Seine Luther-Rezeption ist zum Grundthema des
religionsphilosophischen Schaffens geworden. Er meint, den in Luthers
Theologie vorfindlichen Sensualismus aus der in der menschlichen Natur
Jesu Christi verkörperten Anthropologie deduzieren zu können. Sein Ver-
ständnis von Sinnlichkeit bei Luther wird gegen Hegels Philosophie, insbesondere gegen Hegels Logik, wie eine Waffe idealismuskritisch in
Anschlag gebracht. Feuerbachs „Vorläufige Thesen zur Reformation der
Philosophie" sind zu einem protest-philosophischen Dokument gewor-
den, das die „Reformation" der idealistischen Philosophie durch den
Bruch mit der Spekulation einleitete.

Seine Identifikation mit Luther hat gerade in der Tatsache ihre Veranlassung, daß er dessen unerbittliche Beharrlichkeit hervorhebt. Zuerst vor-
sichtig:

„Luther wollte anfangs nicht so weit gehen, als er ging.'Gerade dieser
Gang ist der richtige. Wer schon am Anfang sich als Zweck vorsetzt, was
nur absichtslose, unwillkürliche Folge der Entwicklung sein kann, der
verfehlt sein Ziel.“[122]

Dann aber wird ebenso deutlich, aber noch entschiedener die verän-
dernde Kraft der Reformation betont: „Nichts ist törichter, als die Notwendigkeit einer Reformation anzuerkennen, aber das Recht zur Reformation auf das corpus juris civilis oder canonici zu gründen… Eine Reformation kommt nie in optima juris forma, sondern stets nur auf originelle,
extraordinäre, illegitime Weise zustande. Wer den Geist und Mut zu
einem Reformator hat, der nur hat das Recht dazu. Jeder Reformator ist
notwendig ein Usurpator, jede Reformation eine Gewalttat des Geistes.“[123]

Die Worte sind der Schrift entnommen:
„Fragmente zur Charakteristik meines philosophischen curriculum vitae", die zuerst in Band III der „Sämtlichen Werke" 1846 ediert wurden.

Deshalb kann sich Feuerbach als Vollstrecker und Sachverwalter des reformatorischen Erbes ausgeben, als konsequenten Erben Luthers verstehen, der seine Selbstvorstellung auf die kurze und prägnante Formel bringt: „Ich bin Luther II!"[124]
Dies sei Feuerbachs „Lieblingsausdruck" gewesen, „den er in vertrauten Gesprächen bezüglich seiner eigenen Thätigkeit, wie sie in dem hinterlassenen Fragment (sc. „Das Wesen des Glaubens im Sinne Luthers") darstellen wollte", tatsächlich „zu brauchen pflegte."[125]
Wilhelm Bolin berichtet an anderer Stelle, daß diese Bezeichnung von Feuerbach in „einer mündlichen Unterhaltung... um Mitte der 60er Jahre" ausgesprochen worden sei.[126]

Die Zeitangabe Mitte der 60er Jahre verweist genau in den Zeitabschnitt, in dem er sich mit der Schrift „Zinzendorf und die Herrnhuter" befaßt und Zinzendorf als „Lutherum vere redivivum oder Lutherum Lutheranissimum" interpretiert. Für Feuerbach ist Zinzendorf der wiedergeborene Luther. Diese Lutherrenaissance wurde im zeitgeschichtlichen Kontext des 18. Jahrhunderts analysiert (vgl.I.3.). Hinter der Lutherrenaissance steht jedoch der sich partiell mit Zinzendorf identifizierende Feuerbach: „Ich bin Luther II!"
Von diesem Zugang Feuerbachs zu Luther ist die Zinzendorf-Schrift erst von den interpretatorischen Voraussetzungen und intendierten Zielen verständlich.

6. Feuerbachs Vergleich von Luther und Zinzendorf

Feuerbach will nun in einer Gegenüberstellung von Luther und Zinzendorf den Nachweis erbringen, daß und wie Zinzendorf über Luther hinausgehend den Lutherum Lutheranissimum verkörpert und dabei das Verständnis der Theologie Luthers realisiert, das er bei Luther entdeckt zu haben meint. Nach der Wiedergabe der Ausführungen Feuerbachs erfolgt der Verweis auf die benutzten Quellen (vgl. 6.1.).

„Luther war im Schrecken des alten menschenfeindlichen Gottes aufge-
wachsen, lernte diesen erst nach und nach mit Hilfe des menschgewordenen überwinden; Zinzendorf lebte von Kindheit an im vertraulichsten
Umgang mit Gott, schrieb schon als Kind Briefe an seinen Heiland, wie
an seinen leiblichen Bruder,[127] hatte ein solches kindliches und zweifello-
ses Vertrauen zu der Teilnahme des göttlichen Wesens an allen menschlichen Angelegenheiten, dass er, als er als Student unter den übrigen für
einen Cavalier schicklichen Leibesübungen auch das Tanzen lernen mus-
ste,[128] den lieben Gott um seinen Beistand anflehte, um so schnell als
möglich mit diesen Allotriis, wie er es nannte, fertig zu werden. Und er
wurde erhört. ‚Mein einziger und wahrer Confident hat mich auch hierin
keinen Fehler thun lassen', schreibt er selbst in den ‚Antworten auf die
Beschuldigungen'." (71).[129]
Feuerbach verweist auf die durch Zinzendorf gegebene Apologie. Dabei
bejaht er die Anliegen Zinzendorfs und weist die Argumente der Zinzen-
dorf-Kritiker zurück. „Seine Gegner warfen ihm Entheiligung des
Namens Jesu vor, wenn man ihn in solchen Dingen um Hilfe anrufe; er
weist diesen Vorwurf damit ab, dass ‚der Heiland des Menschen Herzens-
freund und allgegenwärtig sei'. Die Menschwerdung Gottes war oder ist
eine Selbsterniedrigung, Selbstverkleinerung der Gottheit aus Liebe zur
Menschheit: warum soll es dem Zinzendorf zum Vorwurf gereichen, dass
er, um seine Empfindung über diese Gleichstellung Gottes mit dem Menschen auszudrücken, die familiärsten Ausdrücke, wie Mama, Papa, am
liebsten Verkleinerungswörter von der Gottheit gebrauchte? Wir verkleinern ein Wesen, einen Gegenstand vermittelst der Diminutiva, nicht aus
Geringschätzung, sondern aus Zärtlichkeit, um sie aufs innigste mit uns
zu verschmelzen, gleich wie wir die Speisen mit den Zähnen verkleinern,
um sie besser zu verdauen, leichter uns zu assimiliren, d. h. mit uns iden-
tificiren zu können. Ist aber diese Zärtlichkeit, diese Innigkeit nicht eine
nothwendige Folge von dem Eindrucke, den das Menschsein des göttlichen, d. h. das Leiden des an sich leidlosen Wesens zum Besten der
Menschheit auf einen gefühlvollen Menschen macht, wie der Graf Zinzendorf war? Schon als Knabe wurde er bis zu Thränen gerührt, wenn er
erzählen hörte, dass sein Schöpfer Mensch geworden, und was s e i n
S c h ö p f e r f ü r i h n gelitten. Er fasste den Beschluss, lediglich für
den Mann zu leben, der sein Leben für ihn gelassen habe, und schloss
einen Bund mit dem Heilande: ‚Sei du mein lieber Heiland, ich will dein
sein'." (71f.).

Mit diesem Zitat referiert Feuerbach Ausführungen von Karl August Varnhagen van Ense und August Gottlieb Spangenberg und stellt inhaltlich Zinzendorfs Heilandsfrömmigkeit dar.[130]

„‚Sein Symbolum war von Kind auf: Das Eine will ich thun, es soll sein Tod und Leiden, bis Leib und Seele scheiden, mir stets in meinem Herzen ruhn'." (72).[131]

Wie das folgende Zitat belegt, deutet Feuerbach Zinzendorfs Heilandsglauben im Anschluß an Luthers Christologie. „L u t h e r sagt in seiner Erklärung des Propheten Jesaja über die Stelle (9.Kap.): ‚Uns ist ein Kind geboren, ein Sohn ist uns gegeben'; ‚d a s K i n d i s t u n s g e b o r e n , es bleibt uns auch ein Kind. Also ist uns auch ein Sohn gegeben und bleibt uns auch ein Sohn, er wird nicht anders, als er vom Anfang seiner Geburt her gewesen ist. W e n n w i r a b e r d e n S o h n h a b e n , s o h a b e n w i r a u c h d e n V a t e r ... Ja selbst der Vater wird ein Sohn und wegen des Sohnes gezwungen, in gewisser Maassen (dass ich so reden mag) zum Kinde zu werden, m i t u n s z u s p i e l e n , u n s z u l i e b k o s e n , weil wir seinen Sohn haben. Um dieses seines geliebten Sohnes willen sind auch wir geliebte Kinder und Erben Gottes'.

Dieser nicht nur Mensch, sondern Kind gewordene, mit dem Menschen spielende, ihn liebkosende und wieder geliebkoste Gott ist der Gott, das Wesen, das Grundthema Zinzendorfs; daher die so vielen Spott und Aergerniss erregenden Tändeleien, besonders in seinen Liedern, die er, wie er sich ausdrückte, ‚aus seinem Herzen sang'."(72).

Im Gefälle der Zitate wird deutlich, daß Feuerbach die Christologie inkarnationstheologisch deutet. Die Menschwerdung Gottes wird schließlich als Kindwerdung Gottes in Jesus wiedergegeben und bejaht. Durch quellenkritischen Vergleich ist sichtbar, daß Feuerbach stark Karl August Varnhagen van Enses „Biographische Denkmale", Teil V., „Leben des Grafen von Zinzendorf", erste Auflage, verarbeitet. August Gottlieb Spangenbergs Arbeit „Leben des Nikolaus Ludwig Grafen von Zinzendorf und Pottendorf", das Feuerbach ebenfalls vorlag, dominiert nicht in der Darstellung. Da K.A.Varnhagen van Ense erst in der zweiten Auflage unter „Nachweisung der gebrauchten Hülfsmittel" seine ausgewerteten Quellen angibt, konnte Feuerbach nicht wissen, daß gerade die Untersuchungen Spangenbergs bei K.A.Varnhagen van Ense verarbeitet wurden. Schlußfolgernd ist festzuhalten, daß Feuerbach, indem er die Zinzendorf-Biographie von Varnhagen van Ense auswertete, er indirekt

auf Ausführungen Spangenbergs aufgebaut hat. Direkt war sich Feuerbach dieser Beziehung nicht bewußt, da in der ersten Auflage der Varnhagenschen „Zinzendorf-Biographie" die verarbeiteten Quellen nicht genannt werden.[132]
Die Primärquelle mit höherem und historisch treffenderem Informationswert ist indessen die Spangenberg-Arbeit.

7. Anthropologie und Leiblichkeit im Gefälle der „Xenien" Feuerbachs

Feuerbach sucht nun aus dem Lebensideal der Kindlichkeit Zinzendorfs ein Verständnis von konkreter Anthropologie abzuleiten, dem er selbst zustimmend und ablehnend gegenübersteht. Dabei folgt, wie nun nachgewiesen wird, Feuerbach weitgehend A.G.Spangenberg und K.A.Varnhagen van Ense in ihren jeweiligen Arbeiten.

„‚Zinzendorf hielt', bemerkt V a r n h a g e n v a n E n s e in seinem Leben desselben (S.393), ‚das kindliche, innig vergnügte und gleichsam spielerische Wesen eines am Heiland hängenden Herzens für eine grosse Seligkeit und meinte, jeder Mensch sollte sich aus seiner Kindheit etwas zurückzuholen suchen, etwas Spielendes, Herzliches, Gerades, und man dürfe sich durch den Missbrauch, der dabei stattfinden könne, ebensowenig stören lassen kindlich zu sein, als man wegen des Missbrauches der Vernunft aufhören dürfe vernünftig zu sein. Allein eben er selbst übte solchen Missbrauch und gab auch Anderen den freiesten Anlass dazu.'
Er sagt selbst von sich, ‚das eine seiner grössten Inclinationen auf die Kindlichkeit gehe; denn das gerade, einfältige, ungenirte, vergnügte und artige Wesen eines noch unverdorbenen Kindes sei die allernobelste Gemüthssituation, die sich ein Mensch vorstellen könne'." (72f.).[133]
In Varnhagen van Enses Worten kommt die Zustimmung zu Zinzendorfs Verständnis der Kindlichkeit zum Ausdruck. In der Zustimmung schwingt eine romantische Grundhaltung mit, Kindlichkeit nicht als Naivität abzutun, sondern als gute Haltung auch gegen ihren Mißbrauch zu verteidigen. Spangenbergs stärker auf Zinzendorf abhebende Darlegung ist noch frei von Stilzügen, die in der Romantik zum Tragen kommen, indessen aber Ausdruck eines Überganges von der Zinzendorfzeit in die Romantik sind.[134]
Feuerbach greift die Zitate nicht in Zinzendorfs oder aber der romantischen Sicht des Menschen auf, sondern kommentiert von seinem Verständnis von Anthropologie aus:

„Gott ist Mensch, leibhaftiger, wirklicher, natürlicher Mensch. Was folgt daraus? Die Entmenschung die Entleibung des Menschen? Nein! Das gerade Gegentheil: die Vergötterung des Menschen vom Scheitel bis zur Ferse. ‚Gott', sagt Luther, ‚verwirft nicht die natürlichen Neigungen an dem Menschen.' 'Wir können Christum nicht zu tief in die Natur und das Fleisch ziehen, es ist uns noch tröstlicher'." (73).[135]
Luthers Inkarnations-Christologie ist für Feuerbachs Verständnis von Leiblichkeit grundlegend.

„Zinzendorf dehnte diese Vertiefung, diese Herablassung der Gottheit ins menschliche Fleisch, bis auf die Geschlechtstheile aus. ‚Zinzendorf bekannte frei, dass er die Glieder zur Unterscheidung des Geschlechts für die ehrwürdigsten am ganzen Leibe achte, weil sie sein Herr und Gott theils bewohnt, theils selbst getragen habe, ja die Scham wurde ausdrücklich verdammt, als vom Satan in eine heilige Handlung hineingehext und gezaubert, welche, da sie an ihrem höchsten Augenblicke nur die Vereinigung Christi mit seiner Kirche bedeute – ersterer durch den Mann, gleichsam den Vice-Christ letztere durch die Frau, deren eigentlicher Mann immer nur Christus bleibe, vorgestellt – für diejenigen, welche diesen Sinn und dieses Bewusstsein dabei hegen, so wenig mit der sinnlichen Wollust gemein habe, als der Genuss des heil. Abendmahls mit der Begierde eines Weintrinkers!'" (73).[136]
Feuerbach konkretisiert das Thema der Leiblichkeit bis auf die Sexualität, allerdings nicht ohne Ironie und Spott.
„Das Christenthum erstreckt sich also selbst bis auf die Geschlechtstheile. Der Christ verrichtet ohne Bedenken, ohne Skrupel, alle Functionen des natürlichen Menschen, auch das Kinderzeugen, aber nicht aus einem natürlichen Triebe, sondern aus Liebe zu Christus.
'Das Kinderzeugen ist', sagt Zinzendorf, ‚unter die Dinge rangirt, die man nun eben um's Heilands willen auf sich nimmt. Wer hat denn gesagt, dass die Sache die geringste Konnexion mit dem fleischlichen Plaisir hat? Das ist eine Phantasie, die hat entweder der Satan in die menschliche Idee gezaubert, aber auch der kondescendente Schöpfer darum zugelassen, weil sonst Niemand heirathen würde, a l s   s e i n e   w e n i g e n   L e u t e   a u f   E r d e n'." (73f.)[137]
Feuerbach hat der Leiblichkeit als Thema der ihm vorliegenden Literatur Aufmerksamkeit geschenkt, da die Leibfeindlichkeit in der Geschichte der Kirche für ihn ein Gegenstand der Kritik darstellt.[138]

Daß die reservierte, despektierliche Schilderung des natürlichen Umgangs und Verhältnisses zum Körper nicht im Sinne Zinzendorfs ist, bedarf keiner Erklärung. Denn entgegen der weitverbreiteten Leibfeindlichkeit wird bei Zinzendorf, man bedenke die Zeit des 18. Jahrhunderts, ein Verständnis des Menschseins vertreten, welches Aufmerksamkeit verdient.

Hinter Varnhagen van Enses Ausführungen stehen Gedanken aus der „Apologetischen Schluß=Schrift". Dort heißt es:

„Der Satz bleibt fest, a) Alle Glieder, die JEsus an seinem heiligen Leibe getragen, und b) alle Glieder, die JEsum getragen haben, die sind theilhaftig der Ehre und des Respects des JEsu, der sie getragen, der sie genossen, sie berührt, und drin gewohnt hat... Der Gedancke von der Unehrlichkeit der menschlichen Glieder muß eradicirt werden: so lange der Gedancke noch ist."[139]

Das Thema der Sexualität wird also nicht schamhaft verschwiegen oder tabuisiert oder als sündhaft abgetan. Das Geschlechtsleben wird so, wie das Verhältnis von Frau und Mann, aus einem einseitigen patriarchalischen Verhältnis herausgehoben und auf die Stufe der Gleichberechtigung von Frauen und Männern als Schwestern und Brüder vor Christus gestellt.

Im Rückgriff auf das umstrittene Paulus-Wort aus 1.Kor.14, 34 konstatiert Zinzendorf:

„Es ist bekannt, daß man in den meisten christlichen Religionen den Satz allgemein macht: Mulier taceat in ecclesia ..., Der Satz ist aber falsch und wider die heilige Schrift."[140]

Zinzendorfs emanzipatorische Sicht gegenüber Frauen und sein unverkrampftes Verhältnis zur Sexualität sind im historischen Kontext seiner Zeit singulär.[141]

Da Feuerbach im Sinne mancher Strömungen seiner Zeit, aber auch wie die früheren philosophischen Romantiker als Bild der Veranschaulichung das Gegenüber von Mann und Frau wählt, ja sogar damit metaphysische und erkenntnistheoretische Frage zu beantworten sucht, ist es nicht recht verständlich, warum er diesen Zug in Zinzendorfs Anthropologie nicht deutlicher erfaßt hat.[142]

Stattdessen zitiert und kommentiert Feuerbach mit Ironie und Sarkasmus: „Selbst sogar auf den Abtritt geht der fromme Bruder und Diener Christi nur im Namen und nach dem Beispiel seines Herrn, denn ,unser theurer Heiland hat sich weder gescheut vom Stuhlgang mit seinen Jün-

gern zu reden (Matth.15,17), noch sich geweigert dergleichen menschliche Demüthigungen an seinem eigenen Leibe zu erfahren'." (74).[143]
Feuerbach löst das Zitat aus der „Apologetischen Schluß=Schrift" und zeichnet es ironisierend in seine Ausführungen ein. Zinzendorf drückt damit die Niedrigkeit der Menschen gegenüber der Kondeszendenz Gottes aus: „Wie uns aber auf der einen Seite das Exempel des Heilandes encouragirt, unser Elend mit Geduld und frischem Muth zu ertragen; also zermürmelt, zerpülvert und zerstäubt uns freylich die Reflexion auf die gar grose Erniedrigung unsers Schöpfers; daß wir wirklich sagen möchten; Herr gehe von uns hinaus u. wir sind Erde und Asche u. was sind wir, wer bist du? u.s.w. O abyssus!"[144]
Der fast beschämenden Selbstwahrnehmung des Menschen gegenüber seinem fleischgewordenen Gott gebührt Zinzendorfs Aufmerksamkeit. Feuerbach kommt indessen zu einem verächtlichen Schluß dessen, was er zuerst emphatisch zitiert und kommentiert hat: Zinzendorfs Anthropologie.
„So haben wir im Vater der Brüdergemeinde auch zugleich schon den Vater des modernen, extremen, d. h. von den inneren Centraltheilen auf die Extremitäten des Menschen hinausgeworfenen, selbst bis auf den After sich erstreckenden Christenthums, das ich schon in meinen theologisch satirischen Distichen von 1830 (z. B. denen über den Unterschied von Natur und Gnade), später in meinen Kritiken des modernen Afterchristenthums und anderwärts charakterisiert und persiflirt habe." (74).
Die theologisch satirischen Distichen, ja das von Feuerbach benannte kurze Prosastück über den „Unterschied von Natur und Gnade" lassen sich in seinem Frühwerk belegen. Sie sind enthalten in der Schrift: „Gedanken über Tod und Unsterblichkeit aus den Papieren eines Denkers, nebst einem Anhang theologischer-satirischer Xenien, herausgegeben von einem seiner Freunde."[145]
Die Schrift ist 1830 anonym erschienen. „Die Entstehungsgeschichte dieser Schrift reicht offenbar in die Zeit des vollzogenen Bruchs mit der Theologie während der Berliner Studienzeit 1825/26 zurück ... Danach liegt die Vermutung nahe, daß Feuerbach diese Schrift bereits 1828 – wo er dann nahezu ausschließlich mit der Dissertation, dem Promotionsverfahren und der Umarbeitung der Doktorarbeit für die öffentliche Verteidigung zur Erlangung der Privatdozentur an der Erlanger Universität befaßt war – im wesentlichen abgeschlossen hatte... Die Abhandlung ... muß spätestens zu Anfang August (1830) vertrieben worden sein, denn

54

bereits unter dem 14. August 1830 erging durch die Kammer des Inneren der Regierung des Isar-Kreises an die Regierung des Rezatkreises die Mitteilung, daß beschlossen wurde, den von der Polizeidirektion München getroffenen Beschlag dieser Druckschrift fortzuführen".[146] Feuerbachs literarischer Rückverweis auf die zensierte Schrift, die ihm die universitäre Zukunft unmöglich machte, da eine Berufung nicht mehr staatlich gebilligt wurde, erfolgt unerwartet. Das 72. Stück der 354 Xenien hat, wie 1866 angegeben, folgenden Wortlaut:
„Unterschied zwischen Natur und Gnade
Ja, die heidnische Welt, die hatte vortrefflichen Stuhlgang,
Unbeschränkt war der Lauf damals der freien Natur.
Aber die Eingeweide verstopft und beschweret der Glaube,
an der Hypochondrie leidet die christliche Welt."[147]
Feuerbach interpretiert Zinzendorfs Verständnis der Leiblichkeit im Rückgriff auf die Xenien, wobei der direkte Verweis von ihm nur als ein Beispiel genannt ist („z. B." 74), als Zeichen von Hypochondrie. Das 72. Stück der Xenien steht neben einer Fülle von derben und ausfälligen, bis in die Fäkaliensprache abrutschenden Persiflagen, die sich gegen Christentum, Kirche und Glaube, aber auch gerade gegen den Pietismus wenden.
„Die geschichtliche Bedeutung und Bestimmung des Pietismus
Wisse, die Menschheit durchläuft in ihrer geschichtlichen Laufbahn
Ganz denselben Prozeß, den der organische Leib.
Hungerig nimmt sie den Stoff erst auf, verzehret ihn in sich,
Hat sie ihn assimiliert, wirft sie das Unnütze weg.
Neuester Pietismus ist ausgeschiedener Unrat
Von den Speisen, die längst hat schon die Menschheit verdaut.
Und wie in der Natur Schmeißfliegen verzehren den Unrat
Mit Appetit und Genuß, weisen Gesetzen gemäß,
Also genießt die Menge die Exkremente der Menschheit,
Um von dem lästigen Kot endlich zu säubern die Welt."[148]
Mit diesen und anderen Aussagen war Feuerbachs Hochschullaufbahn, nicht nur für Erlanger Verhältnisse, endgültig erledigt, „insbesondere", wie Werner Schuffenhauer urteilt, „wegen zahlreicher Bezugnahmen auf den Pietismus... namentlich in den Xenien".[149]
Feuerbach gesteht im Brief vom 9. Juli 1866, der an Friedrich Kapp adressiert ist, seine Unlust und Ironie:
„Wie kann man in Zeiten des erbittertsten politischen Meinungskampfes,

mitten im wenn auch erst nur theoretischen oder papierenen und mündlichen Bürgerkrieg sich mit den Stillen im Lande ohne Widerwillen und Ironie beschäftigen?...einer mir so ferne liegenden Sache"?[150] Hier wird ersichtlich, wie Feuerbachs Ironie und der Rückblick auf die „Xenien" von 1830 zu einem emotionalen und sachlichen Rückfall in das unbewältigte Problem der gescheiterten universitären Wirksamkeit geworden ist. Die Kritik und Persiflage der „Xenien" hat Feuerbach auch noch in anderen Schriften wiederholt, auf deren Wiedergabe hier verzichtet wird. Die von Feuerbach angesprochenen „Kritiken des modernen Afterchristenthums" (74) geben den Titel seiner Rezension von 1841 wieder: „Zur Charakteristik des modernen Afterchristenthums. Herr D.Nepomuk von Ringseis oder Hippokrates in der Pfaffenkutte."[151]

Doch Persiflage und Polemik stellen für Feuerbach nur einen Gesichtspunkt bei der Bearbeitung seines Themas über „Zinzendorf und die Herrnhuter" dar. Wie auf weiten Strecken sichtbar wurde, behandelt Feuerbach sein Thema nicht auf dem Niveau der „Xenien". Vielmehr geht es ihm, wie er Friedrich Kapp am 9. Juli 1866 mitteilt, nicht „um einen förmlich ausgearbeiteten Essay über die Herrnhuter", das war ihm „unmöglich", sondern um eine zweifache Behandlung des Themas:
„Ich behandle das Thema zweimal. Einmal vom räumlichen Standpunkt, indem ich mich in Gedanken mit Dir nach Amerika versetze und daher an die dortigen Erscheinungen anknüpfe; das andere Mal vom zeitlichen, historischen deutschen Standpunkt."[152]

Im Wesley-Zinzendorf-Konflikt hat sich Feuerbach der anglo-amerikanischen Kirchengeschichte zugewandt. In der Interpretation Zinzendorfs als „Lutherum vere redivivum oder Lutherum Lutheranissimum" wurde die Ursache der Trennung von Wesley und Zinzendorf durch Feuerbach angegeben (vgl. I. 2.1.-2.3.).

Den zeitlichen, historischen deutschen Standpunkt hat er bereits mit dem Titel des 72. Stückes aus den „Xenien" verborgen angesprochen: „Unterschied zwischen Natur und Gnade". Der Rekurs auf das 72. Stück der 354 Stücke der „Xenien" ist nicht zufällig.

Denn Philipp Jakob Spener hat im Jahre 1687 eine Arbeit verfaßt, auf die Feuerbach 1828 in den „Xenien" anspielt, ohne sie zu benennen, die ihm bei der Niederschrift von „Zinzendorf und die Herrnhuter" im Jahre 1866 nicht in Vergessenheit geraten ist:

„Natur und Gnade / Oder der Unterscheid der Wercke / So aus natürlichen kräfften und aus den gnaden=würckungen des Heiligen Geistes herkomen/und also eines eusserlich erbarn und wahrhaftig Christlichen gottseligen lebens/nach der regel Göttlichen Worts einfältig aber gründlich untersucht von Philipp Jacob Spenern/D. Mit Churfürstlich Sächs.Freyheit. Franckfurt am Mäyn/Verlegts Johann David Zunner 1687."[153]

Die Anspielung des 72. Stückes der „Xenien" auf die Spener-Arbeit über „Natur und Gnade" erweist sich als durchaus folgerichtig, da Feuerbach im Fortgang seiner Ausführung direkt an das Reformprogramm Speners anknüpft.

[1] J.L.v.Mosheim, KgdNT, Bd.6, 826 f./J.Schlegel, KgdNT, Bd.2, 826f.
[2] J.G.Eichhorn, GdL, Bd.6, II. Abt., 237/C.F.Stäudlin, GthW, II.Teil, 237.
[3] J.G.Eichhorn, a.a.O., 667/C.F.Stäudlin, a.a.O., 667.
[4] K.Grün, a.a.O., Bd.1, 11.
[5] J.Wallmann, Ludwig Feuerbach und die theologische Tradition, in: ZThK 67, 1970, 83. Vgl. I.5. im Fortgang der Untersuchung.
[6] C.Cesa, Il giovane Feuerbach, Bari 1963, 23.
[7] U.Schott, a.a.O., 41.
[8] GW 4, 400.
[9] GW 6, 206.
[10] GW 4, 15; 271; 272; 288; 326.
[11] GW 5, 526.
[12] GW 11, 185.
[13] GW 2, 455.
[14] GW 3, 43.
[15] GW 5, 515.
[16] GW 6, 72.

[17] GW 7, 380.
[18] A.G.Spangenberg, LZ, Bd.IV, 1046.
[19] GW 10, 177.
[20] GW 9, 176.
[21] GW 4, 15.
[22] GW 4, 16.
[23] GW 4, 18.
[24] Vgl.M.Schmidt, Der junge Wesley als Heidenmissionar und Missionstheologe. Ein Beitrag zur Entstehungsgeschichte des Methodismus, 2.völlig neu bearbeitete Aufl.Gütersloh 1973, 47.
[25] J.Wesley, The Works Bd. I, 103.
[26] M.Schmidt, John Wesley, Bd. I., Zürich 1953, 246.
[27] D. Benham, Memoirs of James Hutton; comprising the Annals of his Life and connection with the United Brethren. London 1856, 47.
[28] J. Wesley, The Works, Bd.I, 323-325 und N.L. von Zinzendorf, Büd Samml, Bd. III, 1026-1030. Vgl. die deutsche Übersetzung in: Mitteilungen der Studiengemeinschaft für Geschichte des Methodismus, 1, 1962, H.1+2, 26ff.
[29] J.Wesley, The Works, Bd.VIII, 111f.
[30] J.Wesley, The Letters, Bd.I, 23; vgl. Bd. I, 22. 35.
[31] M.Schmidt, England und der deutsche Pietismus, EvTh 13, 1953, 205-224 und A. Lang, Puritanismus und Pietismus, Neukirchen 1941, 279f.
[32] J. Wesley, Standard Sermons, Bd.I, 40f.
[33] Vgl. M.Marquardt, Praxis und Prinzipien der Sozialethik John Wesleys, Göttingen 1977, 119-122.
[34] A.G.Spangenberg, LZ, Bd.IV, 1047f. Vgl. Büd Samml, Bd.III, 836ff. und 1019-1030.
[35] Büd Samml, Bd.III, 836.
[36] Büd Samml, Bd.III, 1023f.
[37] Büd Samml, Bd.III, 1025.
[38] A.G.Spangenberg, LZ, Bd.II, 1046.
[39] M.Schmidt, Luther-Jahrbuch XX, 1938, 141 Anm.2, zur Datierung Anm.1.
[40] M.Marquardt, a.a.O., 119. Die Gleichstellung von Mystikern und Herrnhutern ist nicht haltbar, wie Marquardt vermuten läßt. Dazu: E.Beyreuther, Gesetz und Evangelium. Der neue – nicht der moralische Mensch, in: ders, a.a.O., 248-279 und H.Bintz, Die Begründung der christlichen Ethik in der Inkarnationslehre bei Zinzendorf, in: Pietismus – Herrnhutertum – Erweckungsbewegung. Festschrift für Erich Beyreuther, a.a.O., Düsseldorf 1982, 277-295.
[41] J.L.v.Mosheim, KgdNT, Bd.6, 868-886/J.R.Schlegel, KgdNT, Bd.2, 868-886.
[42] A.a.O., 868.
[43] A.a.O., 868-873.
[44] A.a.O., 873-875.
[45] A.a.O., 875-876.
[46] A.a.O., 876f.
[47] A.a.O., 877-879.
[48] A.a.O., 879f.
[49] A.a.O., 880.
[50] A.a.O., 881f.

[51] A.a.O., 882.

[52] A.a.O., 883f.

[53] A.a.O., 884.

[54] A.a.O., 885f.

[55] A.a.O., 869.

[56] A.a.O., 869-873. Vgl. zur Baumgarten-Zinzendorf-Kontroverse die Einführung von E.Beyreuther zu den Antizinzendorfiana III. Aus der Hallenser und Jenenser Theologischen Fakultät im Zusammenhang mit „Siegfrieds Bescheidener Beleuchtung" 1742-1749, in: ZMuD R 2, Bd.XVI, Hildesheim und New York 1982, 1* – 99*. M. Schloemann, Siegmund Jacob Baumgarten. System und Geschichte in der Theologie des Übergangs zum Neuprotestantismus, Göttingen 1974, 25, 37, 90, 118, 19, 123 und 258 streift die Kontroverse Baumgarten-Zinzendorf nur, wenn er meint, a.a.O., 118: „Was Baumgarten gegen Zinzendorf... vorzubringen hat, ist nur zu einem Teil systematische Apologetik, es spitzt sich vielmehr dauernd auf historische Fragen zu."

[57] J.L.v.Mosheim, a.a.O., 886.

[58] A.a.O., 886-888.

[59] Siegfried, 76f.

[60] S.J. Baumgarten, Theologische Bedencken. Vierte Sammlung, 24. Stück, 2. Aufl. Halle 1749, 358-360, vgl. die Kontroverse im Kontext über hunderte von Seiten.

[61] A.G.Spangenberg, LZ, Bd.IV, 1899.
Das Stichwort einer „wiedergeborenen" großen Persönlichkeit hat Feuerbach schon im Jahre 1835 fasziniert, vgl. Brief Nr.112 von L.Feuerbach an Bertha Löw vom 11./(13.) Januar 1835 in GW 17, 217: „denn Jordano Bruno ist selbst mein inniger Freund, mein nächster Geistesverwandter, wenn ich anders es wagen darf, mit einem solchen Geiste mich in eine so nahe Beziehung zu setzen; seine Worte haben für mich stets eine im Innersten mich ergreifende Macht gehabt. Kapp, der wie Du übrigens selbst weißt, aus zu großer Liebe immer die Eigenschaften seiner Freunde über Gebühr vergrößert, so daß man sein Lob nicht anerkennen darf, hat mir einst die Ehre angetan, die ich aber im Bewußtsein meiner Grenzen von mir weise, mich den wiedergebornen J.Bruno zu nennen."

[62] A.G.Spangenberg, LZ, Bd.IV, 1899f.

[63] Gemäß Titelblatt heißt es: Der in dem Grafen von Zinzendorf noch Lebende und Lehrende wie auch Leidende und Siegende Doctor Luther Allen verständigen und redlichen Leuten Der beyden Evangelischen Religionen vor Augen geleget von Wilhelm Friedrich Jung, Pastore der Evangelisch=Lutherischen Gemeine zu Hayngen in der Wetterau. Franckfurt und Leipzig, 1752.

[64] A.G.Spangenberg, Apol Schl, 283, Quaestio (= Qu. 698) und Antwort (= A.); die anderen Luther-Zitate zu Qu.698 berücksichtigt Feuerbach nicht.

[65] Aus: A.G.Spangenberg, Apol Schl, 283. Die Lutherzitate stehen im Anschluß an die A. zu Qu.698.

[66] A.G.Spangenberg, Apol Schl, 277 aus A. zu Qu.682. Sonstige Hvb. im Original.

[67] A.G. Spangenberg, Apol Schl, 277, mit Zitatverweis: Tom.II.Jen.fol.250.

[68] A.G.Spangenberg, Apol Schl, 235 aus der A. zu Qu.587.
Hvb. im Original. Vor dem Wort „allein" steht im Original auch „Christus" gesperrt. Das Lutherzitat ist belegt in: Tom.VI.Jen.fol.66.67.

[69] A.G.Spangenberg, Apol Schl, 235, aus der A. zu Qu.587.
Das Lutherzitat steht nach Spangenberg „In dem Buch von den Conciliis Tom.VII.Jen."

[70] A.G.Spangenberg, Apol Schl, 234. Aus Qu.586 und der dazugehörigen A. zitiert Feuerbach. Der dogmatische Topus, der Hinweis auf die substantielle Einheit der Naturen in der Person Jesu Christi ist auch dem Original entnommen. Das hat Feuerbach nicht kenntlich gemacht. Denn die Lehre der unio hypostatica naturarum wird zu einem Ansatz, aus dem heraus Feuerbach seine Deutung vorantreibt.

[71] A.G.Spangenberg, Apol Schl, a.a.O., 234, Qu.586.

[72] SW XIII, 318. Vgl. die Einleitung vorliegender Arbeit.

[73] Vgl. I.U.Dalferth: Existenz Gottes und christlicher Glaube. Skizzen zu einer eschatologischen Ontologie, München 1984, 160 Anm.1 und 73 Anm.1 im Kontext. Weiter 282: „Das Wesen des Menschen läßt sich ... aber nicht bestimmen, ohne von Gott zu reden. Ohne Erkenntnis Gottes gibt es keine Erkenntnis dessen, was den Menschen in Wahrheit ausmacht." So richtig der Nachsatz ist, den I.U.Dalferth christologisch präzisiert – „als wahrer Mensch und wahrer Gott bringt Jesus Christus unwiderruflich zur Geltung, was Gott in Wahrheit ist und der Mensch in Wahrheit sein kann und soll." – so schwer ist die Aufrechterhaltung dieser theologischen Evidenz in Feuerbachs Gedankengang. Denn das „Wesen des Menschen", wie es im Vordersatz heißt, wird zu Feuerbachs anthropologischem „fundamentum inconcussum" der Interpretation, so daß er Theologie a priori zur Anthropologie verkürzt.

[74] I.U.Dalferth, Existenz und Identifikation. Erwägungen zum Problem der Existenz Gottes im Gespräch mit der Analytischen Philosophie, in: NZSTh 25, 1983, 196; 178-202. Daß die Darlegung auch in Auseinandersetzung mit L.Feuerbach geschieht, vertieft ihre Gültigkeit: a.a.O., 178f. Vgl. I.U.Dalferth: Existenz Gottes und christlicher Glaube..., a.a.O., 81f.

[75] 21 Discurse über die Augsburgische Confession, gehalten vom 15. Dec. 1747. bis zum 3.Mart.1748, o.O. und o.J., 96, vgl.65; 104; 110; 118f; 123 und 149.

[76] GW 5, 101. Aus der Überschrift: „Das Geheimnis der Inkarnation oder Gott als Liebe, als Herzenswesen"

[77] GW 5, 102.

[78] Ebd.

[79] GW 5, 103. Zusatz in Ausgabe B und C.

[80] GW 9, 413-419.

[81] GW 9, 419.

[82] M.Schmidt, Teilnahme an der göttlichen Natur. 2.Petr.1,4 in der theologischen Exegese des Pietismus und der lutherischen Orthodoxie", in: ders, Wiedergeburt und neuer Mensch, Witten 1969, 238-298.

[83] M.Schmidt, a.a.O., 298. Vgl. A.Adam, Lehrbuch der Dogmengeschichte I, Gütersloh 1965, 245, 347-350, 364. Vgl. zu Augustin R.Lorenz, fruitio Dei bei Augustin ZKG 53, 1950/51, 94f. und 104f. und G.Nygren, Das Prädestinationsproblem in der Theologie Augustins, Göttingen 1956, 283ff.; M.Schmaus, Die Spannung von Metaphysik und Heilsgeschichte in der Trinitätslehre Augustins, in: STUDIA PATRISTICA VOL.VI, Part.IV, d.by F.L.Cross, Berlin 1962, 503-518. A.Grillmeier S.J., Patristische Vorbilder frühscholastischer Systematik. Zugleich ein Beitrag zur Geschichte des Augustinismus, in: STUDIA PATRISTICA VOL.VI, Part.IV, ed. by F.L.Cross, Berlin 1962, 390-408. J.Ratzinger, Der Weg der religiösen Erkenntnis nach dem heiligen Augustinus, in: KYRIAKON. Festschrift Johannes Quasten in two volumes, ed. by P.Granfield and J.A.Jungmann, Münster 1970, 553-564. W.Geerlings, Der manichäische „Jesus patibilis" in der Theologie

Augustins, in: ThQ 152, 1972, H.2, 124-131. H.Häring, Die Macht des Bösen. Das Erbe Augustins, Zürich – Köln 1979. Zum Verhältnis von Luther und Augustin: W. von Loewenich, Zur Gnadenlehre bei Augustin und Luther, in: ders, Von Augustin bis Luther, Witten 1959, 75-87; L.Grane, Divinus Paulus et S.Augustinus, Interpres Eius Fidelissimus, in Festschrift für Ernst Fuchs, hg v G.Ebeling und E. Jüngel und G. Schunack, Tübingen 1973, 133-146; ders, Modus loquendi theologicus. Luthers Kampf um die Erneuerung der Theologie (1515-1518), Leiden 1975.

[84] WA 14,19,4 (Die andere Epistel S.Petri und eine S.Judas gepredigt und ausgelegt 1523/24).

[85] N.L.von Zinzendorf, 21 Discourse, 70.

[86] O.Uttendörfer, Zinzendorf und die Mystik Berlin 1952, 134-163. Zur Sache aus den neueren Veröffentlichungen: D.Meyer, Leben aus der Gnade. Die neuere Gestalt der Rechtfertigungslehre bei Zinzendorf, in: Theol.Beitr.16, 1985, H.1, 5-25; E.Beyreuther: Einführung zu: N.L. von Zinzendorf, Berliner Reden, in: EZHS XIV, Hildesheim und New York 1985, 1-53.

[87] N.L.von Zinzendorf, Büd Samml aus dem Vorwort, Zählung im Duodezformat, 4f.

[88] A.a.O., 5f.

[89] N.L.von Zinzendorf, Theol.Bedencken 1742, 142 und 145. Vgl.W.Bettermann: Vorläufiges über Zinzendorfs Stellung zur Mystik, in: ZKG 52, 1933, 601 und zuletzt D.Meyer, „Christus ist mein ander ich". Zu Zinzendorfs Verhältnis zur Mystik, in: Christus in uns. Mystische Strömungen von Angelus Silesius bis Tersteegen, hg v W.Böhme, Karlsruhe 1983, 52-66.

[90] N.L.von Zinzendorf, Lond. Pred. I, 55.

[91] Lond.Pred. I, 55f.

[92] M.Schloemann, a.a.O., 90. Dort Anm. 205: Dabei „wird der Gedanke der ‚Vergötterung' als Verirrung mystischer Schriftsteller abgelehnt ..., aber: ‚Unio essentiarum kann sine unione essentiali stattfinden'...".

[93] M.Schloemann, a.a.O., 91f.Vgl. J.Wallmann, Philipp Jakob Spener und die Anfänge des Pietismus, Tübingen 1970, 8-16

[94] N.L.von Zinzendorf, in: Jüngerhaus Diarium vom 01.12. 1750. Vgl. O.Uttendörfer, a.a.O., 403.

[95] Feuerbach urteilt in der Schrift „Das Wesen des Glaubens im Sinne Luthers", GW9,353: „Gott und Mensch sind Gegensätze". Den Gegensatz will Feuerbach nicht als qualitativen und ontologischen Unterschied bejahen. Deswegen gibt er seinen Kritikern ironisch Raum: GW9,356: „Wir heben den Unterschied Gottes von uns nicht auf – höre ich die Mittelmäßigen einwerfen –". Doch so sieht es nicht Luther, LL, T.XVI, 536. Bei Feuerbach GW 9, 353f. ist das Luther-Zitat belegt: „Wenn wir Menschen uns recht abmalen, wie wir sein für und gegen Gott, so werden wir befinden, daß zwischen Gott und uns Menschen ein großer Unterschied ist und größer denn zwischen Himmel und Erde, ja, es kann keine Vergleichung gegeben werden."

[96] A.G.Spangenberg, LZ, Bd.I, 85: „Als Herr D.Lange davon hörte, ermunterte er ihn auch dazu und machte ihm Hoffnung, daß seine Mühe nicht vergeblich seyn werde".Vgl. Brief von D.Wernsdorf an Zinzendorf vom Feb.1719 in der Büd Samml, Bd.III, 953.

[97] Vgl.A.G.Spangenberg, LZ, Bd.I, 84.

[98] J.Lange, Die richtige Mittel-Strasse zwischen den Irrthümern und Abwegen IV, Halle 1714, 348f.

[99] GW 10, 188. O.Bayer, Gegen Gott für den Menschen. Zu Feuerbachs Lutherrezeption, in: LUDWIG FEUERBACH, WdF CDXXXVIII, 260, Anm.2 schreibt: „Doch ist dieser Text nur mit Vorsicht zu gebrauchen, da er aus Elementen des Textes der Erstausgabe von den Herausgebern neu komponiert wurde." Dieser Text steht ebenfalls in der kritischen Ausgabe der „Gesammelten Werke", hg v W. Schuffenhauer in Bd.10, 181-190. Die Bedeutung Luthers für Feuerbach belegt die biographische Schilderung, Brief Nr.15 von L.Feuerbach an Helene Feuerbach vom 5. Juli 1823, in GW 17,23: Worms. "Was das für ein Vergnügen war und welchen ersten Eindruck es auf einen machte, wie wir durch die alte Stadt ritten,..., wo einst Luther vor Kaiser und Fürsten mutvoll die Wahrheit bekannte, kannst Du Dir leicht denken."

[100] Vgl. Vorwort zu GW 10, X (Bearbeiter = W.Schuffernhauer und W.Harich).

[101] GW 9, 253.

[102] GW 9, 254 Anm. Die Schrift „Kritik der Hegelschen Philosophie" ist abgedruckt in GW 9, 16-62. Vgl.C.Ascheri, Feuerbachs Bruch mit der Spekulation. Einleitung zur kritischen Ausgabe von Feuerbach: Notwendigkeit einer Veränderung (1842), aus d.Ital. v.H.Ascheri, Vorw. v. K.Löwith, Frankfurt a.M. 1969.

[103] GW 9, 254. Vgl. GW 10, 188.
Vgl. zur Vertauschung des Wortpaares „Anmerkung" und Text/Glosse bezogen auf M.Luther GW 9, 366.

[104] Zur 1.Auflage bemerkt Feuerbach, SW XIII, 54, Nr. 104, gegenüber seinem Verleger Otto Wigand: Sie ist „die wissenschaftliche Rechtfertigung, Begründung und Ausführung der in meinen verschiedenen Schriften und Kritiken (...) über Religion, Christentum und Theologie und speculative Religionsphilosophie ausgesprochenen Ansichten".

[105] GW 5, 7. Vgl. als Wiederholung der Absicht die Briefnotiz an Friedrich Kapp über die Schrift „Zinzendorf und die Herrnhuter" von 1866, in: SW XIII, 317, Nr. 309. Vgl. „Grundsätze der Philosophie der Zukunft": „. 1: Die Aufgabe der neueren Zeit war die Verwirklichung und Vermenschlichung Gottes – die Verwandlung und Auflösung der Theologie in die Anthropologie", in: GW 9, 265, vgl. . 2 und . 3, GW 9, 265f.

[106] GW 18, 153, Nr. 283.

[107] Brief Nr. 387 von L.Feuerbach an F.Feuerbach vom 10. Dezember 1843, in GW 18, (303f.) 304. Dies bestätigen W.Schuffenhauer und K.Steiner (Hg), Martin Luther in der deutschen bürgerlichen Philosophie 1517-1845. Eine Textsammlung, Berlin/DDR 1983, 529: „Feuerbach stand durch die Nürnberger Stadtbibliothek die Leipziger Ausgabe ... vollständig zur Verfügung." Die Lektüre der Leipziger Lutherausgabe durch Feuerbach läßt sich bereits mit dem Jahr 1842 nachweisen, wie W.Schuffenhauer und Edith Voigt als Bearbeiter des Bandes „Briefwechsel II" darlegen; GW 18, 516: „Im handschriftlichen Nachlaß UB München (4x Cod.ms.935d, 10a-f) fanden sich aus den Jahren 1842-1844 stammende Exzerpte (33 Blatt) aus Luther nach der sog. Leipziger Ausgabe, dazu Aufzeichnungen über Abweichungen zur sog. Walchschen Ausgabe, Halle 1740-1751." Vgl. die Briefe Nr. 404 vom 9. April 1844 und Nr. 417 vom 1. Juni (1844) von L.Feuerbach an F.Feuerbach, in GW 18, 334: „Daran erinnere ich Dich auch bei Luthers Werken..." und GW 18, 356: „Unter dem Luther, den Du verlangst, verstehe ich natür(lich) die Walchsche Ausgabe."

[108] J. Glasse, Why did Feuerbach concern himself with Luther?, in: RJPH 26, 1972, 364-385; C.Ascheri, Feuerbachs Bruch mit der Spekulation. Einleitung zur kritischen Ausgabe von Feuerbach: Notwendigkeit einer Veränderung, Frankfurt a.M. 1969, 116;

O.Bayer, Gegen Gott für den Menschen. Zu Feuerbachs Lutherrezeption, a.a.O., 260-309; H.-J.Braun, Die Religionsphilosophie Ludwig Feuerbachs. Kritik und Annahme des Religiösen, Stuttgart 1972, 207, Anm.599; E.Schneider, Die Theologie und Feuerbachs Religionskritik. Die Reaktion derTheologie des 19.Jahrhunderts auf Ludwig Feuerbachs Religionskritik. Mit Ausblick auf das 20.Jahrhundert und einem Anhang über Feuerbach, Göttingen 1972, 52; J.Wallmann, Ludwig Feuerbach und die theologische Tradition, in: ZThK 67, 1970, 82.

[109] J.Wallmann, a.a.O., 82.

[110] J.Müller, Das Wesen des Christentums, (Rezension zu Feuerbachs gleichnamiger Schrift), in:ThStKr 15, 1942, 212.

[111] J.Müller, a.a.O., 232f.

[112] GW9, 202.

[113] GW9, 205.

[114] Gesangbuch zum Gebrauch der evangelischen Brüdergemeine, Gnadau 1824. Vgl. Feuerbach GW5, 496; 499; 505; 570.

[115] H.-H.Brandhorst Lutherrezeption und bürgerliche Emanzipation. Studien zum Luther- und Reformationsverständnis im deutschen Vormärz (1815-1848) unter besonderer Berücksichtigung Ludwig Feuerbachs, Göttingen 1981, 141. Vgl. zur Lutherbegeisterung im Anschluß an das Reformationsjubiläum W. von Meding, Kirchenverbesserung. Die deutschen Reformationspredigten des Jahres 1817, Bielefeld 1986, 50-56.

[116] C.Ascheri, a.a.O., 115f.

[117] A.a.O., 116.

[118] A.a.O., 117. Vgl. J.Glasse, Feuerbach und die Theologie. Sechs Thesen über den Fall Luther, in: Atheismus in der Diskussion. Kontroversen um Ludwig Feuerbach, hg v H.Lübbe und H.-M.Saß, München/Mainz 1975, 32f.

[119] GW9, 353-412. Dazu O.Bayer, a.a.O., 260-309.

[120] Erstabdruck „Anecdota", Bd.2, 206-208. Zitat auf S.206. Daß nicht Karl Marx, sondern Ludwig Feuerbach Verfasser der Arbeit ist, hat sich in der Forschung mit der folgenden Arbeit durchgesetzt: H.-M.Saß, Feuerbach statt Marx. Zur Verfasserschaft des Aufsatzes „Luther" als Schiedsrichter zwischen Strauß und Feuerbach", in: International Review of Social History, Volume XII, 1967, 108-119. Vgl. J.Wallmann, a.a.O., 82, Anm.112. A.Schmidt, Anthropologischer Materialismus, hg u eingel v dems, Frankfurt a.M. 1967, Bd.1, 7 (Einleitung); W.Post, Kritik der Religion bei Marx, München 1969, 87-90 und E.Thies (Hg), Zur Einführung in die Erlanger Vorlesungen, in: L.Feuerbach: Schriften aus dem Nachlass (3 Bde), Bd. 1, Darmstadt 1974, 244-246. Und: I.Taubert/W.Schuffenhauer, Marx oder Feuerbach? Zur Verfasserschaft von „Luther als Schiedsrichter zwischen Strauß und Feuerbach", in: Sitzungsberichte der Akademie der Wissenschaften der DDR, 1973, Nr.20: Beiträge zur Marx-Engels-Forschung. Dem Wirken Auguste Cornus gewidmet, Berlin/DDR 1975, 32-54. H.-H. Brandhorst, a.a.O., 145-149.

[121] GW9, 420-426.

[122] GW10, 175.

[123] GW10, 175f.

[124] W.Bolin, Über Ludwig Feuerbachs Briefwechsel und Nachlaß, Helsingfors 1877, 43. Vgl. S.Rawidowicz, Ludwig Feuerbachs Philosophie. Ursprung und Schicksal, 2. unveränderte Aufl., Berlin 1964, 161f.; J.Wallmann, a.a.O., 56; O.Bayer, a.a.O., 265f.; H.-H.Brandhorst, a.a.O., 10.

[125] W.Bolin, a.a.O.

[126] W.Bolin, Ludwig Feuerbach. Sein Wirken und seine Zeitgenossen. Mit Benutzung ungedruckten Materials, Stuttgart 1891, 316, Anm.20.

[127] Hier folgt Feuerbach paraphrasierend K.A.Varnhagen van Ense, Biographische D e n k m a l e. V.Theil: Leben des Grafen von Zinzendorf, Berlin 1830, 13ff.

[128] K.A.Varnhagen van Ense, a.a.O., 22ff. wird paraphrasiert. K.A. Varnhagen van Ense hält sich seinerseits an A.G.Spangenberg, LZ, Bd.I, 77-79.

[129] Vgl. hierzu: A.G.Spangenberg, LZ, Bd.I, 78f. und K.A.Varnhagen van Ense, a.a.O., 23.

[130] Vgl. zum Zitat K.A.Varnhagen van Ense, a.a.O., 14 und A.G.Spangenberg, LZ, Bd. I, 30. Vgl. D. Meyer, Der Christozentrismus des späten Zinzendorf. Eine Studie zu dem Begriff „täglicher Umgang mit dem Heiland", Frankfurt/M. 1973, 76f. und 131.

[131] N.L. von Zinzendorf, Beylage zu den Nat Refl, 7.

[132] Vgl. K.A.Varnhagen van Ense. Biographische Denkmale. Fünfter Theil. Leben des Grafen (Ludwig) von Zinzendorf, Berlin 1830 mit der „zweiten vermehrte(n) und verbesserte(n) Auflage) Berlin 1846, 442: „Nachweisung der gebrauchten Hülfsmittel."

[133] Vgl. A.G.Spangenberg, LZ, Bd.IV, 2012.

[134] Vgl. „H.G.Herder, Adrastea und das 18. Jahr.Schluss" wird von L.Feuerbach SW X, 86 mit Zitat berücksichtigt. J.W. von Goethe, Aus meinem Leben. Dichtung und Wahrheit. 3. Teil, 15. Buch, in: Johann Wolfgang von Goethe, Sämtliche Werke, hg v E.Beutler (unveränderter Nachdruck der Bde. 1-17), Bd.10, Zürich – München 1977, 692f. F.D.E. Schleiermacher, Die Weihnachtsfeier, Werke, Auswahl in vier Bänden, 4.Bd., Leipzig 1928/Aalen 1967, verweist auf „den Herrnhutischen Gottesacker" (S.481) und ein „herrnhutisches Schwesternhaus" (S.486) und „das herrnhutische Wesen", (S.488). Novalis, Die Christenheit oder Europa 1799, in: Novalis (Rowohlts Klassiker der Literatur und Wissenschaft, Deutsche Literatur Bd. 11) Leck/Schleswig 1968, 41: „daß ... ein gediegener Lebensfunke hervorspringt ... So Zinzendorf".

[135] Feuerbach verbindet zwei Lutherzitate, ohne Angabe des Fundortes. Zum ersten Lutherwort vgl. WA 34,1,147, zum zweiten A.G.Spangenberg, Apol Schl, 116 (A. zu Qu. 299), die Belegstelle ist die „Haus=Post. P.I.fol.83." .hnliche Lutherzitate sind belegt bei Feuerbach, GW 5, 493; bes.600-603. Spangenberg flankiert Zinzendorf-Aussagen mit Lutherworten ähnlicher Intention: Apol Schl, 220 (Qu./A.552); 221 (Qu./A.555); 231f. (Qu./A. 578); 283f. (Qu./A.697).

[136] K.A.Varnhagen van Ense, a.a.O., 276f., vgl. aber A.G.Spangenberg, Apol Schl, 229. Zitat!

[137] K.A.Varnhagen van Ense, a.a.O., 275.

[138] Vgl. K.Bockmühl, Leiblichkeit und Gesellschaft. Studien zur Religionskritik und Anthropologie im Frühwerk von Ludwig Feuerbach und Karl Marx, 2.Aufl. Gießen und Basel 1980, bes. 39-45.

[139] A.G.Spangenberg, Apol Schl, 652f.

[140] Jüngerhaus Diarium 1757, Beilage I,4. Dazu: M.Meyer, Das „Mutter=Amt" des Heiligen Geistes in der Theologie Zinzendorfs, in: EvTh 43, 1983, (415-430), 416f.

[141] Vgl. G.Beyreuther, Sexualtheorien im Pietismus, med. Diss. München 1963, 30-66, in: ZMuD R 2, Bd.XIII, Hildesheim 1975, 538-574.

[142] Vgl. Belegstellen in GW 5, 177-179; 273f.; GW 9, 433f.: „Du bist durch und durch Mann – das Ich, das du in Gedanken von deinem sinnlichen, männlichen Wesen absonderst, ist

ein Produkt der Abstraktion, das ebensoviel oder -sowenig Realität hat als die platonische Tischheit im Unterschiede von den wirklichen Tischen. Aber als Mann beziehst du dich wesentlich, notwendig auf ein andres Ich oder Wesen – auf das Weib." Vgl. I.Debus, Individuum und Gattung. Die Frau im Denken Feuerbachs, phil.Diss.Düsseldorf 1984.

[143] A.G.Spangenberg, Apol Schl, 116.

[144] A.a.O.

[145] GW 1, 175-406; „Xenien" GW 1, 407-515.

[146] W.Schuffenhauer im Vorwort zu den Gesammelten Werken Ludwig Feuerbachs, GW 1, LXIf.

[147] GW 1, 429. Die Xenien sind für Feuerbach wertvoll und unvergessen. Vgl. Brief Nr. 116 von L.Feuerbach an Ch.Kapp vom 3.Februar 1835, in GW 17, 225: „Käme nur wieder der Geist der Xenien von anno 1830 über mich!" Vgl. ebenso Brief Nr. 388 von L. Feuerbach an Julius Fröbel vom 16. Dezember 1843, in dem – ohne die eigene Autorenschaft zu benennen – die Spottverse „Unterschied zwischen Natur und Gnade" im Wortlaut wiederholt sind, in: GW 18, 307.

[148] GW 1, 412f. Feuerbachs Pietismus-Persiflagen sind zahlreich, Stellenbelege mögen genügen; GW 1, 412; 413; 414; 416; 417; 421; 422; 424; 425; 426; 428; 429; 431; 440; 446; 447; 451; 476. Vgl. Brief Nr.185 von L.Feuerbach an A.Ruge vom 15.Februar 1839, in GW 17, 356: „Schließlich noch meinen Dank für Ihren frischen Antipietismus."

[149] W.Schuffenhauer, Vorwort zu GW 1, LXV: Der weitere Aspekt, der gegen die Hochschullaufbahn sprach, war die „Feuerbach-Harleß-Kontroverse (z.B. Betrachtungen über den Teufel)".

[150] SW XIII, 326.

[151] GW 9, 115-142.

[152] SW XIII, 326.

[153] Wiederabgedruckt in: Philipp Jakob Spener, Schriften, hg v E.Beyreuther, Bd. IV. Eingeleitet von Dietrich Blaufuß und Erich Beyreuther, Hildesheim – Zürich – New York 1984, 399-876. Zu Zinzendorfs Theologie vgl. D.Meyer, Zinzendorfs Sehnsucht nach „natureller Heiligkeit". Zum Verhältnis von Natur und Gnade, in: Traditio – Krisis – Renovatio aus theologischer Sicht. Festschrift Winfried Zeller zum 65.Geburtstag, hg v B.Jaspert und R.Mohr, Marburg 1976, 284-297.

II. FEUERBACHS INTERPRETATION DER PNEUMATOLOGIE UND DER EKKLESIOLOGIE

1. Speners Forderung der Besserung der Kirche

Feuerbach stellt den lutherisch-pietistischen Kirchenerneuerer Philipp Jakob Spener Zinzendorf gegenüber. Speners Programmschrift „,fromme Wünsche (p i a d e s i d e r i a) oder herzliches Verlangen nach gottgefälliger Besserung der evangelischen Kirche'" ist Feuerbach als Titel bekannt. (74). Die Kenntnis des Titels hat er aus Stäudlins „Geschichte der theologischen Wissenschaften" entnommen, nämlich im Kontext der auch später zitierten Spenerdarstellung innerhalb von Stäudlins „II. Periode, Moral, Casuistik und Mystik."[1] Feuerbach begründet in eigenen Worten die Entstehung der Brüdergemeine als Folge von Speners Kirchenreform: die von Spener „zum Behufe der Verwirklichung dieses Verlangens gehaltenen Erbauungsversammlungen (c o l l e g i a p i e t a t i s) sind es, welche die Brüdergemeine hervorgerufen haben. Spener fand den Zustand der evangelischen Kirche, des ‚deutschen Jerusalems' in den Worten des Propheten Jesaias gekennzeichnet: ‚Das Haupt ist krank (das ganze Herz ist matt), von den Sohlen bis aufs Haupt ist nichts gesundes an ihm, sondern Wunden und Striemen und Eyterbeulen, die nicht geheftet, noch verbunden, noch mit Oel gelindert sind.'"[2] (74). Nach Speners Diagnose der kirchlichen Verhältnisse gibt Feuerbach noch Speners Therapie zu deren Besserung an. „Aber das Mittel zur Heilung des Übels fand er nicht in einer Behandlung des ganzen Körpers im Großen und Ganzen, sondern darin, daß man erst im Einzelnen und Besonderen beginne, ... Es müssen also, meinte er, erst die wenigen, einzelnen, guten und frommen Seelen... gleichsam Kirchlein in der Kirche, e c c l e s i o l a s i n e c c l e s i a, bilden... ehe an eine Besserung der Kirche im Ganzen gedacht werden kann." (74f.)[3] Die Forderung einer Ecclesiola in Ecclesia ist das Feuerbach interessierende Thema. (vgl. 74-76; 78).

2. Die biographische Aussage Zinzendorfs

Über den Gedanken der Ecclesiola in Ecclesia leitet Feuerbach auf eine biographische Aussage Zinzendorfs hin, die einen Einfluß Speners während seiner Kindheit bezeugt: „‚Die erste Gelegenheit...' zu denen ober-

lausitzischen Anstalten ist der Spiritus Speneri d e p l a n t a n d i s i n
E c c l e s i a E c c l e s i o l i s gewesen, der meiner seligen Gross-Frau-
Mutter, meine Tante zu Hennersdorf, mir und meiner Gemahlin allerdings angehangen, i n q u o S p i r i t u j a m p e r d e c e m
a n n o s a m b u l a r a m , solchen auch in Wittenberg (wo die dem Spe-
nerianismus, dem sog. Pietismus entgegengesetzte Orthodoxie herrschte,
und wo Zinzendorf studierte)[4] selbst nicht dissimuliert hatte, weil ich aus
einem Hause kam, wo ich in dergleichen Prinzipien auferzogen worden,
wie meine Gemahlin auch'". (75).[5] Das Zitat enthält zwei für Feuerbachs
Interpretation relevante Aussagen: Erstens ist die herrnhutische Gründung eine Ecclesiola in Ecclesia, welche zweitens aus dem Spiritus Speneri hervorgegangen ist. Feuerbachs Wiedergabe des Zitates hat die
Funktion, die aus dem Geiste Speners hervorgegangene Ecclesiola als
Bedingung der Möglichkeit einer Identität des Geistes Speners und Zinzendorfs zu denken. Spricht Zinzendorf von der „ersten Gelegenheit" als
der ersten Veranlassung der Gründung Herrnhuts, dann denkt Feuerbach
die „erste Gelegenheit" als die Veranlassung schlechthin, um die Idee der
Ecclesiola und deren Realisierung als eine Identität zu denken. Diese
Identität ist problematisch. Zwar übernimmt Zinzendorf die Idee der
Ecclesiola, aber eine Identität der Idee und ihrer Realisierung ist weder
historisch mit der Gründung Herrnhuts gesetzt, noch gedanklich in Feuerbachs Interpretation geleistet.[6] Feuerbachs Gedankengang sei voraus-
gezeichnet: Die Geistidentität von Spener und Zinzendorf (II.1.-2.) soll
mittels dreier Zitate von Spener, Luther und Arndt über den Heiligen
Geist (II.3.) und deren Kommentierung von Feuerbachs Geistverständnis aus (II.4. 1.-4.) gedacht werden. Der Gedanke der Geistidentität von
Spener und Zinzendorf soll die Identität ihres Kirchenverständnisses
sichern. Die Sicherung der Identität des Kirchenverständnisses soll durch
die Wiedergabe von Speners Theologie- und Kirchenkritik (II.5.) und
durch Zinzendorfs Ekklesiologie in der Sicht Feuerbachs aufgezeigt werden (II.5.-6.). Die Einheit von Speners Kirchenmodell und der Herrnhuter Kirchengründung beabsichtigt Feuerbach durch die Deutung des Geistes Speners und des mit ihm identisch gedachten Geistes Zinzendorfs zu
garantieren (II.5.). Dabei wird deutlich: Feuerbach versteht den ‚heil.
Geist' (76) als menschlichen Geist, der die Ursache von Speners und Zinzendorfs Kirchenverständnis sein soll. Zuerst muß Feuerbachs Geistverständnis (II.3.-4.) und dann Feuerbachs Kirchenverständnis (II.5.-7.) im
Sinne Speners und Zinzendorfs expliziert, analysiert und kritisiert wer-

den, wobei der jeweils von Feuerbach vorausgesetzte Identitätsgedanke von ‚heil.(igem) Geist' und menschlichem Geist von Spener, Luther, Arndt und Zinzendorf und dem von Feuerbach identifizierten Kirchenverständnis von Spener und Zinzendorf problematisiert werden muß.

3. Die Identität des Geistes Speners, Luthers und Arndts

Feuerbachs Interesse an dem Spiritus Speneri läßt ihn fragen: „Was aber ist der Spiritus Speneri?" (75). Zur Beantwortung seiner Frage greift Feuerbach auf eine Verteidigungsschrift Speners zurück, „Die Allgemeine Gottesgelehrtheit" von 1705.[7] Diese Schrift dokumentiert die Auseinandersetzung Speners mit dem Nordhauser Diaconus Georg Conrad Dilfeld um das Selbstverständnis der „Gottesgelehrtheit", sprich Theologie als Wissenschaft. Der Streitgegensatz besteht darin, „daß Spener die Artverschiedenheit der theologischen von aller natürlich erwerbbaren Erkenntnis behauptet und die Eigenart der ersteren durch ein allein ihr gegebenes Licht des Heiligen Geistes konstituiert sieht, wogegen Dilfeld unter Theologie eine durch bloßen Fleiß erwerbbare Fertigkeit des Erklärens und Verteidigens der Glaubensartikel versteht, zu deren Erlangung nicht mehr göttliche Hilfe erforderlich ist als bei irgendeiner anderen Wissenschaft."[8]
Feuerbachs Interesse richtet sich von seiner Frage nach dem S p i r i t u s   S p e n e r i auf Aussagen, in denen die Rede vom Heiligen Geist bezeugt ist. Der Rückschluß von der Rede vom Heiligen Geist – hier liegt der springende Punkt – auf den Spiritus Speneri wird zum Problem von Feuerbachs Interpretation. Der Untertitel der Schrift „Auß Gottes Wort erwiesen/ mit den zeugnissen vornehmer alter und neuer Kirchen-Lehrer bestätiget/" verbürgt, so meint Feuerbach, drei autorisierte Antworten auf seine Frage. Feuerbach greift ein Spener-, ein Luther- und ein Arndtzitat auf, die unvollständig ausgewiesen, in einer Analyse, verglichen mit dem Original, sein interpretatorisches Interesse wiederspiegeln.
Das Spenerzitat: Der Streitschrift ist eine Dedikation Speners an den „Herrn Augusten/Herzogen zu Braunschweig und Lüneburg" vorangestellt, aus der Feuerbach das Spenerzitat entnimmt: „Der Geist, der uns getrost sprechen macht:" – Feuerbach redet nicht vom Heiligen Geist, sondern bezeichnenderweise vom „Geist"! – „„I c h   w e i ß   a n   w e n , w a s   u n d   w a r u m   i c h   g l a u b e , weil wir in göttlicher Gnade nicht nur das Wort, sondern die Kraft der Sache i n   e i g e n e r

E r f a h r u n g verstehen." (75).[9] Die Sperrungen im Zitat, verglichen mit dem Original, nimmt Feuerbach vor. Das Ich und die von ihm ausgesagten Tätigkeitsworte, sowie das doppelte Satzobjekt und der Grund des Glaubens werden durch die Hervorhebungen in der eigenen Erfahrung des I c h festgemacht. Das I c h als der Ort des Glaubens ist der Ansatzpunkt einer anthropologischen Interpretation der Rede vom Heiligen Geist. Direkt vor Feuerbachs Zitat ist in Speners Schrift die Erkenntnis des Heiligen Geistes in einer anthropologisch nicht zu verrechnenden Wirkung ausgesprochen: Der Heilige Geist wirkt „weit über alle die art/ wie menschlicher Verstand soll etwas begreifen/ schliessen/ folgern kann".[10] Die Zitation Feuerbachs ist die sachliche Uminterpretation der Intention Speners, die die Rede vom Heiligen Geist theologisch begründet. Im Gegensatz dazu sucht Feuerbach ihr eine anthropologische Begründung zu geben. Diese Uminterpretation läßt sich an dem Lutherzitat verdeutlichen: „Luther sagt: ‚es mag niemand Gott noch Gottes Wort recht verstehen, er hab's denn vom heil.(igen) Geist ohne Mittel, (n)iemand (kor. v. Vf.) kann's aber vom heil.(igen) Geist haben, e r e r f a h r e e s , v e r s u c h 's und e m p f i n d 's denn, und in der seligen Erfahrung lehrte der heil.(ige) Geist als in seiner eigenen Schule, außer welcher wird nichts gelehrt, denn nur Schein, Wort und Geschwätz.'" (75).[11] Die Sperrungen sind sämtlich von Feuerbach vorgenommen, welche die Tätigkeitsworte, „erfahren", „versuchen" und „empfinden" als anthropologische Prädikate betonen. Der anthropologischen Interpretation Feuerbachs ist direkt im Anschluß an das Lutherzitat von Spener widersprochen, „daß es gleichwohl der Heilige Geist seye/ und nicht die eigene krafft der mittel ohne ihn/ welcher diese Wirkung thue."[12] Schließlich veranschaulicht die Analyse des Arndtzitates im Kontext der Spenerschrift eine Hervorhebung des anthropologischen Satzsubjekts und seiner Prädikate, wobei die Praxis als Ort der Erkenntnis von Arndt betont wird: „„also gehet die Erkenntnis eines jeglichen Dings a u s d e r E r f a h r u n g , a u s d e r T h a t u n d E m p f i n d u n g , aus den Werken der Wahrheit'" hervor. (75).[13] Feuerbachs Zitation und die in ihr vollzogene Uminterpretation der Intention der Zitierten ist sichtbar geworden: Zum einen sind die Zitate nicht ausgewiesen, ihre Auswahl ist einseitig. Zum anderen ist die anthropologische Interpretation in der Hervorhebung des menschlichen Subjekts, seiner Prädikate und deren Lokalisierung in der Erfahrung des Subjekts ersichtlich.

Weiter ist Speners Streitpunkt mit Dilfeld, nämlich die spezifische Differenz der theologischen von aller nicht-theologischen Erkenntnis, unberücksichtigt. Im Vollzug seiner Interpretation destruiert Feuerbach die spezifische Differenz der theologischen von der nicht-theologischen Erkenntnis, insofern als er die theologische Erkenntnis in einer anthropologischen Uminterpretation in eine anthropologische Selbsterkenntnis zu verwandeln sucht. Schließlich will Feuerbach die Wirkung des Heiligen Geistes aus seinem göttlichen Ursprung extra nos durch die Hervorhebung der anthropologischen Subjekte und ihrer Prädikate in das intra nos der Erfahrung der anthropologischen Subjekte verlagern. Feuerbach kommentiert seine Zitate, indem er von einer Identität des Geistes Speners, Luthers und Arndts im Spiritus Speneri spricht, dies seien „Stellen, die Spener unter anderen in der angeführten Schrift wider seine Gegner zum Beweise der Übereinstimmung seiner eigenen Lehre mit dem wahren Christenthum und Lutherthum anführt." (75f.).

4. Feuerbachs Geistverständnis

Nach der Wiedergabe des Kommentars Feuerbachs zu den Zitaten über den Heiligen Geist, ist der Kommentar sorgfältig zu analysieren. Feuerbach: „der Geist also, der, was ihm von einem Anderen, hier Gott oder die Bibel gesagt wird, nicht glaubt, nicht für wahr annimmt, weil es ihm gesagt wird, sondern weil er es auch sich selbst empfindet und erkennt, aus der Quelle seine Überzeugung von der Wahrheit desselben schöpft, aus demselben Triebe, demselben Herzen, demselben ‚heil.(igen) Geiste', aus welchem ursprünglich der christliche Gottmensch gezeugt wurde, ihn wiedergebiert, und eben deswegen diesen seinen Glauben an die Einheit des göttlichen und menschlichen Wesens auch in der That, im Leben beweist." (76).

Feuerbachs Kommentar läßt sich zusammenfassen: Der Geist ist mit sich selbst identisch und mystisch selbst tätig. So ist zuerst der mit sich selbst identische Geist und darauf seine mystische Selbsttätigkeit zu bedenken. Weiter ist nach den geistphilosophischen Voraussetzungen Feuerbachs und nach den Gründen des Scheiterns der Geistinterpretation zu fragen.

4.1. Das Problem der Identität des Geistes

Feuerbach redet in seinem Kommentar von dem „Geist" und von dem „,heil. Geist'". Die Rede vom ‚heil. Geist' ist wissentlich apostrophiert.

Die Apostrophierung umschreibt sichtbar den Begriff Heiliger Geist und weist auf dessen Verständnis und Uminterpretation durch Feuerbach hin. Speners Rede vom Heiligen Geist wird begrifflich zu einem Geist i m Menschen verkürzt. Die Verkürzung soll in begrifflich-reduzierendem Denken den Heiligen Geist als dritte Person der Trinität aus seinem trinitarischen Ursprung lösen und ihm entheiligend einen Ort zuweisen. Feuerbach denkt also den Geist nicht als Heiligen Geist, sondern als einen menschlichen Geist, der die bedingungslose Voraussetzung des Kommentars sein soll. So darf der Geist gerade nicht durch den Heiligen Geist bedingt sein, sonst wäre der Geist nicht bedingungslos vorausgesetzt, sondern selbst „von einem Anderen" (76), eben dem Heiligen Geist bedingt. Die bedingungslose Voraussetzung eines Geistes vollzieht sich in Feuerbachs Denken als die begriffliche Hypostasierung einer dunklen Unbekannten im Menschen. Die Unbekannte denkt Feuerbach psychologisierend als „Trieb" im Menschen eisegetisch zu den Zitaten als Ursprung des Geistes hinzu. Der im Menschen gedachte Trieb ist paradoxerweise die gedankliche Bedingung eines unbedingt gedachten Geistes, der nach Feuerbach nicht von einem Anderen bedingt sein darf, aber doch von dem Trieb bedingt gedacht wird. Der Trieb wird mit dem Herz des Menschen identifiziert. Die Identifizierung ist eine psychologisierende Voraussetzung, die zu einem Begriff Geist gedanklich hypostasiert wird. Die psychologisierende Voraussetzung ist in den Kommentar eingetragen, der von seiner psychologisierenden Voraussetzung und ihrer implizierten Identifizierung von Trieb und Herz im Menschen als Ursprung des begrifflichen hypostasierten Geistes für Feuerbachs Interpretation immanent zu einem Problem wird.

4.2. Die mystische Selbsttätigkeit des Geistes

Es wurde sichtbar: Der Geist ist mit sich selbst identisch und selbsttätig. Der Gedanke der Selbsttätigkeit des Geistes wird in einer zweifachen Bestimmung des Verhältnisses des Geistes zu einem Anderen bestimmt: Zum einen in einer negativen Bestimmung und zum andern in einer positiven Bestimmung.
Erstens: Die negative Bestimmung des Verhältnisses des Geistes zu einem Anderen. Der Geist läßt sich nicht von einem Anderen, „Gott oder die Bibel" bestimmen. Der Grund der Nicht-Bestimmung des Geistes von einem Anderen ist folgender: der Geist „glaubt nicht" und

nimmt „nicht für wahr" an, „weil" das Andere „ihm gesagt wird". (76). Der Geist im Menschen glaubt also nicht ein Anderes, wenn es ihm „von außen" durch das Wort gesagt wird, denn das äußere Wort könnte die Selbsttätigkeit des Geistes gefährden und schließlich zu seiner Untätigkeit führen. Die Vermittlung von einem Anderen, sei es „die Bibel oder die Schrift" bleibt ohne die Selbsttätigkeit des Geistes ausgeschlossen. Zweitens: Die positive Bestimmung des Verhältnisses des Geistes zu einem Anderen: Der Geist bestimmt das Verhältnis zu einem Anderen selbst, er ist in einer unmittelbaren Selbsttätigkeit schöpferisch. Das Andere wird durch eine schöpferische und unmittelbare Tätigkeit des Geistes und nur des Geistes selbst geschaffen. Die Schöpfung des Anderen durch den Geist gibt Feuerbach in den Tätigkeitsworten wieder: Das Andere wird durch den Geist „aus sich selbst" empfunden und erkannt. Es wird aus dem Geist „geschöpft". Es wird als der „Gottmensch" durch den Geist „gezeugt", der Gottmensch wird durch den Geist wiedergeboren und das Andere wird als „die Einheit von göttlichem und menschlichem Wesen" durch den Geist geglaubt und in der Tat bewiesen. Die Tätigkeiten des selbsttätigen Geistes ließen sich im Sinne Feuerbachs unendlich fortsetzen, dessen Tätigkeit in einem Satz ausgesagt werden kann: Der Geist ist der unendliche Schöpfer „von allem Anderen" (76). So ist der Geist im Menschen in seiner Selbsttätigkeit ein nie ruhender, ewig schaffender Geist. Wurde der Geist als die begriffliche Hypostasierung des mit ihm gedanklich identifizierten Trieb und Herz im Menschen begriffen, dann ist er weiter der hypostasierte Urheber seiner Selbsttätigkeit in der Schöpfung von allem Anderen. Die Selbsttätigkeit wird als Postulat der Interpretation Feuerbachs in den hypostasierten Geist im Menschen als dessen belebendes Vermögen gedanklich eingezeichnet. Die gedankliche Einzeichnung der Selbsttätigkeit führt zu einer inneren Potenzierung des gedanklich hypostasierten Geistes. Die unausweichliche Folge ist, der Geist läßt sich in seiner Selbsttätigkeit nicht mehr bändigen. Der Geist „empfindet" und „erkennt" „aus sich", er „s c h ö p f t" „aus sich", er hat „u r s p r ü n g l i c h" den „christlichen Gottmenschen" „g e z e u g t", er hat das Vermögen, daß er „ i h n w i e d e r g e b i e r t", „seinen Glauben an die E i n h e i t d e s g ö t t l i c h e n und m e n s c h l i c h e n W e s e n s" glaubt und in der Tat beweist (76). Das ist die mystische Sprache eines mystischen Geistes. Wohlgemerkt, die mystische Sprache ist nicht die Sprache der von Feuerbach zitierten Spenerzitate, sondern die mystische Sprache Feuerbachs in seinem Kommentar eines Spener-, Luther- und Arndtzitates. Der mystisch zur Sprache gebrachte Geist wird von Feuerbach im Menschen tätig gedacht, der sich mitnichten von einem Anderen bestimmen läßt, sondern das Andere aus sich zeugt und gebiert. Die Geburt des Gottmenschen und seine Wiedergeburt durch den Geist, wie die „Einheit von göttlichem und menschlichem Wesen" (76, vgl. 70), sind mehr als mystische Aussagen. Lebt die mystische Frömmigkeit aus der Voraussetzung eines sich im Menschen erhaltenen und bewahrten göttlichen Fünkleins, begriffen in der Syntheresis-Lehre, dann züngelt nicht nur ein göttliches Fünklein im Menschen, sondern der Mensch selbst ist, wie Feuerbach interpretiert, in der „Einheit von göttlichem und menschlichem Wesen" (s.o.) geradezu von einem göttlichen Feuer durchdrungen. Das Vorhandensein von Anderem der Außenwelt wird nicht vom Geist als existent gedacht (76). Wird der Geist der alleinige Grund und Garant von allem Anderen, dann lebt Feuerbachs Interpretation erkenntnistheoretisch geurteilt aus einem reinen Solipsismus. Unter Solipsismus wird diejenige erkenntnistheoretische Voraussetzung verstanden, nach der das Ich oder das Subjekt allein, für Feuerbach der Geist im Menschen, das erkennbar Seiende in seinem Bewußtsein alles nicht zum Ich gehörende, sprich mit Feuerbach den oder das „Andere", „aus sich selbst empfindet und erkennt." (76). Die solipsistische Voraussetzung ist theologisch oder religionsphilosophisch betrachtet M y s t i k . Mystische Erkenntnis impliziert bei Feuerbach das Innere, oder der Geist eines Subjekts sei der alleinige noetische und ontologische Grund von allem Anderen. Das Andere, das nicht in dem Inneren oder Geist erkannt sei, sondern der Außenwelt des Ich angehöre, müsse als Phänomen der Außenwelt als seiendes Anderes geleugnet und nicht erkennbar behauptet werden. Das heißt theologisch: Gott wird als Anderes nur erkannt oder als seiend gedacht, wenn er als der Andere des Geistes noetisch und ontologisch seinen Ursprung im Menschen hat. „Auf diese Weise erhalten wir die Einheit zwischen Gott und Seele, die schon die Perser – und die indischen Mystiker heutzutage – ... ausdrückten, und es heißt, daß der Mensch in Gott und Gott im Menschen geboren werde."[14] Die Geburt Gottes im Menschen läßt den Mystiker singen, „Ich in Dir", Du Gott, und „Du in mir". Dabei wird Gott im Seelengrund des Menschen anwesend vorgestellt. Die Rede vom „‚Seelengrund' ist eine Eckhardsche Prägung und mag als Übersetzung des neuplatonischen Begriffes von der ‚archa in mente' und der gnostischen Anschauung vom ‚Lichtfunken in der Seele' angesehen werden."[15] So preist Meister Eckhard die Geburt Gottes im Inneren des Menschen hoch.[16] Feuerbach denkt entsprechend die Geburt und Wiedergeburt des Gottmenschen im Inneren des Menschen durch den menschlichen Geist. Dabei bringt Feuerbach mehr als mystische Aussagen zur Sprache, indem er einen mystischen Superlativ, das „Gottwerden des Menschen" (71) interpretiert. Hier liegt nicht „der Mittelpunkt, das Eins und Alles Luthers, wie Zinzendorfs" (71), sondern der mystische Mittelpunkt, das Eins und Alles von Feuerbachs religionsphilosophischer Interpretation. Das ist der Gipfel der Mystik.

Die Zitation der Rede vom Heiligen Geist bei Spener, Luther und Arndt, die Identifizierung der Zitierten in dem „Spiritus Speneri" (75), die weitere Identifizierung mit dem Geist Zinzendorfs (78), und die mystische Interpretation der Zitate und der Zitierten, ist ein Hinweis auf Feuerbachs konsequente Realisierung seiner mystischen Religionsinterpretation, bis in seine Spätschrift von 1866, „Zinzendorf und die Herrnhuter".[17] In Feuerbachs Schrift „Theogonie" von 1851, in unveränderter 2. Auflage von 1866, dem Jahr der Entstehung der Zinzendorfschrift, heißt es über das Verhältnis von Gott und Mensch: „Es genügt, daß Gott und Mensch so in eins zusammenfließen, daß eine Handlung ebensogut dem Menschen als dem Gott zugeschrieben werden kann ...".[18]

4.3. Feuerbachs geistphilosophische Voraussetzung

Wenn Feuerbach als Student sagt: „Ich habe die Theologie gegen die Philosophie vertauscht. Extra philosophiam nulla salus.", dann ist von Hegels Philosophie die Rede.[19]

Feuerbach war ein Schüler Hegels, und das zeigt sich in seiner Geistinterpretation, ohne Hegels Geistphilosophie selbst entsprechen zu wollen. Die Hegel-Rezeption und die Hegel-Kritik ist im Kontext seiner Geistinterpretation zu benennen.

In der „Encyclopädie der philosophischen Wissenschaften" Hegels wird das Verhältnis des Geistes zu einem Anderen durch einen mit sich selbst identischen und selbsttätigen Geist gedacht: „Der Schein, als ob der Geist durch ein Anderes vermittelt sei, wird vom Geist selbst aufgehoben, da dieser – so zu sagen – die souveräne Undankbarkeit hat, dasjenige, durch welches er vermittelt scheint, aufzuheben, zu mediatisieren, zu einem nur durch ihn Bestehenden herabzusetzen und sich auf diese Weise vollkommen selbständig zu machen."[20] Feuerbach rezipiert die

Denkfigur Hegels, ein Anderes nicht selbständig, sondern als Vermittlung des Geistes zu denken, dessen Selbstvermittlung seine reine Selbsttätigkeit wahrt. Die Wahrung seiner Selbständigkeit impliziert eine nicht von einem Anderen vermittelte Selbsttätigkeit. Das heißt für Hegel, die Tätigkeit des Geistes vollzieht sich als eine dialektische Selbstbewegung, von der es in der „Vorlesung über die Religion" heißt: „Der Geist ist ... wesentlich dies, tätig zu sein, überhaupt. Näher ist er die Tätigkeit, sich zu manifestieren ... So ist der Geist, der sich manifestiert, ... das Zweite. Das Dritte aber ist, daß ... jene seine erste Manifestation in sich zurücknimmt, sie aufhebt, zu sich selbst kommt, für sich wird und ist, wie er an sich selbst ist".[21]

Hegel zeichnet die Selbstbewegung des selbsttätigen Geistes nach, indem er ihn in seinen Momenten mit den entsprechenden Begriffen des subjektiven, objektiven und absoluten Geistes begreift. Feuerbach rezipiert die Lehre vom subjektiven Geist und wird sie begrifflich umstrukturieren. Für Hegel ist der Geist „subjektiv, insofern er sich in der Sphäre der Subjektivität zu dem macht, was er dem Begriff dieser Sphäre nach ,an sich' ist."[22] Der Geist geht in das Einzelne, Individuelle, Subjektive ein, ohne in ihm – d. h. mit Feuerbach psychologisierend i m Menschen (76) – aufzugehen, da er selber die Allgemeinheit, Besonderheit und Einzelheit umgreift, deshalb auch das Einzelne zu umgreifen vermag, ohne sich in ihm zu verlieren. Die spezifische Differenz zu Feuerbach ist: Hegel vermeidet „den subjektiven Geist als Bewußtsein, als dessen Grundstruktur oder als ich zu definieren."[23] Hegels ausgeschlossene Definition wird für Feuerbach konstitutiv. Ist der Geist als die begriffliche Hypostasierung eines im Menschen identifizierten Triebes und Herzens verstanden, dann ist der Geist in seiner Grundstruktur psychologisierend-subjektivistisch umstrukturiert und „gegen Hegel ausschließlich als das einzelne, empirische Bewußtsein bestimmt", wobei Feuerbach die dreigestaltige Struktur des subjektiven, objektiven und absoluten Geistes verfehlt.[24]

Feuerbach hat aus Hegels Geistphilosophie den Gedanken einer Selbstidentität und Selbsttätigkeit rezipiert. Doch diese Rezeption steht im Widerspruch zu seiner Kritik an Hegel, die sich gegen den Identitätsgedanken eines selbsttätigen Geistes richtet. In den „Grundsätzen der Philosophie der Zukunft" heißt es: „Die Hegelsche Philosophie ist der letzte großartige Versuch, das verlorene, untergegangene Christentum durch die Philosophie wieder herzustellen,...

Die vielgepriesene spekulative I d e n t i t ä t   d e s   G e i s t e s und der M a t e r i e , das Unendliche und Endliche, das Göttliche und Menschliche ist nichts weiter als der unselige Widerspruch der neuren Zeit, – die Identität von Glaube und Unglaube, Theologie und Philosophie, Religion und Atheismus, Christentum und Heidentum auf seinem höchsten Gipfel der Metaphysik."[25] Feuerbachs Polemik gegen den geistphilosophischen Identitätsgedanken Hegels, – den er jedoch selbst beibehält -, vollendet sich in einem Mißverständnis von Hegels Philosophie: „Die erklärte Absicht Hegels war die Aufhebung der gesamteuropäischen Metaphysik" und nicht deren unkritischer Gipfelsturm.[26] Die doppelte Struktur des Begriffes der „Aufhebung", im Sinne von „Bewahrung" und „Vernichtung" umfaßt Hegels Metaphysikkritik. Bei Feuerbach bleibt Hegels Metaphysikkritik unverstanden. Zwar übernimmt er den in der Aufhebung enthaltenen Identitätsgedanken, aber „die eigentümliche Gestalt der in der Aufhebung enthaltenen Kritik" wird auf eine andere Grundlage gestellt.[27] Feuerbachs Metaphysikkritik entfaltet sich vom Ansatz des anthropologischen Materialismus. Dabei rezipiert er nicht Hegels Metaphysikkritik, sondern wendet sich von der Position des anthropologischen Materialismus aus gegen Hegels Geistphilosophie metaphysikkritisch. In seinem Kommentar zu Spener, Luther und Arndt nimmt Feuerbach die kritische Wendung zurück, um die Zitate über den Heiligen Geist selbst von einer Position aus zu interpretieren, die er fälschlich als Gipfel der Metaphysik kritisierte, und sich so in seiner Interpretation selbst zu einer metaphysikverdächtigen Geistphilosophie aufzuschwingen.

4.4. Die Metaphysik des Geist-Materie-Dualismus

Das anthropologisierte und psychologisierte Geistverständnis Feuerbachs ist nun auf seine frühen philosophischen Voraussetzungen hin zu analysieren. Solche geistphilosophischen Deutungen lassen Bezüge im Geistverständnis und deren Veränderungen erkennen. Dabei werden Genese, Entwicklung und Singularität der jeweiligen geistphilosophischen Deutung sichtbar werden.

4.4.1. Die Abkehr von Hegels Geistphilosophie als Konsequenz der Theologiekritik

Feuerbach hat in seinem Begleitbrief zur Doktorarbeit Hegel gegenüber eine stark rationalistische Haltung eingenommen, die gegen den „Geist des Christentums" steht.
Feuerbachs Satz sprengt gleichsam die Grenzen sprachlicher Konvention. Er ist gegen Hegels Geistphilosophie gerichtet und markiert einen Durchbruch und Neuansatz in Feuerbachs philosophischem Denken.
„Denn wenn es sich bei der Philosophie, die nach Ihnen benannt wird, wie die Erkenntnis der Geschichte und Philosophie selbst lehrt, nicht um eine Sache der Schule, sondern der Menschheit handelt, wenn der Geist wenigstens der neuesten Philosophie darauf Anspruch macht, dahin drängt, die Schranken einer Schule zu durchbrechen und allgemeine, weltgeschichtliche, offenbare Anschauung zu werden und in eben jenem Geiste nicht bloß der Same zu einem besseren literarischen Treiben und Schreiben, sondern zu einem in der Wirklichkeit sich aussprechenden allgemeinen Geiste, gleichsam zu einer neuen Weltperiode liegt, so gilt es jetzt, sozusagen, ein Reich zu stiften, das Reich der Idee, des sich in allem Dasein schauenden und seiner selbst bewußten Gedankens, und das Ich, das Selbst überhaupt, das, seit Anfang der christlichen Ära besonders, die Welt beherrscht hat und sich als den einzigen Geist, der ist, erfaßt hat und als absoluten, den wahren absoluten und objektiven Geist verdrängenden Geist geltend machte, von seinem Herrscherthron zu stoßen, auf daß die Idee wirklich sei und herrsche, Ein Licht in Allem und durch alles leuchte und das alte Reich des Ormuzd und Ahriman, des Dualismus überhaupt nicht im Glauben einer aus der Welt in sich gekehrten Kirche oder in der Idee Einer Substanz oder überhaupt auf eine Weise, die ein Jenseits, ein Negatives, ein ausschließendes Verhältnis zu einem Anderen hat (was bisher in der Geschichte immer der Fall war), sondern in der Erkenntnis der sich als aller Realität bewußten, Einen und allgemeinen, seienden und erkennenden, wirklichen, allgegenwärtigen, durch keinen Unterschied von sich getrennten und unterbrochenen Vernunft überwunden werde."[28]
In dem Brief an Hegel wird bereits der philosophische Bruch angekündigt, den die späteren Arbeiten Feuerbachs dokumentieren. Er faßt seine Aufgabe als historisch-konkrete Auseinandersetzung auf. Er will: „die bisherige weltgeschichtlichen Anschauungsweisen von Zeit, Tod, Dies-

seits, Jenseits, Ich, Individuum, Person und ... Gott ... wahrhaft vernich-
ten" und sie „in den Grund der Wahrheit ... bohren."[29]
Der Abwendung von Hegel ist die Abkehr von der Theologie vorausgegangen, die Feuerbach ebenso leidenschaftlich durchgesetzt hat: „Mich
in die Theologie wieder zurückweisen, hieße einen unsterblich geworde-
nen Geist in die einmal abgelegte sterbliche Hülle wieder zurückwerfen;
denn die Philosophie reicht mir die goldenen Äpfel der Unsterblichkeit
dar und gewährt mir den Genuß ewiger Seligkeit, Gegenwart, Gleichheit
mit mir selbst."[30] Die Mitteilung an den Vater ist zugleich Hinweis auf das
Reich der Philosophie, das Feuerbach zu erschließen gedenkt: „Teile mit
mir ... das wohlwollende Gefühl, den Händen der schmutzigen Pfaffen
entronnen zu sein und Geister wie Aristoteles, Spinoza, Kant und Hegel
zu meinen Freunden zu haben."[31]
Die Vorgehensweise, wie Feuerbach aus der philosophischen Tradition
schöpfend den Geist-Materie-Dualismus bestimmt, läßt sich aus seiner
geschichtsphilosophischen Arbeit erhellen.

4.4.2. Die Vermittlung des Geist-Materie-Widerspruches in der Tradition von Bacon bis Spinoza

Im Frühsommer 1830 ist Feuerbachs erstes philosophiegeschichtliches
Werk erschienen, die „Geschichte der neueren Philosophie von Bacon
bis Spinoza"[32]. Die Philosophiegeschichte beabsichtigt er fortzuschrei-
ben. Ihr folgt lediglich die Monographie über Leibniz[33]. Die erste Arbeit
verschaffte ihm auf Anhieb einen Namen unter den Hegelianern von
Niveau. Besonders beeindruckt von der Arbeit zeigte sich der liberale
Eduard von Gans, einer der bedeutendsten Schüler Hegels. Er teilte Feuerbach mit, er könne seine „Genugtuung nicht schildern, daß doch endlich die Geschichte der Philosophie, eine ihrer wichtigsten und bedeutendsten Seiten, in solche Hände gefallen ist, die mit der Bewegung des
spekulativen Geistes vertraut, nicht genötigt sind, eine bloß äußerliche
Aufzählung der Lehren ohne Selbstverständnis zu geben."[34] Seine Ver-
trautheit mit der „Bewegung des spekulativen Geistes" verdeutlicht Feuerbach in der Tat durch das ganze Buch hindurch – im besten Sinne der
Hegelschen Schule: Er stellt die Geschichte als ständigen dialektischen
Fortschritt dar, die einzelnen philosophischen Systeme arbeitet er als
geschichtlich notwendige Momente im Prozeß der Selbstbewußtwerdung
des Geistes heraus. In der Darstellung wird der Materialist Hobbes so

gezeichnet, daß in ihr die theologisch-philosophische Selbstdarstellung des Autors ersichtlich wird: In Hobbes sieht er den menschlichen Geist verkörpert, der, „als er das Gymnasium des Mittelalters verließ, sich von der Zucht der Kirche, von der Autorität und dem Formenwesen der alten Metaphysik befreite und auf die Universität der neuern Zeit zog, jetzt, in der Absonderung von allem Höhern und Übersinnlichen, gleichsam vom Rausche der Sinnlichkeit ergriffen, in den Materialismus hinuntergerissen, seiner selbst entleert".[35]

Anhebend mit der Antike sieht Feuerbach im Altertum noch eine Einheit gegeben zwischen Gott und Welt, Volk, Staat, Kunst und Religion. Deshalb hatte jedes Volk seine Götter, um diese Einheit bewahren zu können. Indem aber die griechische Philosophie diese Anschauungsweise negierte, wurde der Grund für den Untergang der heidnischen Götterwelt gelegt.[36] Die alte Welt hob den Widerspruch nur „innerlich" oder „geistig" auf, erst mit dem Kommen von Christus, seiner Inkarnation, wurde die Diastase realiter überwunden. Diese „unmittelbare Gewißheit und Anschauung" wurde Inhalt und Grundlage einer neuen Religion, die sich im Glauben an Christus manifestierte. Da aber „der Geist ... nicht im Fleische, sondern nur im Geiste ergriffen" wird, mußte es zum Dualismus Sinnliches – Übersinnliches kommen in dem Moment, als das Christentum historisch wirksam wurde. In dem Dualismus wurde das Sinnliche mit dem Unwesentlichen und das Übersinnliche mit dem Wesentlichen gleichgesetzt, wobei das Christentum zu einer „a n t i k o s - m i s c h e n und n e g a t i v e n" Einstellung gegenüber Natur und Welt, zu einer lebensfeindlichen, vom „P o s i t i v e n der Welt abziehenden, ihr wahres Wesen verkennenden und verneinenden Religiosität" wurde.[37] In dem dualistischen Auseinanderbrechen von Geist und Materie wurzelt die von Feuerbach stark angeprangerte Verkennung und Abwertung der Sinnlichkeit und der mit ihr gesetzten Lebensfreuden.

Für die Geistphilosophie sind die Entwürfe der englischen Empiristen, besonders der von Hobbes wichtig, wenn auch nicht philosophisch normierend:

„Diese Geistesausleerung und Entäußerung, dieses Außersichsein des Geistes zeigt sich zuerst in der Form eines Systems und einer Philosophie des Empirismus und Materialismus in Hobbes, der Unmögliches wollte, nämlich die Empirie als Philosophie selbst aussprechen und geltend machen, dessen ungeachtet aber unstreitig einer der interessantesten und geistreichsten Materialisten der neueren Zeit ist."[38]

Indem Feuerbach seine „Geschichte der neuern Philosophie" mit einem umfangreichen Kapitel über Bacon beginnt und den naturphilosophischen Fragen und Überlegungen eine so demonstrative Bedeutung beimißt, wird deutlich, daß der Grund des Vorgehens ein ihn betreffender Widerspruch ist: dem Widerspruch zwischen der sinnlich-existentiell erlebten Wirklichkeit der Natur und ihrer umstrittenen Stellung in der Philosophie des deutschen Idealismus. Seine Skepsis wird aus Aufzeichnungen aus den Jahren 1827/28 ersichtlich, die der Hegelschen Logik gilt: „Die Notwendigkeit des logischen Fortgangs", schreibt er, „ist die eigene Negativität der logischen Bestimmungen. Was ist denn nun aber das Negative in der absoluten, vollkommenen Idee? Daß sie n u r noch im Elemente des Denkens ist? woher weißt du nun aber, daß es noch ein a n d e r e s Element gibt? Aus der ‚Logik'? Nimmermehr; denn eben die ‚Logik' weiß aus sich selbst nur von sich, nur vom Denken. Also wird das Andre der ‚Logik' nicht aus der ‚Logik', nicht logisch, sondern unlogisch deduziert, d. h. die Logik geht nur deswegen in die Natur über, weil das denkende Subjekt außer der ‚Logik' ein unmittelbares Dasein, eine Natur vorfindet und vermöge seines unmittelbaren, d.i. natürlichen, Standpunkts dieselbe anzuerkennen gezwungen ist. Gäbe es keine Natur, nimmermehr brächte die unbefleckte Jungfer ‚Logik' eine aus sich hervor."[39]

Philosophisch wird hier Feuerbachs Widerspruch am idealistischen Dualismus markiert, der den Geist-Materie-Dualismus bedingt. Weder der schlechthinnige Empirismus eines Hobbes noch der im deutschen Idealismus vorherrschende Idealismus überzeugt den Kritiker. Feuerbach will die Wirklichkeit als Einheit gefaßt wissen, wie sie sich der weltbejahenden Erfahrung erschließt; die geistige und die materielle Realität sollen im Ansatz, nicht erst am Ende des Denkprozesses, als Erscheinungsformen der ein und derselben Wirklichkeit begriffen werden. Das gegenseitige Bedingungsverhältnis von Philosophie und Naturwissenschaft erfordert, eine „auf gegenseitige(s) Bedürfnis, auf innere Notwendigkeit gegründete Verbindung": ein „Bündnis". Im Anschluß an Bacon sieht Feuerbach „Die Notwendigkeit und die Bedingungen einer totalen Reformation der Wissenschaften", so Überschrift von § 14, als Option der Zeit.[40] Feuerbach ist bestrebt, die dialektische Philosophie in ihrer Entwicklung von Descartes bis Spinoza als prozeßhaften philosophischen Nachvollzug der Einheit der Wirklichkeit zu interpretieren. Von Descartes über Geulincx und Malebranche wird ein Spannungsbogen gezogen, wobei die spinozistische Substanzlehre aus der theistischen Ausbildung des Cartesischen Geistbegriffes durch Malebranche entwickelt wird, um einen philosophiegeschichtlichen Progreß zu benennen.

Feuerbach beklagt: „Die Naturphilosophie des C.(artesius) hat, wie jede Anschauungsweise der Natur, die auf denselben allgemeinen Prinzipien, von denen C.(artesius) ausgeht, oder auf diesen Verwandten beruht, die Natur zu ihrem Objekte als ein Totes, Mechanisches, Äußerliches; denn sie hat sie nur in ihrem Unterschiede vom Geiste, bloß in dem Gegensatz gegen ihn, der doch das Prinzip alles Lebens ist, und darum nur als Materie zu ihrem Gegenstande."[41]

Der Vergleich mit einem Urteil über Hobbes ist erhellend: „Und da als das Substantielle von der Natur lediglich der Körper als Körper zugrunde gelegt ist, der Körper als solcher aber ein Totes, ein Gleichgültiges, ein Auseinandergetrenntsein ist, so kann die Aufhebung dieser Gleichgültigkeit und Getrenntheit der Körper ... nur die Bewegung, und zwar die mechanische, in Druck, Stoß, Zug sich äußernde Bewegung, sein."[42]

Feuerbachs Kampf gilt der auf den Gesetzen der Mechanik einzig und allein gegründeten Naturbetrachtung. Sie läßt Leben absterben und verkommen. Von dieser Kritik aus erhebt Feuerbach die grundlegende Frage nach der „Aufhebung der Gegensätze von Geist und Natur".[43] Er interpretiert Geulincx, Malebranche und Spinoza unter dem Gesichtspunkt ihrer philosophischen Leistung: Geulincx deckt den bei Descartes noch versteckten Dualismus auf, indem die Wechselbeziehung von Geist und Materie – „überhaupt die Welt" – als Wunder, also als rational Unbegreifliches charakterisiert wird.[44]

Malebranche versucht aus der Aporie von Descartes herauszukommen, indem Gott als das Wirkliche, „Substantielle" sowohl der geistigen als auch der materiellen Wirklichkeit erblickt wird. In diesem Versuch findet Feuerbach den Kern der Spinozistischen Substanzlehre antizipiert. Die Substanzlehre Spinozas verbindet für Feuerbach „die tumultarischen Gegensätze und Widersprüche der Cartes(ischen) Philosophie".[45] Die Lösung und Versöhnung des Geist-Materie-Dualismus bietet für Feuerbach eine akzeptable philosophische Grundlage: „Es bleibt ... der Begriff der r e i n e n W i r k l i c h k e i t als solcher ... übrig, es erweisen sich Geist und Materie nur als unterschiedene Bestimmungen (Modi) der Substanz".[46] Daß Feuerbach bei seiner Spinoza-Deutung selbstredend idealistisch verfährt, verdeutlicht die Kritik an Spinoza, daß er „Substanz nicht a l s G e i s t bestimmte, den Geist nicht als Substanz erkannte".[47] Die idealistischen Reminiszenzen in seiner „Geschichte der neueren Philosophie von Bacon von Verulam bis Benedikt Spinoza" bestätigt Feuerbach in seinem Vorwort zum ersten Band seiner „Sämtlichen Werke" ausdrücklich, daß er zur Zeit der Entstehung der „Geschichte" völlig auf dem idealistischen Standpunkt gestanden sei und daß für ihn „der Gedanke überhaupt Wesen, das Gedachte als solches Wirkliches, das Subjektive Objektives, das Denken Sein war".[48]

4.4.3. Die Verwirklichung der Idee Gottes im Anschluß an Descartes

Feuerbachs Kritik an Descartes konzentriert sich vornehmlich auf den Vorwurf, den Geist nur auf der Ebene des Individuums – nur als Bewußtsein seiner selbst – reflektiert zu haben. Die Einheit von geistiger und materieller Wirklichkeit gerät so für Feuerbach nicht in den Blick. Denn „von diesem, vom Körper sich absondernden, nur in dieser Absonderung doch selbst erfassenden und diese Absonderung als seine positive, totale, als seine Wesensbestimmung setzenden Geist aus ist eine Verbindung mit dem Körper unmöglich ...".[49] Eine spekulative Vermittlung, die in ihrer Bestimmtheit die intendierte Versöhnung ist, wird den Gegensatz von Geist und Materie in einem höheren Geistbegriff, der den Geist in seiner unendlichen Bedeutung, in der Bedeutung Gottes faßt, aufheben, aber nicht vereinen. Die Aufhebung der Gegensätze von Geist und Natur gelingt nur dem Schein nach, gleichsam in einem Punkte, aber nicht real. „Wohl erhebt sich der Geist auch auf dem Standpunkt der Cartesischen Philosophie vermittelst des Bewußtseins von der Existenz der unendlichen Substanz, die in keinem Gegensatze steht, zur Aufhebung des Gegensatzes zwischen Geist oder Seele und Materie und kommt also auch auf diesem Standpunkte in einem Punkte die Anschauung vom Leben, d.i. eben von der Einheit des Geistes und der Materie, zum Vorschein."[50]
Hier setzt Feuerbachs Kritik an, da die Einheit von Geist und Materie nur scheinbar ist. Die punktuelle Einheit ist Ausdruck des Bewußtseins, der Gegensatz unaufgehoben. So folgert Feuerbach kritisch:
„Allein, da diese Einheit nicht mit Notwendigkeit aus den zugrunde gelegten Prinzipien, aus den zu Vereinigenden, nämlich dem Geiste und der Materie, hervorgeht, so bleibt der Gegensatz unaufgehoben, die Einheit nur eine willkürliche, die das Subjekt, der Denkende macht, die beiden Vereinten bleiben sich in dieser Einheit gleichgültig, äußerlich, es kommt zu keiner wirklichen Einheit."[51]

Die Aufhebung der Gegensätze von Geist und Natur kann deshalb in der Sicht Feuerbachs bei Descartes nicht gelingen: „Denn Geist und Materie sind an und für sich nach C.(artesius) streng geschieden."[52]
Feuerbach sieht philosophiegeschichtlich den Protestantismus im Gefälle der neueren Philosophie. Er stellt Cartesius und Luther prägnant gegenüber:

„Wenn es bei Cartesius heißt: ‚Ich denke, ich bin', d. h. mein Denken ist mein Sein, so heißt es dagegen bei Luther: Mein Glauben ist mein Sein."[53]

Während philosophisch der Geist Sein und Denken verbindet, so vereint für Feuerbach theologisch die Religion die Einheit von Glauben und Sein. Das sich seines Denkens bewußte Individuum realisiert in seinem Bewußtsein eine Einheit, die auf Cartesius zurückgeht. In Descartes erblickt Feuerbach den Urheber und Garanten der Anthropologisierung der Theologie. „Der Gott also, der ein Geist ist … ist nichts andres als des Menschen eigener Geist, der aber im Christentum als ein vom Menschen unterschiednes, gegenständliches Wesen vorgestellt wird. Die ersten Ansätze zu dieser Erkenntnis, der Erkenntnis der Theologie als der Anthropologie, liegen bereits in C.(artesius). Der gegenständliche göttliche Idealismus wird bereits in ihm subjektiver, menschlicher Idealismus. In C.(artesius) ist im ‚Gottesbewußtsein' das Selbstbewußtsein, im Gottvertrauen das Selbstvertrauen des Menschen erwacht."[54]

Mit der Anthropologisierung der Theologie und Geistphilosophie ist Feuerbachs philosophische Grundhaltung benannt.

Da das Denken Ursache seiner selbst ist, schließt Feuerbach mit Descartes:

„Die einzige positive, d.i. etwas sagende Bestimmung, die einzige, mit der ich auf die Frage: Was ist denn dieses Nichts von allem Körperlichen?, antworten kann, ist: das Denken, so daß es also heißt: Der Geist ist ein denkendes Wesen."[55]

Darauf folgt die Frage: „Allein, was ist damit gesagt und erklärt? Ich erkläre das Denken durch ein denkendes Wesen, d.h., ich mache eine Wirkung zur Ursache, eine Erscheinung zum Wesen, eine Funktion zur Person; ich mache das Denken zum Grund, zur Voraussetzung des Denkens, kurz, das Denken zur Ursache seiner selbst."[56]

Der Verankerung des Geistes im Denken des Menschen ist sich Feuerbach philosophisch bewußt. Doch ist dies dem Menschen ein Gegenstand der Unwissenheit: „Diese Unwissenheit des Menschen von dem physiolo-

gischen Grund und Wesen des Denkens ist die Basis, das Prinzip der Psy-
cho- und Pneumatologie und ihrer Tochter, der Theologie, das Prinzip des
Platonismus, Christianismus, der nichts andres ist als ein populärer, sinn-
licher, konzentrierter Platonismus oder Spiritualismus überhaupt, des
Cartesianismus, Fichteanismus und Hegelianismus."[57]
So sei indessen Gott „nur subjektiv, noch nicht objektiv" der Mittelpunkt
des Systems gewesen: „Was von Gott kommt", urteilt Feuerbach,
„kommt nur vor, um seiner Existenz gewiß zu sein und durch die Gewißheit seiner Existenz des Geistes gewiß zu werden".[58] Daraus folgert er,
was Option seiner Philosophie bleibt, die Aufgabe für das Denken:
„Es muß daher die Idee Gottes v e r w i r k l i c h t werden ...".[59] Diese
Aufgabe wird in Feuerbachs religionskritischen Hauptwerken aufgenommen und abschließend in der Schrift über „Zinzendorf und die Herrnhuter" von 1866 bestätigt und fortgesetzt. Dies ist nun im Hinblick auf die
Interpretation des Heiligen Geistes abschließend kritisch gegenüber Feuerbach zu bedenken.

4.5. Die Gründe des Scheitern von Feuerbachs Geistverständnis

Die Geistphilosophie Hegels setzt eine lange geistphilosophische Tradition voraus, um die Feuerbach weiß, die er geschichtsphilosophisch deutet und deren Prämissen bei der Niederschrift der Arbeit über „Zinzendorf und die Herrnhuter" vorausgesetzt sind. Deshalb lassen sich Feuerbachs Interpretationen der Geistphilosophie und der Theologie des Heiligen Geistes nicht allein von Hegel verstehen. Verschiedene Traditions-
stränge vereinigen sich jedoch in Hegels Geistphilosophie, auf die Feuerbach reagiert. Den Wendepunkt in der Philosophie der Neuzeit markiert
Feuerbach im Denken von Descartes, das zu dem folgenschweren Auseinanderbrechen von Subjekt und Objekt, res cogitans und res extensa,
Geist und Materie führte. In der Rezeptionsgeschichte werden Zustimmung, Ablehnung und Uminterpretation deutlich. Aus Feuerbachs
Denk- und Arbeitsweise lassen sich folgende Ergebnisse benennen:

(1) Die Unterschlagungen und Sperrungen in der Zitation:
Die Zitation hat zwei Implikationen: Erstens: Sie verweist nicht auf Speners Begründung der Wirkung des Heiligen Geistes als eines göttlichen
Geistes. Zweitens: Die gesperrt gedruckten Hervorhebungen der anthropologischen Begriffe machen die anthropologische Interpretation der

Zitate sichtbar, welche durch die Zitationsauswahl als Uminterpretation der in ihrem Kontext ausgesprochenen Intention Speners ausgewiesen ist.

(2) Der dunkle Grund im Unbewußten:

Speners Rede vom Heiligen Geist verkürzt Feuerbach auf einen Geist im Menschen. Das Herz und der Trieb im Menschen werden psychologisierend identifiziert und begrifflich als Geist verstanden. Ist die psychologisierende Identifikation vorausgesetzt, dann ist die Interpretation auf eine nichtrationale Anlage im Menschen gegründet. Wenn der Feuerbachschüler Friedrich Jodl „Feuerbachs Art die religiösen Phänomene psychologisch zu behandeln" als Stärke von Feuerbachs Schrift „Zinzendorf und die Herrnhuter" beurteilt, die „im höchsten Grade charakteristisch" für Feuerbachs „Grundgedanken seiner Religionsphilosophie" überhaupt ist, dann ist Jodl energisch zu widersprechen.[60] Der Grund des Widerspruchs liegt in einer unzureichenden Begründung von Feuerbachs psychologisierender Interpretation. Die Schwäche, die religiösen Phänomene psychologisch zu behandeln, ist, mit dieser Methode nicht auf ein allgemeingültiges, notwendiges und überprüfbares Wissen aufzubauen, sondern auf einer anthropologischen Mutmaßung, die Feuerbach selbst von seiner „Antipathie gegen die religiöse Sonderbündelei der Herrnhuter und ihres Stifters" motiviert.[61] Feuerbachs Interpretation ist eine sprachliche Artikulation einer gedanklichen Vorstellung, die theoretisch geurteilt, um eine unendliche Anzahl von Zitaten vermehrt oder verkürzt, weder an Wahrheitsgehalt gewönne noch einbüßte, da sie sich nicht als Wissen, sondern nur als antipathisch begründete Meinung ausweisen kann. Als Wissen und nicht als antipathisch motivierte Meinung müßte sich freilich der Grundgedanke der Religionsphilosophie legitimieren, um den Anspruch erheben zu können, Wissenschaft zu sein. Der charakteristische Grundgedanke der Religionsphilosophie Feuerbachs entbehrt einer aufklärenden Begründung: Die vermeintliche Stärke zeigt ihre unvermeidliche Schwäche, die auf einer dunklen, nicht hinterfragbaren psychologischen Voraussetzung im Unbewußten des Menschen aufbaut. Die unbewiesene, sich jeder rationalen Anfrage und Kritik entziehenden antipathisch begründeten psychologischen Voraussetzung, als Grund der Interpretation Feuerbachs, markiert den Grund des Scheiterns der auf ihm errichteten gedanklichen Geistkonstruktion.

(3) Der Identitätsgedanke und die Selbsttätigkeit:

Die Rede vom Geist leitet Feuerbach begrifflich reduzierend aus Speners

Zitaten über den Heiligen Geist ab. Die Selbsttätigkeit sucht Feuerbach aus den in den Zitaten hervorgehobenen anthropologischen Tätigkeitsworten „herauszudenken". Aus ihnen soll eine Selbsttätigkeit des Geistes deduziert werden. Zur Durchführung setzt Feuerbach den Gedanken der Identität und der Selbsttätigkeit des Geistes aus Hegels Geistphilosophie voraus. Die Identität des absoluten, objektiven und subjektiven Geistes begreift Hegel dialektisch als die Einheit von Einheit und Differenz des Geistes in seiner Dreigestaltigkeit, ohne die Dialektik zu einer undialektischen Einheit oder undialektischen Dreiheit aufzulösen. Feuerbach gibt das dialektische Verhältnis zuungunsten einer undialektisch gedachten Einheit auf und faßt monistisch den Geist rein subjektivistisch-psychologisierend als einen Geist im Menschen. Der Geist wird gedanklich auf einen Punkt hin konzentriert, der im Menschen lokalisiert ist.

(4) Die hermeneutische Differenz und die immanente Preisgabe des Identitätsgedanken Feuerbachs:

Der Identitätsgedanke ist im Vollzug der Identifikation des Herzens und Triebes im Menschen vorausgesetzt. Herz und Trieb werden Geist genannt, um Speners Zitaten über den Heiligen Geist begrifflich zu entsprechen. Die begriffliche Entsprechung sucht signifikationshermeneutisch die Rede über den Heiligen Geist im Begriff des Geistes einzufangen. Die psychologische Anlage im Menschen ist die bezeichnete Sache (res), der Geist, die begriffliche Erfassung der psychologischen Anlage, der auf sie als Zeichen (signum) zurückverweist. Feuerbach denkt den Geist als signum mit der psychologischen Anlage als res in einer Identität zusammen. Der Trieb und das Herz im Menschen sind keine versachlichten Voraussetzungen, die sich mit dem Wort Geist bezeichnen lassen, sondern sich permanent in einer unbegreiflichen Irrationalität dem begrifflichen Denken entziehen.

Eine weitere Schwierigkeit zeichnet sich ab. Wäre die Einheit der psychologischen Anlage als Sache und des Geistes als Zeichen sachlich vorausgesetzt und in ihrer begrifflichen Struktur gesichert, dann könnten beide als bezeichnende Sachen (res significantes) die Rede über den Heiligen Geist zu einer res significata machen. Auffälligerweise ist für Feuerbach der Heilige Geist nicht die res significata, sondern dieser wird bezeichnend apostrophiert, als ‚heil.(iger) Geist'. Die apostrophierende Bezeichnung ist die Umschreibung des Heiligen Geistes, die ihn signifikant nicht als Sache (res), sondern als apostrophierte Sache begreift.

Feuerbachs Intention ist, den Heiligen Geist nicht als das interpretieren zu wollen, was er in Speners Rede ist – göttlicher Geist. Von Feuerbachs eigener ersichtlicher Intention ist immanent eine I d e n t i t ä t der Rede über den Heiligen Geist mit Feuerbachs Geistverständnis a u s g e - s c h l o s s e n.

(5) Identitätsgedanke in Funktion religionskritischer Dialektik: Feuerbachs Interpretation des Heiligen Geistes nimmt bei der Geistphilosophie Hegels ihren gedanklichen Anfang, wobei im Anschluß an Descartes ein subjektivitätsorientiertes Denken vorausgesetzt ist. Von diesem her liest Feuerbach Hegel. Dabei wird deutlich, daß trotz aller Umkehrung, Abwandlung und auch Inkonsequenz der Identitätsgedanke formal beibehalten wird. Feuerbach geht es ja gerade trotz aller veränderter materialistischer und sensualistischer Denkweise um die Beibehaltung des Identitätsgedankens, wenn auch nicht im Sinne Hegels. Feuerbach meint an die Stelle des absoluten Geistes das menschliche Selbstbewußtsein setzen zu müssen, weil dieses sich im Sinne Hegels mit jenem identisch weiß. Mit dieser Denkfigur gelangt Feuerbach zu der religionskritischen Umkehrung: Gott ist nur das entfremdete Selbstbewußtsein des Menschen, dessen Bild der Mensch verabsolutiert. Hier hat der Identitätsgedanke seine inhaltliche Umgestaltung erfahren: Die Differenz von göttlichem Geist und menschlichem Geist wird völlig aufgehoben, wenn der Mensch den religiösen Trug durchschaut und mit sich selbst identisch wird. Diesen Vorgang sieht Feuerbach – nun nicht vom Ursprung des absoluten Geistes, sondern des subjektiven Geistes des Menschen – formal im Anschluß an Hegel als dialektischen Prozeß, inhaltlich jedoch gegen Hegels Lehre vom absoluten Geist. Der dialektische Prozeß hat im Laufe der Entwicklung von Feuerbachs Philosophieren verschiedene Ausprägungen. In der früheren Zeit ist die Gattung die ursprüngliche Identität, wie besonders die Schrift „Das Wesen des Christentums" verdeutlicht.[62]

Der Einzelmensch entfremdet sich von der Gattung in ihre Nichtidentität, dies geschieht bewußtseinsmäßig, und verehrt deshalb den Gott des Christentums als von sich unterschiedene personifizierte Gattung, bis er mit ihr wieder identisch wird, da er sein Einssein mit der Gattung erkennt. In der weiteren religionskritischen Hauptschrift, das „Wesen der Religion" bildet für Feuerbach die Natur die abstrakte Identität, von welcher sich der Mensch als ihre und damit seine eigene Nichtidentität unterscheidet, um wieder kraft der Sinnlichkeit mit ihr identisch zu werden, um statt des Gegenübers in Gott das ihm ursprüngliche Gegenüber in der Natur zurückzugewinnen und zu überwinden.[63] In beiden Fällen steht am Ende der Mensch als absolute Identität. So erklärt Feuerbach Gott und Mensch für identisch. Der Mensch ist sich so selbst Gott, in der Entfremdung zuerst getrennt von der Gattung, schließlich getrennt von der Natur. Dieses Anliegen, das humanistisch motiviert ist, bedeutet in seiner Übersteigerung nicht den Gewinn, sondern den Verlust des Menschen, wie die weitere Untersuchung ergeben wird.

5. Speners Theologie- und Kirchenkritik

Feuerbachs Interpretation zu Speners Theologie- und Kirchenkritik ist nichts anderes als eine sich sehr eng an den Wortlaut eines Abschnittes aus Stäudlins „Geschichte der Theologischen Wissenschaften" anlehnende Paraphrase. Weiter ist ein größeres Textstück als Zitat übernommen, ohne als solches hinreichend gekennzeichnet zu sein. Feuerbach bricht jedoch, das sei vorweggenommen, die wortgetreue Wiedergabe der Darstellung Stäudlins just vor ihrer Pointe ab. So greift Feuerbach Speners Kritik an der orthodoxen Theologie und Kirche auf:[64] „Spener verwarf ... die theologische Sophistik, Scholastik und vor allem die Polemik, ‚beklagte' und bestritt die selbst von der Kanzel herabgepredigte Meinung, ‚dass' der Glaube auch ohne Werke der Tugend selig mache, dass ‚der wahre Glaube' auch ‚mit Lastern verbunden' sein könne, lehrte und predigte nur inniges herzliches und darum auch ebenso wohltätiges, als – denn ‚was nicht von Herzen geht nicht zu Herzen' – populäres, allgemeinverständliches und eindringliches Christentum."[65] (76). Feuerbachs Paraphrase klebt an den Worten Stäudlins und wird durch erläuternde Kommentare unterbrochen: „Spener war ein religiöser Demokrat" (76) ist ein Urteil Feuerbachss über den Pietisten Spener, das Feuerbachs politische Anschauung widerspiegelt. In diesem Urteil ist Speners kirchenpolitische Tätigkeit zusammengefaßt, dessen Kenntnis Feuerbach der Darstellung Stäudlins verdankt: Spener als religiöser Demokrat war also „Gegner darum auch des von dem ‚Papstthum stammenden aristokratischen Gegensatzes von Geistlichkeit und Laienthum, Gegner des ‚hochmüthigen' ‚Klerus', der sich allein den Namen der Geistlichen ‚anmasst', während er doch ‚allen Christen gemein sei', ‚von' allen ‚geistlichen Ämtern' herrschsüchtig die übrigen Christen ‚ausgeschlossen' habe, während es doch ihnen ‚zukomme' und gebühre" – hier endet die Paraphrase und wird zum Zitat – „‚in der heiligen Schrift zu forschen, Andere zu unterrichten, zu ermahnen, zu strafen, zu trösten, und dasjenige im Privatleben zu thun, was im Kirchendienst öffentlich geschieht', ja eigentlich ‚alle Christen zu allen geistlichen Ämtern nicht nur befugt, sondern auch verbunden seien.'"[66] (76). Mit der Hervorhebung des allgemeinen Priestertums aller Gläubigen bricht Feuerbach Stäudlins Darstellung abrupt ab. Speners Einschränkung des allgemeinen Priestertums, daß dem „Prediger" „kein Christ ins Amt greifen oder sich anmassen dürfe, öffentlich in der Gemeine zu lehren", bleibt, obgleich von Stäudlin ausdrücklich erwähnt, von Feuerbach unberücksichtigt.[67] Darüber hinaus läßt Feuerbach die zündende Pointe von Stäudlins Spener-Interpretation, den Schlußsatz, unerwähnt: „Als Spener der Vorwurf gemacht wurde, daß er die m y s t i s c h e T h e o l o g i e zu sehr erhebe und in der Kirche samt ihren Irrthümern wieder einführen wolle, und daß dies ein wesentlicher Charakter seiner Lehre sey, so antwortete er, er habe die Fehler der Mystiker nie abgeleugnet, übrigens sey die Mystik keine besondere Theologie, sondern nur diejenigen Artikel gehören zu derselben, worinn, Praxis statt finde und welche so behandelt werden, daß dadurch nicht bloß ein Wissen im Verstande erweckt, sondern das ganze Gemüth gebessert werde, er wünsche, d a ß i n d i e s e m S i n n e d i e g a n z e T h e o l o g i e M y s t i k w e r d e n m ö g e."[68] Feuerbach weiß also, für Spener ist Mystik eine Art Theologie zu treiben, die wesentlich praktisch orientiert ist. Ist Feuerbachs Interpretation ohne die mystische Pointe Speners in der Wiedergabe Stäudlins eine Interpretation ohne Pointe, oder aber ist insgeheim ihr Verschweigen die Pointe von Feuerbachs Interpretation? Die Frage fordert zu einer Antwort heraus. Mit dem Verschweigen der mystischen Pointe und der gleichzeitigen mystischen Interpretation einer angeblichen Geistidentität Speners, Luthers und Arndts holt Feuerbach in seiner Interpretation nicht nur die praktisch motivierte mystische Theologie Speners ein, sondern überholt diese in einem gedanklichen Sprung mystizistisch (vgl. II. 4.2.). Das Überholen vollzieht sich als eine einseitige Steigerung des M y s t i s c h e n der p r a k t i s c h motivierten mystischen Theologie zu einem schwindelerregenden radikalen t h e o r e - t i s c h e n Mystizismus, in dem die Theo-Logie selbst versinkt und annihiliert werden soll. Doch mit einem gedanklichen Sprung wird die Theologie mit dem Postulat einer Geburt Gottes im Menschen zurückgewonnen. Im Gegensatz zu dem Postulat des theoretischen Mystizismus weiß Feuerbach, – das ist die aufgedeckte Pointe seiner Interpretation – daß zur mystischen Theologie „nur diejenigen Artikel gehören ... worin Praxis statt finde."[69] Feuerbach setzt zu den praktischen Artikeln entsprechend einen theoretischen Artikel, indem er die Geburt Gottes im Inneren des Menschen annimmt, um von diesem Artikel aus Luther, Spener, Arndt und Zinzendorf zu Mystikern zu erheben, die die Geburt des Gottmenschen und die Genese von allem „Andere(n)" durch den Geist solipsistisch glauben sollen (vgl. 76). Der theoretische Artikel wird solipsistisch in der Annahme eines mystisch selbsttätigen Geistes nicht durch Spener, sondern durch Feuerbach gesetzt, und im Fortgang von Feuerbachs Interpretation entfaltet. Die hermeneutische Prämisse Feuerbachs ist das Verständnis von Mystik als einer Geburt Gottes im Menschen. Da Spener eine mystische Theologie in Praxi bejaht, Feuerbach aber Speners Intention dieser Bejahung nicht zitiert, gelingt es Feuerbach, ein theoretisches Verständnis von Mystik bei Spener herauszustellen. Da für Feuerbach der Spiritus Speneri mit dem Geist Luthers, Arndts und Zinzendorfs identisch ist, hat er auch Luther, Arndt und Zinzendorf zu theoretischen Mystikern erhoben. Das ist bezeichnend für die Interpretation, hinter deren hermeneutischer Prämisse, des theoretischen Mystizismus, eine Theorie herausgearbeitet werden wird – Feuerbachs Prinzip des Sensualismus (vgl. IV).

6. Zinzendorfs tolerante Praxis einer universitas fratrum

Feuerbach leitet seine Interpretation von Spener auf Zinzendorfs Kirchenverständnis über, da er zu Spener abschließend und zu Zinzendorfs Kirchenverständnis einleitend schreibt: „Dieser Geist ist also der Spiritus Speneri, aus dem die herrnhutische E c c l e s i o l a hervorging –" (76).

6.1. Zinzendorfs Stellung zur lutherischen Kirche

Feuerbachs Gedankengang zu der herrnhutischen Ecclesiola ist folgender: Das Hervorgehen der Ecclesiola aus der lutherischen Ecclesia (II.6.1.), ihr Verhältnis zu den nicht-lutherischen Kirchen (II.6.2.), beider Verhältnis zueinander, begriffen in Zinzendorfs Tropenlehre (II.6.3.) und Feuerbachs Wiederholung der Apologie von Zinzendorfs Ekklesiologie (II.6.4.) sind die gedankliche Grundlage der behaupteten Konzentration des Christentums im Herrnhutertum (II.6.1.-4.). Die von Feuerbach interpretierte Konzentration wird im Nachvollzug ihrer Interpretation immanent kritisiert. Die herrnhutische Ecclesiola denkt Feuerbach betont „i n e c c l e s i a , denn Zinzendorf wollte kein Separatist sein, sich nicht von der Kirche, der lutherischen nämlich, ... trennen", und Feuerbach gibt richtig Zinzendorfs Bekenntnis zu der Augsburger Confession (C.A. invariata) und deren Annahme selbst durch die böhmisch-mährischen Brüder bei ihrer Ankunft in Herrnhut wieder.[70] (Vgl. 76 f.).

6.2. Zinzendorfs Stellung zu den anderen Konfessionen

Feuerbach ist vornehmlich an der konfessionell lutherischen Provenienz Zinzendorfs interessiert, aber „die Anhänglichkeit an die Augsb.(urger) Conf.(ession) hielt ihn (sc. Zinzendorf) aber nicht ab, anderen Confessionen in seiner Gemeinde Platz zu machen. Er hielt sich nur an das Wesentliche, Unbestrittene, von allen Parteien Anerkannte der christlichen Lehre und Kirche; die sie trennenden und unterscheidenden Lehren und Gebräuche machte er zu unwesentlichen Formen," – hier verläßt Feuerbach seinen Kommentar und folgt Spangenberg – „zu Unterschieden nur der ‚Methode und des Audrucks', zu t r o p i s p a e d i a e .". Hier endet das Zitat Spangenbergs, und Feuerbach hat die Tropen, Spangenberg bis zur Unkenntlichkeit wiedergebend, als kirchlich-moralische Lehranstalten interpretiert.[71] (77). Die Tropen Zinzendorfs seien eigentümliche „Weisen der Schule, in der die zur Brüdergemeinde getretenen Personen erzogen worden seien, und denen sie auch nach seinem Willen innerhalb der U n i t a s f r a t r u m treu bleiben sollten." (77).

6.3. Zinzendorfs Tropenlehre

Die Tropenlehre geht auf Christoph Matthäus Pfaff zurück. Pfaff drückt mit dem tropos paideias, das heißt Lehrart, seine freiere Stellung zu den anderen Konfessionen aus, deren Lehrart er auch für möglich und legitim hält.[72] Diesen Gedanken hat Zinzendorf übernommen und in der Gemeine der Herrnhuter realisiert. Für ihn bietet diese Theorie ein Modell einer vorgegebenen ökumenischen Praxis. Sie ist der Versuch, die überkonfessionelle Einheit der Herrnhuter inmitten ihrer konfessionellen Vielheit zu begreifen. Diese ökumenische Praxis ist im Zeitalter des 18. Jahrhunderts mit seiner Kontroverstheologie einzigartig.[73] So para-

phrasiert Feuerbach Spangenbergs Ausführungen, ohne sie als Zitat
kenntlich zu machen, richtig: „Es gab daher einen lutherischen, einen
mährischen und einen reformierten Tropus".[74] (77). Aber obwohl Feuerbach um den reformierten und mährischen Einfluß im Herrnhutertum
weiß, hebt er diesen Einfluß nicht hervor, da er ein einseitiges Interesse
am Luthertum und somit am lutherischen Tropus hat.[75]

6.4. Feuerbachs Wiederholung der Apologie von Zinzendorfs
     Ekklesiologie

Das ökumenische Herrnhuter Kirchenmodell ist zu einem Angriffspunkt
der Gegner Herrnhuts geworden. Die Polemik gibt Spangenberg in der
„Apologetischen Schluss-Schrift" inhaltlich wieder: „Was ist nun an der
Beschuldigung, daß Sie (der Ordinarius) den Indifferentismus einzufüh-
ren suchten. Ein Gegner schreibt davon: Sie hätten sich den Plan vorge-
setzt, eine neue General-Secte aufzurichten, a) in welcher sie zwar den
Artikel von der Erlösung bekennen müsten, aber in ihren vorherigen
Religions-Begriffen nicht gestöhrt werden solten b) Sie würden im
Umgang mit so vielerley Secten einem jeden allerley c) und veränderten
sich nach den Personen dergestallt, d) daß sie bald den Lutheranern,
bald den Reformirten, bald den Catholischen, bald den Socinianern,
Dippelianern, Quäckern, Inspirirten, Wiedertäuffern u.s.w. zu gefallen
redeten".[76] Gegen diese Anschuldigungen setzt sich Zinzendorf zur Wehr.
Feuerbach greift die Apologie Zinzendorfs wörtlich auf, da sie ein
Bekenntnis zu der evangelisch-lutherischen Kirche bedeutet. Feuerbach
mit Zinzendorf: „Daß ‚es aber Catholiken und Calvinisten gebe, die da
selig werden, ist wahr, und wir gestehen es gerne. Aber alle dieselben
haben den eigentlichen Irrthum nicht, der in ihrer Religion zur Verdamm-
niß abführen kan; sondern sie haben an dessen Stelle die evangelische
seligmachende Wahrheit und irren nur in Neben-Puncten. Z.B. kein
Catholischer, der selig wird, ist werkheilig, sondern er liegt wie ein lutherischer Wurm zu den Füssen Jesu, und sucht die freye Barmherzigkeit
Gottes um der Wunden des Heilandes willen, wie ein Dieb unter dem
Galgen'".[77] (77).
Feuerbach gibt die evangelische Wahrheit mit einem die konfessionelle
Toleranz zur Sprache bringenden Zitat Zinzendorfs wieder; wobei er Zin-
zendorf als einen eifrigen Lutheraner rühmt: „Obwohl ein eifriger Luthe-
raner für seine Person, ‚bekannte er doch, dass er keinen Beruf' in sich

fühle, Andersgläubige lutherisch zu machen, ... ,er trage' nur das ,Evangelium' 'so vor, dass er Seelen für den Heiland werben' möchte, ,und die armen Sünder, sie mögen lutherisch, reformiert, katholisch oder gar Heiden sein, dem zu Füssen fallen, der uns alle erlöst hat'"[78] (77). Auffallend ist, daß J.R.Schlegels Argwohn gegenüber Zinzendorfs Tropenlehre in Feuerbachs Interpretation von vornherein ausgeschlossen bleibt: Schlegel stellt die rhetorische Frage, „ob der Graf dabei nicht die geheime Ursache gehabt habe, unter diesem Deckmantel Gelegenheit zu haben, sein neues protestantisches Papstthum desto ungehinderter, sowohl unter Lutheranern als Reformierten zu pflanzen, das gehört unter die Geheimnisse, über welche der Geschichtsschreiber eben so wenig, als die Kirche richten kann."[79] Den Gedanken eines geheimnisvollen protestantischen Papsttums muß Feuerbach von vornherein ausschließen, da er Zinzendorfs Ekklesiologie genuin lutherisch verstehen will. Er folgt darin der Intention der „Apologetischen Schluß-Schrift" und der Zinzendorf-Biographie Spangenbergs und überbietet deren Verteidigung Zinzendorfs gegenüber den lutherisch-orthodoxen Angriffen, indem er alle nicht lutherischen Einflüsse auf Zinzendorf von vornherein ausblendet. Feuerbachs Interesse ist die Apologie Zinzendorfs zu wiederholen und in einem Punkt zu konzentrieren, um gerade hier Zinzendorf pointiert umzuinterpretieren. Dies geschieht, indem die vordergründige Apologie Zinzendorfs durch Feuerbach zu einer Polemik gegen das Christentum verkehrt wird (vgl.80).

7. Die Konzentration des Christentums im Herrnhutertum

Feuerbach wird ein Stichwort Zinzendorfs, „Christus", „der konzentrierte Gott", als assoziatives Stichwort einer vierfach gedeuteten Konzentration gegen Zinzendorfs Intention interpretieren.

7.1. Die Ecclesiola als realisierte unsichtbare Kirche

Der explizierten Ekklesiologie Zinzendorfs im Verständnis Feuerbachs folgt ein Kommentar, in dem sich Feuerbachs Verständnis der Ecclesiola als realisierte unsichtbare Kirche ausspricht: „Zinzendorf wollte keine neue Lehre bringen, ... er wollte die Kirche im engsten Sinne des Wortes, ..., realisieren, die unsichtbare Kirche also sichtbar machen." (77 f.). Feuerbach nimmt in seinem Kommentar die Unterscheidung von sichtbarer und unsichtbarer Kirche vor. Diese Unterscheidung weist er nicht aus. Sie ist jedoch aus der von ihm zitierten Literatur der „Apologetischen Schluß-Schrift" Spangenbergs einmal belegbar. Daß Feuerbach diese Stelle kennt, ist sehr wahrscheinlich.[80] „Außer der Kirche wird kein Mensch selig; ... von welcher Kirche ist hier die Rede? Antwort. Von der Kirche: Es ist nur Eine. In der Erklärung der Gemeine zu Herrnhut de anno 1730 heißts: ‚Die eigentliche Gemeine Jesu Christi ist unsichtbar, und auf dem ganzen Erdboden ausgestreut, u.s.w."[81]

Für Zinzendorf ist die unsichtbare Kirche „auf dem ganzen Erdboden ausgestreut" und nicht in der Herrnhuter Gemeine realisiert. Feuerbach dagegen denkt die unsichtbare Kirche in der sichtbaren Herrnhuter Ecclesiola präsent. Das ist ein faktischer Widerspruch, der Feuerbachs erkenntnisleitendes Interesse einer e k k l e s i o l o g i s c h e n Konzentration in der Herrnhuter Ecclesiola sichtbar macht.[82]

7.2. Die Ecclesiola als konzentrierte lutherische Kirche

Feuerbach denkt in einem Kommentar das Verhältnis der Herrnhuter Gemeine zu der lutherischen Kirche über Speners Kirchenmodell der ecclesiola in ecclesia: Zinzendorfs Ecclesiola verkörpert für Feuerbach „in der That die E c c l e s i a selbst als eine E c c l e s i o l a, die Kirche, insbesondere die ... evangelisch-lutherische Kirche im Auszug im Kleinen, ... auf ihrem wahren Sinn und Kern eingeengte, zusammengezogene, conzentrierte Kirche." (78).
Feuerbachs Interpretation von Speners Kirchenmodell läßt sich als Uminterpretation an dem Denkmodell zweier konzentrischer Kreise veranschaulichen, die in Entsprechung zu der Ecclesiola in Ecclesia stehen. Denkt Feuerbach die „E c c l e s i a selbst als eine E c c l e s i o l a", dann verkürzt er den Radius der Ecclesia auf den der Ecclesiola.
Die zwei konzentrischen Kreise sollen als ein Kreis gedacht werden. Das ist die Uminterpretation des Kirchenmodells der Ecclesiola in Ecclesia durch eine Umkehrung zu einem Modell, mit dem die lutherische Kirche als „auf ihren wahren Sinn und Kern eingeengte" Ecclesia in Ecclesiola gedacht werden soll. Dieser Gedanke, das Größere im Kleineren denken zu wollen, ist formal widersinnig. Feuerbach will die Herrnhuter Ecclesiola als die konzentrierte lutherische Ecclesia auslegen und eine k o n - f e s s i o n e l l e Konzentration denken. Diesen Gedanken möchte

Feuerbach mit einem Liedvers Zinzendorfs begründen, dessen Vergleich mit dem Originaltext beachtliche Unterschiede aufweist. „Bereits anno 1723 singt Zinzendorf:
O Herr Jesu!
Sammle, sammle dir die Frommen,
Lass dich ohne Spiegel sehn,
Ohne Sprichwort dich verstehn.
Dann wird nichts als Jesus seyn,
Reformirte, Lutheraner,
Kephisch, Paulisch, Mein und Dein,
Bischof, Presbyterianer,
Alle Sekten einig sein!
Denn die Liebe bleibt allein." (78).[83]

7.3. Christus als konzentrierter Gott

Aus einem Zitat Zinzendorfs hat Feuerbach das Stichwort „‚Christus' ... ‚ist der ‚concentrirte Gott'" (78), zitatorisch merkwürdig übernommen und von dem Adjektiv „concentrirt(e)" assoziativ die vierfach interpretierte Konzentration abgeleitet. Die Ableitung ist problematisch. Zinzendorf bringt im Satzkontext des Stichwortes zum Ausdruck, daß Luthers Auslassung des zweiten Gebotes „Du sollst Dir kein Bildnis und Gleichnis machen" berechtigterweise erfolgte, da das Bilderverbot „mit der sichtbaren Zukunft" des „ins Fleisch" „concentrirten Gottes nothwendig cessirt".[84] Zinzendorf sagt also, die Menschwerdung Gottes in Jesus Christus als dessen Bild hat die Zukunft Gottes sichtbar vorweggenommen, und das im Alten Testament gültige Bilderverbot als sichtbar gewordenes Bild Gottes aufgehoben. Gott wird in Jesus Christus als seinem Bild erkannt, so daß Jesus Christus als Erkenntnisgrund der „concentrirte Gott" genannt werden kann.[85] Feuerbach umgeht den Inkarnationsgedanken und die daraus resultierende Aufhebung des alttestamentlichen Bilderverbotes und verkürzt den Satz Zinzendorfs auf die Worte: „‚Christus' sagt Zinzendorf, ‚ist der ‚concentrirte Gott'" (78). Die Analyse des Zitates ergibt: Das überflüssige Zitationszeichen vor dem Wort „‚concentrirt" markiert ein Problem. Verglichen mit dem Original, hat Feuerbach die Kopula „ist" e silentio in das Zitat gesetzt.[86] Die Setzung der Kopula „ist" muß als wissentliche Eintragung in das Zitat verstanden werden, denn sie ist nicht allein eine syntaktische Kopula, sondern beabsichtigt eine Ontologisierung des Zitates: „‚Christus', …, ‚i s t der concentrirte Gott'".[87] Feuerbach vollzieht eine o n t o - t h e o l o g i s c h e Konzentration in Jesus Christus und denkt einen Christomonismus.[88] Hier liegt der Widerspruch des ontologisch interpretierten Stichwortes, „Christus" „der concentrirte Gott", zu der Bedeutung in seinem Satzkontext bei Zinzendorf. In dieser Aussage bedeutet das Wort, daß Christus Erkenntnisgrund Gottes für den Menschen ist, indessen als eklektisch zitiertes Stichwort, soll Gott in Jesus Christus ontologisch seinen Grund haben.[89] Der Gedanke des ontologischen Grundes hat zwei Implikationen: Gott soll räumlich nur in Jesus Christus s e i n, und zeitlich mittels der Ist-Kopula von Zinzendorf rein präsentisch gedacht werden. Das ontologisierte Zitat macht eine doppelte Differenz im Vergleich mit dem Satz Zinzendorfs deutlich: Erstens die Differenz zwischen dem noetischen und dem ontologischen Verständnis. Zweitens diejenige Differenz, die zum einen den Unterschied von Gott als erster Person der Trinität und seinem fleischgewordenen Bild als zweiter Person der Trinität aufhebt. Dieser Unterschied wird von Feuerbach gerade nicht gedacht, sondern zu einer ontologisierenden Einerleiheit durch die Rede von der „Einheit von göttlichem und menschlichem Wesen" verschmolzen (vgl. 70;76). Zum anderen nivelliert Feuerbach den Unterschied der zeitlichen Spannung der s c h o n „sichtbaren Zukunft" und der n o c h n i c h t realisierten, noch nicht sichtbaren Zukunft Gottes in Jesus Christus. Unter der Voraussetzung der Bedeutung eines Wortes in seinem Satz, – und nicht außerhalb des Satzes, da bleibt das Wort äquivok gebraucht – bleibt die assoziative Interpretation des Stich-Wortes „konzentriert" problematisch.

7.4. Das Herrnhutertum als konzentriertes Christentum oder spezielles Luthertum

Im folgenden Kommentar sucht Feuerbach die ekklesiologische, die konfessionelle und die ontotheologische Konzentration zu einer Konzentration der drei Konzentrationen zusammenzudenken. Feuerbach: „Herrnhutertum ist das auf diesen im Menschen konzentrierten, aus Liebe zur Menschheit selbst Menschgewordenen, …, seinen Tod am Kreuze bekräftigenden … Gott, in Theorie und Praxis, … conzentriertes Christenthum oder spezielles Lutherthum." (78).
Die ekklesiologische und konfessionelle Konzentration soll im Herrnhutertum konzentriert sein, die mittels der erschlichenen und in den Kom-

mentar weitergetragenen Ist-Kopula mit der onto-theologischen Konzentration zusammengedacht werden soll. Das Herrnhutertum wird identifiziert mit dem konzentrierten Christentum und das Stichwort „concentrirt" bezogen „auf diesen im Menschen concentrirten ... Gott." Die onto-theologische Konzentration entpuppt sich durch ihre Lokalisation „i m Menschen" als eine anthropologische Konzentration. Diese Interpretation ist in sich nicht eindeutig, sondern zweideutig: (1) Im Menschen Jesus Christus ist Gott konzentriert. Jesus Christus ist für Feuerbach nur Mensch (81). Christus wird also als bloße anthropologische Prädikation zu Jesus verstanden. Das ist eine anthropologische Tautologie. Feuerbach denkt also eine anthropologisch-jesulogische Konzentration Gottes. (2) Im Menschen, z.B. Spener, Luther, Arndt oder den Herrnhutern ist Gott als „Gottmensch" konzentriert. Das ist eine anthropologisch-mystizistische Konzentration Gottes.

Feuerbach denkt, indem er seine begrifflich-assoziative Deduktion einlöst, die anthropologische Konzentration zweideutig und vollzieht so eine gedankliche Äquivokation. Die anthropologisch-jesulogische Konzentration denkt Feuerbach, indem er „Christus" als „Mensch" und nur als Mensch bestimmt (vgl. 81). Die anthropologisch-mystizistische Konzentration denkt Feuerbach, indem er die Geburt des Gottmenschen durch die mystische Selbsttätigkeit eines hypostasierten Geistes im Menschen behauptet (78 und II.4. 1.-2.).

Die Deduktion aus einem begrifflich schillernden Adjektiv „concentrirt", ihre Durchführung als Explikation der verschiedenen Konzentrationen, jeweils gegen Zinzendorfs Intention gedacht, hat ihre Ziele in der Behauptung der Konzentration des Christentums im Herrnhutertum. Die behauptete Konzentration bricht immanent durch den äquivoken Gebrauch des Wortes „concentrirt" an der erschlichenen Ist-Kopula auseinander. Der Ansatz, die Durchführung und das Resultat der Deduktion sind also verfehlt, auch wenn die Menschwerdung Gottes und die Kreuzestheologie als Voraussetzung von Zinzendorfs Glauben, in Theorie und Praxis, in den Kommentar eingetragen werden (s.o.).

[1] J.G.Eichhorn, GdL, Bd.6, II.Abt., 358f./C.F.Stäudlin, GthW, II.Teil, 358f. Eine direkte Benutzung der „Pia Desideria" bei Feuerbach ist nicht nachweisbar.

[2] Feuerbachs Zitate lassen sich nicht wörtlich aus seiner zitierten Literatur festmachen. Vgl. aber Jes. 1, 5b-6 und sachlich Ph.J.Spener, „Pia Desideria", in: Ph.J.Spener, Schriften, Bd.I, hg v E.Beyreuther, Hildesheim und New York 1979, 126-128.

[3] Das Zitat geht auf A.G. Spangenberg, LZ, Bd.I, 232-235, zurück.

[4] Die Klammer ist von Feuerbach in das Zitat gesetzt. Der Zitationsgrund ist: A.G.Spangenberg LZ, Bd.I,60.

[5] N.L. von Zinzendorf, Nat Refl, 157, bezeugt durch A.G. Spangenberg, LZ, Bd.I, 232 zu L.Feuerbach, SW X, 74-76, vgl. A.G. Spangenberg, LZ, Bd.I, 232-235.

[6] Zu Spener: J.Wallmann, Philipp Jakob Spener und die Anfänge des Pietismus ,Tübingen 1970, 296, Anm. 65 und 250. Zu Zinzendorf: Th.Wettach, Kirche bei Zinzendorf, Wuppertal 1971, 36 und zur Differenzierung zwischen Pietismus und Herrnhutertum grundlegend: G.Reichel, Die Entstehung einer Zinzendorf-feindlichen Partei in Halle und Wernigerrode (ZKG 23, 1902, 549-592), zuletzt in: N.L. von Zinzendorf, ZMuD, R 2, Bd.XII, Hildesheim und New York 1975, 635-678, besonders 650-678.

[7] Ph.J.Spener, Die allgemeine Gottesgelehrtheit, als Literaturangabe bezeugt bei J.G.Eichhorn, a.a.O., Bd.6, I.Abt., 258/C.F.Stäudlin, a.a.O., I.Teil, 258.

[8] J.Wallmann, Spener und Dilfeld. Der Hintergrund des ersten pietistischen Streites. In: Theologie in Geschichte und Kunst, Festschrift für Walter Elliger, hg v S.Herrmann und O.Söhngen, Witten 1968, 218, vgl. 226-229.

[9] Ph.J.Spener, a.a.O., Zitat aus der Dedikation, nach Bogenzählung im Duodezformat, 1.Bogen) : (11. Ohne Seitenangabe bei Feuerbach.

[10] A.a.O.

[11] A.a.O., 53 f., ohne Seitenangabe bei Feuerbach.

[12] A.a.O., 54, vgl. 174, 186 f., 190, 255 und 257.

[13] A.a.O., 270, ohne Seitenangabe bei Feuerbach.

[14] E.Lehmann, Mystik im Heidentum und Christentum. Vom Verfasser durchgesehene Übersetzung von A.Grundvig, Leipzig 1908,106.

[15] J.Moltmann, Grundzüge mystischer Theologie bei Gerhard Tersteegen, in: EvTh 16, 1956, 210, vgl. 205-224.

[16] E.Lehmann, a.a.O., 106, vgl. 97 und 105-108.

[17] Zu Feuerbachs Verhältnis zur Mystik vgl.: H.-M.Saß SW XI, 9. In seiner „gesamten Entwicklung hält er ... fest am Gedanken der Mystik, ..." Vorwort zu Feuerbachs Jugendschriften. Dieses Urteil hat J.Wallmann, Ludwig Feuerbach und die theologische Tradition, in: ZThK 67, 1970, 78, Anm.98 bestätigt.

[18] GW 7, 195.

[19] L.Feuerbach, Fragmente zur Charakteristik meines philosophischen curriculum vitae. An den Bruder 1825, in GW 10, 154 (= Brief Nr.36 von L.Feuerbach an Eduard Feuerbach von 1825, in GW 17, 87). Vgl. Brief Nr.20 von L.Feuerbach an P.J.A. von Feuerbach vom 21.April 1824, in GW 17, 44: „Ich freue mich unendlich auf Hegels Vorlesungen, ..." Vgl. SW XII, 244. Zur Hegel-Rezeption Feuerbachs und die dort verarbeitete Literatur vgl. zusammenfassend W. Jaeschke, Feuerbach redivivus. Eine Auseinandersetzung mit der gegenwärtigen Forschung im Blick auf Hegel, in: Hegel-Studien 13, 1978, 199-237.

[20] G.F.W. Hegel, WG 10, 29.

[21] G.F.W. Hegel, BR I, 65, (vgl. WG 16, 76).

[22] H.F.Fulda, Art.: Geist, in: Hist.Wb.Phil., Bd.3, Darmstadt 1974, 195.

[23] A.a.O., 196.

[24] K.D.Rothe, Art.: Geist, in: Hist.Wb.Phil., Bd.3, Darmstadt 1974, 199.

[25] GW 9, 297, These 21.

[26] M.Theunissen, Hegels Logik als Metaphysikkritik, in: Richte unsere Füße auf den Weg des Friedens, Helmut Gollwitzer zum 70. Geburtstag, hg v A.Baudis u.a., München 1979, 261. Vgl. ders., Hegels Lehre vom absoluten Geist als theologisch-politischer Traktat, Berlin 1970. Vgl. im Kontext der Hegel-Interpretation die kritische Würdigung von L.Feuerbach und den Linkshegelianern: M.Theunissen, Sein und Schein. Die kritische Funktion der Hegelschen Logik, Frankfurt a.M. 1978, 484 f.

[27] M.Theunissen, Hegels Logik als Metaphysikkritik, a.a.O., 262.

[28] GW 17, 105f. (Brief vom 22.11.1828 von L.Feuerbach an Hegel). Vgl. zu Feuerbachs Christentums-Kritik: J. Ritzkowski, Ludwig Feuerbachs Angriff gegen das Christentum. Die Bedeutung des Frühwerks für die Religionskritik. Phil. Diss. Berlin 1969 und J.Winiger, Feuerbachs Weg zum Humanismus. Zur Genesis des anthropologischen Materialismus, München 1979.

[29] GW 17, 107.

[30] GW 17, 71 (Brief Nr. 31 von L.Feuerbach an den Vater vom 22. März 1825).

[31] GW 17, 72.

[32] GW 2, 1-523.

[33] GW 3, 1-356.

[34] GW 17, 172f. (Brief Nr. 86 von E.Gans an L.Feuerbach vom 11. Oktober 1833).

[35] GW 2, 99f.

[36] GW 2, 5-9.

[37] GW 2, 5-23.

[38] GW 2, 100.

[39] GW 10, 155f.

[40] GW 2, 64.

[41] GW 2, 294.

[42] GW 2, 114.

[43] GW 2, 294.

[44] GW 2, 315.

[45] GW 2, 375.

[46] GW 2, 372.

[47] GW 2, 446.

[48] GW 10, 187.

[49] GW 2, 300.

[50] GW 2, 294.

[51] GW 2, 294f.

[52] GW 2, 295.

[53] GW 2, 28.

[54] GW 2, 308.

[55] GW 2, 304.

[56] Ebd.

[57] GW 2, 305.

[58] GW 2, 362.

[59] Ebd.

[60] F.Jodl, Vorwort zu L.Feuerbach, SW X, IV.

[61] SW XII/XIII, 309.

[62] GW 5, 28-44; 78.

[63] GW 10, 3-79; 80-121.

[64] C.F.Stäudlin, GthW, Bd.1, 360. Die in den folgenden Zitaten markierten Wortzitate hat Feuerbach von Stäudlin unausgewiesen übernommen.

[65] C.F.Stäudlin, a.a.O., vgl. Ph.J.Spener, Schriften, Bd.I, a.a.O., 165-177; 147.

[66] A.a.O.; vgl. Ph.J.Spener, a.a.O., Bd.I, 250-255.

[67] C.F.Stäudlin, a.a.O.

[68] A.a.O., Die Hervorhebungen stammen sämtlich von Stäudlin. Vgl. Ph.J.Spener, a.a.O., Bd.I, 286-292.

[69] C.F.Stäudlin, a.a.O., 361.

[70] Feuerbach folgt hier unausgewiesen paraphrasierend A.G.Spangenberg, LZ, Bd.II, 911 f., und Bd.I, 222-225. Spangenberg folgen weiter J.R.Schlegel, KgdNT, Bd.2, 826 f.; 831 f. und K.A.Varnhagen van Ense, a.a.O., 71-76.

[71] Feuerbachs unausgewiesenes Zitat in seinem Kommentar ist A.G.Spangenberg, LZ, Bd.III, 1571 entnommen. Vgl. N.L.von Zinzendorf, Nat Refl, 337-340.

[72] Vgl. P.Kawerau, Die ökumenische Idee seit der Reformation, Stuttgart 1968, 92.

[73] Vgl. A.G.Spangenberg, LZ, Bd.III, 1570; H.Motel, Zinzendorf als ökumenischer Theologe, Herrnhut 1942, 32-43; F.Gärtner, Karl Barth und Zinzendorf. Die bleibende Bedeutung Zinzendorfs auf Grund der Beurteilung des Pietismus durch Karl Barth, München 1953, 36f. Vgl. zum Barthschen Interpretationsansatz M.Meyer, Zwischen Herrnhutertum und Humanismus..., in: G.Meyer: Zu den Anfängen der Straßburger Universität. Neue Forschungsergebnisse zur Herkunft der Studentenschaft und zur verlorenen Matrikel, bearbeitet und hg v H.G.Rott und M.Meyer, Hildesheim und New York 1989,9: „Als Gipfel der theologischen Unhaltbarkeit bewertete G.Meyer eine Zinzendorf-Deutung, die Zinzendorf mit dem Maß zeitgenössischer Theologen mißt." Weiter zur Tropenlehre Th.Wettach, Kirche bei Zinzendorf, Wuppertal 1971, 71, interpretiert Zinzendorf als Ökumeniker und urteilt, daß er „in seinem kleinen Rahmen schon weitergehen konnte, als es bisher der ökumenischen Bewegung möglich ist."

[74] Feuerbachs Paraphrase folgt unausgewiesen A.G.Spangenberg, LZ, Bd.III, 1570.

[75] Vgl. zum reformierten und mährischen Tropus: J.R.Schlegel, KgdNT, Bd.II, 865: 915; 950; 958; C.F.Stäudlin, GthW, Bd.II, 666; A.G.Spangenberg, Apol Schl, 33 f.; 41; 45 f.; 51; N.L. von Zinzendorf, Nat Refl, 337-340 und K.A.Varnhagen van Ense, a.a.O., 414.

[76] A.G.Spangenberg, Apol Schl, 15.

[77] A.G.Spangenberg, Apol Schl, 16 f. statt 16, wie L.Feuerbach, SW X, 77 angibt; vgl. Apol Schl, 40 und 360 f.

[78] A.G.Spangenberg, LZ, Bd.II, 1016 statt 1010, wie L.Feuerbach, SW X, 77 angibt.

[79] J.R.Schlegel, KGdNT, Bd.II, 865.

[80] Für Feuerbachs Kenntnis der Stelle spricht: A.G.Spangenbergs Apol Schl ist die am häufigsten von Feuerbach zitierte Schrift. Ihr sind 13 explizite Zitate entnommen. Die erste Seitenangabe bezieht sich jeweils auf die Apol Schl, die zweite in () auf die Feuerbachschrift, SW X, 68-85: 16 f. (77), 27 (81), 105 (85), 116 (74), 234 (70), 235 (72, 2 Zitate), 277 (70), 283 (69), 295 (85), 350 (82), 351 statt 35 (81).

[81] A.G.Spangenberg, Apol Schl, 208.

82 Vgl. zu Zinzendorfs Verständnis der sichtbaren und unsichtbaren Kirche: L.Hennig, Kirche und Offenbarung bei Zinzendorf, Zürich 1939, 92 und E.Beyreuther, Bruderschaft und neue Schau der Gemeinde, in: ders, Studien zur Theologie Zinzendorfs. Gesammelte Aufsätze, Neukirchen-Vluyn 1962, 174: „Es ist nach Zinzendorf eine Vermessenheit, eine reine Gemeinde von Gläubigen bilden zu wollen."

83 Feuerbach hat das Lied der Arbeit von A.G.Spangenberg, LZ, Bd.I,274 unausgewiesen entnommen, jedoch um mehr als zwei Zeilen verkürzt:
„O HErr JEsu! laß es nicht
In der Wölfe Klauen kommen:
Sondern, nach der Hirtenpflicht,
Samle, samle dir die Frommen.
Laß dich ohne Spiegel sehn,
Ihne Sprichwort dich verstehen.
Dann wird nichts, als JEsus, seyn ..."
Die letzte Strophe gibt Feuerbach korrekt wieder. Die Auslassung zuvor „In der Wölfe Klauen" mit Bezug auf „es", das Kirchlein, sperrt sich gleichsam der Interpretation Feuerbachs. Dies erklärt vielleicht auch, warum und weshalb das Liedzitat ohne bibliographischen Fundort zitiert ist. Zu dem bei Spangenberg, LZ, Bd.I, 273f. abgedruckten Lied, das übrigens sechs Strophen hat, von denen Feuerbach nur die beiden letzten zitiert, stellt Spangenberg eine Einführung voran. Sie zeigt, daß die Urform des Gedichtes nicht auf Zinzendorf zurückgeht, wie es jedoch bei Feuerbach den Anschein hat: „Der Titel von diesem Unionstractat, der aber nicht gedruckt worden ist, heißt: Aufrichtige Gedancken von christlicher Vereinigung beider evangelischen Meinungen ... Das dabey befindliche Schlußgedicht ist eine Parodie des Liedes von Johann Angelus: Guter Hirte! wilst du nicht deines Schäfleins dich erbarmen; zu welchem er den letzten Vers hinzugethan hat". Das bei Feuerbach wiedergegebene Lied ist also in der Urform ein Gedicht des Angelus Silesius, das, zu einer Parodie verändert, von Zinzendorf um den letzten Vers erweitert wurde. Dieser Sachverhalt ist gegenüber der verkürzten Wiedergabe bei Feuerbach bemerkenswert.

84 N.L. von Zinzendorf, „Reale Beylage" zu den Nat Refl, 127.

85 Vgl. K.Barth, Protokoll des Gesprächs zwischen K.Barth und Vertretern der Brüdergemeine, in: Civitas Praesens, ein Gespräch in der Brüdergemeine, Nr. 13, Mai 1961, 22, treffend zu Zinzendorfs Bildgedanke: „Aber wenn ein Bild, dann des Erniedrigten.", vgl. F.Gärtner, a.a.O., 18f.

86 N.L. von Zinzendorf, Nat Refl, 127.

87 L.Feuerbach, SW X, 81: „Ausser (sowohl extra als praeter) Christo kein Gott".

88 K.Barth, KD IV/1, 763 zu Zinzendorf: „Christomonist" denken nur „die Toren".

89 H.Ruh, Protokoll des Gesprächs zwischen K.Barth und Vertretern der Brüdergemeine. (Gesprächsteilnehmer), a.a.O., 7: gegen Feuerbachs Interpretation spricht, „daß Zinzendorf mehr erkenntnismäßig als seinsmäßig dachte".

III. FEUERBACHS SENSUALISMUS UND SEINE INTERPRETATION EINER GESCHICHTLICHEN REDUKTION DES CHRISTENTUMS DURCH LUTHER

1. Die Zitationssammlung aus den Reden Zinzendorfs

Feuerbach läßt als anschauliche Beglaubigung seiner anthropologischen Interpretation Zinzendorf selbst ohne jeden Kommentar auf mehr als einer ganzen Seite zu Worte kommen (78 f.). Zinzendorfs Zitate werden in Feuerbachs Zitation zu einem ungeheuren Zitationsfeuerwerk. Alle in den Zitaten hervorgehobenen Sperrungen stammen von Feuerbach und dokumentieren sein Interesse gerade an diesen Teilen des Textes. Die umfangreiche Zitation wird im Auszug wiedergegeben.[1] Vorwegzunehmen ist, trotz breiter Zitation bereitet Feuerbach ein beabsichtigtes Mißverständnis der Zitate vor, wie unten darzulegen ist. Feuerbach: „‚Das Objekt der christlichen Religion' sagt Zinzendorf ... ‚darein sich das Auge verlieren und darauf ein Mensch seine ganze Begierde heften und es dabei lassen muß in Zeit und Ewigkeit, ist G o t t e s E r s c h e i - n u n g in dem B i l d e , w i e E r für unsere Noth am Kreuze s i c h s o m i l d e g e b l u t e t h a t z u t o d t‘" (530) „‚d i e V e r - l i e b t h e i t in den Heiland mit Leib und Seele ist die e i n i g e , w a h r e , a l l g e m e i n e R e l i g i o n.‘" (531) „‚... wenn ein Kind was in's Auge kriegt, das dem Kinde gefällt und das Kind hin will, ... – das ist das Geheimnis der Religion;‘" (528) „‚... das fassen wir, das gefällt uns, da wenden wir uns hin mit unserem ganzen Gemüthe, da beküm- mern wir uns weder um B e w e i s d a f ü r , noch um d i e E i n - w e n d u n g d a g e g e n , sondern w i r s i n d m i t d e r S a c h e e i n s , ... Dagegen werden nun freilich die gescheuten Leute nicht dispu- tiren, dass unstreitig das die größte Seligkeit ist, wenn man den Haupt- Religions-Punkt ins Herze fasst und über dem: I c h h a b D i c h d o c h , alle Zweifel und Beweise vergisst." (529). Die Zitatensammlung wird die Voraussetzung zu einer von Feuerbach interpretierten sensuali- stisch-nihilistischen Interpretation der Kreuzestheologie Zinzendorfs und seiner Gemeinde. Feuerbach greift Zinzendorfs Bild der Kindlich- keit und den Sensualismus der Kindlichkeit auf, mit dem erkenntnislei- tenden Interesse, die Kindlichkeit entbildlichend zu versachlichen und die zur Sprache gebrachte Sache – Jesus Christus, den Inkarnierten und Gekreuzigten, als Bild Gottes – zu entsachlichen und anthropologisch zu einem Bild des Menschen zu verdrehen. Im folgenden ist zunächst die Kindlichkeit im Verständnis Zinzendorfs, in der Uminterpretation Feuerbachs und die kindliche Sprache Zinzendorfs zu analysieren (III.2.1.-3.). Darauf ist von dem Sensualismus in der Interpretation Feuerbachs auf den Sensualismus der Kindlichkeit bei Zinzendorf und auf Feuerbachs philosophischen Sensualismus zurückzuverweisen. (III.3.1.-3.). Schließlich muß die nivellierte Differenz von Zinzendorfs und Feuerbachs Sensualismusverständnis fixiert werden und die sensualistisch interpretierte Kreuzestheologie bedacht und die nihilistische Aporie in Feuerbachs Ausführungen aufgedeckt werden (vgl. III.4.1.-3.).

2. Die Kindlichkeit als Bild und Gleichnis

2.1. Zinzendorfs Verständnis der Kindlichkeit

Feuerbachs Zitate sind aus dem Kontext, in dem sie bei Zinzendorf verständlich werden, herausgerissen. Sie müssen, um nicht mißverstanden zu werden, in diesem gesehen werden. Als Grundlage von Feuerbachs Zitation dient eine Predigt Zinzendorfs vom 19. März 1747 über Matthäus 6, 22. Zinzendorf folgt der Übersetzung Luthers: „Das Auge ist des Leibes Leuchte. Wenn dein Auge lauter ist, so wird dein ganzer Leib lichte sein."[2] Zinzendorf interpretiert den Vers mit den Worten: „Es scheint der Heiland mit den Worten zu sagen: wenn du finster aussiehst, so bist du gewiß auch finster und wenn du selig und vergnügt aussiehst, so bist du es auch."[3] Das treffende, ja alltägliche Beispiel eines sorglosen und vergnügten Menschen liegt für Zinzendorf in der schlichten Kindlichkeit, die bereits im Neuen Testament, etwa in den Seligpreisungen der Bergpredigt ihren Ausdruck gefunden hat. Interpretiert Zinzendorf Mt 6, 22 im Kontext der Bergpredigt, dann hat die Kindlichkeit als ein Thema der Bergpredigt ihren begründeten Sitz in seiner Predigt. In der Predigt begründet Zinzendorf – das ist d e r h e r m e n e u t i s c h e S c h l ü s - s e l zum Verständnis der Zitate – den Rekurs auf die Kindlichkeit: „Das ist ein solches naturelles Bild von der Herzens-Religion, daß es der Heiland zum Gleichnis braucht."[4] So wird in Anlehnung an die Rede Jesu die Kindlichkeit gleichnishaft gebraucht. Denn die Kindlichkeit ist die einfachste Möglichkeit, „wie man zu einer allgemeinen Religion kommen kann, durch die alle Menschen selig werden müssen, und wie man die

Seligkeit in dieser sterblichen Hütte präoccupieren kann, die man in Ewigkeit haben wird."[5] Die im Neuen Testament als Bild gebrauchte Kindlichkeit stellt für Zinzendorf die dem christlichen Glauben entsprechende Lebensform dar. Gerade ein Kind und nicht ein theoretisierender Mensch vermag für Zinzendorf den „Haupt-Religions-Punkt", „das Object" der „Christlichen Religion", die Versöhnung Gottes am Kreuz zu erfassen. „Gottes Erscheinung in dem Bilde, wie Er für unsere Noth am Creuze sich so milde geblutet hat zu todt. Das ist der Anfang der Religion, die alle Scrupel auflöst, da nichts mehr übrig bleibt, da das geringste Kind und der schlechteste Anfänger in dem seligen evangelischen Gleise mehr weiß als ein Cabbaliste, der sich blind und taub studiert hat, ich sage mehr weiß, nicht nur mehr fühlt, sondern wirklich mehr weiß."[6] Hebt Zinzendorf die Herzensreligion gegenüber einer reinen Kopfreligion hervor, dann ist im Zeitalter der Aufklärung die Betonung der gleichnishaft verstandenen Kindlichkeit „geradezu eine Revolution, der ‚ratio' den Spieltrieb im Menschen als schöpferisches Element entgegenzusetzen."[7]

2.2. Feuerbachs Uminterpretation der Kindlichkeit

Feuerbachs Zinzendorfzitate bringen die Kindlichkeit in anschaulicher Breite zum Ausdruck, deren Auswahl jedoch die Intention Zinzendorfs schlechterdings verschweigt. Feuerbach spricht zwar energisch die Kindlichkeit nach, aber so, und das ist die entscheidende V e r k ü r z u n g der Zitate, daß die Kindlichkeit o h n e jeglichen Verweis auf ihre B i l d h a f t i g k e i t und G l e i c h n i s h a f t i g k e i t zitiert wird. So wird die Bildhaftigkeit der Kindlichkeit gegen Zinzendorfs Verständnis entbildlichend ausgesprochen. Wird die Kindlichkeit entbildlicht, dann ist sie nicht mehr ein „naturelles Bild", sondern eine entbildlichte naturelle S a c h e. Daß Feuerbach die Kindlichkeit nicht als „naturelles Bild", sondern als S a c h e der Herzensreligion und zugleich dem Haupt-Religions-Punkt, nämlich „Gottes Erscheinung in seinem Bild" in Jesus Christus als dem Inkarnierten und Gekreuzigten sprachlich festhält, beabsichtigt eine nachweisbare Uminterpretation des Textes Zinzendorfs. Kurzum, Feuerbach weiß, die Kindlichkeit ist ein „naturelles Bild" und „Gleichnis", unterschlägt jedoch gerade die Gleichnishaftigkeit der Kindlichkeit.[8]

Feuerbach geht es also nicht um ein sachgemäßes Verständnis von Zinzendorfs Predigt. Das hat seinen hermeneutischen Grund. Im Vorwort zu seiner Schrift „Das Wesen des Christentums" ist zu lesen: „Wer der Religion das Bild nimmt, der nimmt ihr die Sache, hat nur das caput mortuum in Händen."[9] Diesen hermeneutischen Grundsatz hat Feuerbach bei der Interpretation der als Gleichnis verstandenen Kindlichkeit angewandt. Doch Feuerbachs Bild-Sach-Hermeneutik ist problematisch und verfehlt ihren Zweck. Die Anwendung des hermeneutischen Grundsatzes lautet im Falle der Zitate von Zinzendorf: Wer der „Herzensreligion" Zinzendorfs das Bild der Kindlichkeit nimmt, der nimmt ihr die Sache, nämlich Jesus Christus, den Inkarnierten und Gekreuzigten, „hat nur das caput mortuum in Händen." Feuerbachs Bild-Sach-Hermeneutik hat eine Prämisse und eine erkenntnistheoretische Implikation. (1) Der Gedanke einer Identität von Bild und Sache. Über die Identität von Bild und Sache schreibt Feuerbach im „Wesen des Christentums": „Was als Abdruck, Bild, Ähnlichkeit, Gleichnis von der Religion und Theologie bezeichnet wird, dürfen wir nur als die Sache selbst, das Wesen, das Urbild, das Original erfassen, so haben wir das Rätsel gelöst."[10] Das Bild soll also mit der Sache identisch sein. Der Gedanke einer Identität von Bild und Sache ist nun im Verhältnis zu Feuerbachs Grundsatz, daß die Beseitigung des Bildes die Beseitigung der Sache nach sich ziehe, zu bedenken. (2) Die erkenntnistheoretische Implikation der Bild-Sach-Hermeneutik: Wenn die Beseitigung des Bildes die Beseitigung der Sache implizieren würde, hieße dies erkenntnis-theoretisch, die Sache wäre nicht als solche existent, sondern nur die Spiegelung des Bildes, also Abbild des Bildes. Das hieße: Das Bild hätte den Primat vor der Sache. Die Sache wäre durch das Bild gesetzt zu denken und nicht das Bild durch die Sache. Feuerbach beabsichtigt nun nicht, mit dem durch ein Subjekt in die Außenwelt abgebildeten Bild die Sache zu setzen, sondern gegenläufig durch die Unterschlagung des Bildes die Sache selbst „wegzunehmen". Diese Operation ist jedoch im Ansatz verfehlt, da die Sache nicht dem Bild folgt, sondern das Bild der Sache. Genau das ist doch auch Feuerbachs erkenntnistheoretische Option gegen eine idealistische Erkenntnistheorie. Feuerbachs fehlender Hinweis auf die Bildhaftigkeit der Kindlichkeit hat auch eine weitere Prämisse, die Feuerbach machen muß, um die Bild-Sach-Hermeneutik einzulösen: Den Gedanken einer Identität von Bild, Sache und S p r a c h e. Da die Bildhaftigkeit der Kindlichkeit im Sinne Zinzendorfs bei Feuerbach nicht benannt wird, heißt dies: Das Nicht-Aussprechen, also Verschweigen des Bildcharakters der Kindlichkeit soll die Sache, „Gottes Erscheinung in seinem Bild" als Sache sprachlich „wegnehmen". Feuerbach will den Gekreuzigten, wie ihn Zinzendorf versteht, als den „Anfang der christlichen Religion" wegnehmen. Doch seine Interpretation der Sache scheitert. Feuerbach selbst weiß um die Bildhaftigkeit der Kindlichkeit, aber er spricht sie nicht aus, so daß dem Identitätsgedanken von Bild, Sache und Sprache folgend, d i e   S a c h e, Jesus Christus, der Gekreuzigte und Inkarnierte, „weggenommen sein müsste." Obwohl Feuerbach den Bildcharakter der Kindlichkeit nicht benennt, kann die Sache nicht weggenommen werden, da er sprachlich an dem Haupt-Religions-Punkt Zinzendorfs, dem Gekreuzigten festhält. Zwischen Bild und Sache bleibt eine hermeneutische Differenz, die Feuerbachs Bild-Sach-Hermeneutik mit ihrem vorausgesetzten Identitätsgedanken von Bild und Sache nicht abdecken kann.

Feuerbachs Anwendung der Bild-Sach-Hermeneutik soll zweierlei leisten: Zum einen soll das Nicht-Benennen der Gleichnishaftigkeit der als „naturelles Bild" verstandenen Kindlichkeit die Kindlichkeit versachlichen, also rein anthropologisch deuten. Das ist Feuerbachs anthropologisch-ureigenstes Interesse an der Kindlichkeit. Zum anderen soll der fehlende Hinweis auf die Gleichnishaftigkeit der als „naturelles Bild" verstandenen Kindlichkeit die Sache der Herzensreligion, Jesus Christus den Gekreuzigten zu einem „caput mortuum" erstarren lassen und das Bekenntnis zu dem Gekreuzigten als sinnlos entlarven.

Eine Problemanzeige: Um das „caput mortuum" in den Händen zu haben, muß Feuerbach von der Voraussetzung der Bild-Sach-Hermeneutik weiter eine Bild-Sach-Verdrehung vornehmen, um schließlich die Sache, den Gekreuzigten, „Gottes Erscheinung in seinem Bild", als ein durch den Menschen gebildetes Bild zu behaupten. Dieser Gedanke wird von seinen eigenen Voraussetzungen zu einem „caput mortuum" erstarren und, konsequent gedacht, Feuerbachs philosophische Lebensarbeit, die Anthropologie, gefährden.

3. Der Sensualismus als Problem

3.1. Der Sensualismus als Ansatz des Kommentars Feuerbachs

Feuerbach fügt in seinem folgenden Kommentar zu Zinzendorfs Haupt-Religions-Punkt, der Kreuzestheologie, unausgewiesene Zitatsplitter

zusammen, die dem Kommentar bis zu seinem Gedankenstrich vorangestellt werden. Feuerbach: „Dieser, alle anderen Glaubensartikel zur
Nebensache machende Haupt-Religions-Punkt, dieses hauptsächlich
Wahre, das einen bleibenden Einfluß auf unser ganzes Herz und Gemüth
macht, wenn's einmal recht ins Auge gefasst wird, nicht mehr aus dem
Sinn und Herzen kommt, weil dieses mit ihm eins ist – das ist eben der
aus Liebe zu uns Mensch gewordene, aus purer Liebe zu uns, Mensch
gewordene, aus purer Liebe zu uns, um uns selig und heilig, glücklich
und gut zu machen, leidende, blutende, sich bis zum schmählichen Kreuzestod erniedrigende Gott und Schöpfer. Zinzendorf und seine
Gemeinde glaubt, oder weiß nichts und will nichts wissen, als Jesum
Christum, den Gekreuzigten (1. Korinth. 2,2), als ‚Jesu Blut und Wunden.'" (79 f.). Werden die Splitter aus den Zinzendorfzitaten dem Kommentar verarbeitend vorangestellt, so haben sie eine konstitutive Bedeutung für Feuerbachs Interpretation: Der „bleibende Einfluß" „auf Herz
und Gemüth", „der ins Auge gefasst wird" und „nicht mehr aus dem Sinn
kommt", sind sprachliche Wendungen, die die anthropologische Sinnlichkeit der Kindlichkeit wiedergeben. Hier stellt sich die Frage nach Zinzendorfs Intention und Feuerbachs Interpretation der Sinnlichkeit der Kindlichkeit, um nicht Zinzendorf aus der Perspektive Feuerbachs zu lesen.

3.2. Der Sensualismus der Kindlichkeit bei Zinzendorf

Für Zinzendorf versinnbildlicht das Kind gleichnishaft einen unkompli-
zierten, nicht theoretisierenden Menschen. Ein Kind erobert über sein
einfältiges Empfinden, Fühlen und Wahrnehmen die Welt mit seinen Sinnen. Die kindliche Sinnlichkeit kann systematisch als Sensualismus
begriffen werden. Der Sensualismus sucht das Handeln und Erkennen
des Menschen allein oder vornehmlich von dem menschlichen Sinnes-
empfinden aus zu verstehen. Wie die Kindlichkeit, so braucht der „Heiland" die kindliche Sinnlichkeit als ein „Gleichnis" und „naturelles Bild".
In Anlehnung an die Bergpredigt formuliert Zinzendorf: „Er (sc. der
Heiland) sagt: wenn du dir einfältiger Weise eine Sache hast in die Augen
genommen, und bleibst bey der einen Sache; so wird dir die Sache immer
klärer und lichter, und endlich ist gar nichts mehr drinnen, darüber du
dich besinnen oder bedenken darffst: aber wo du zweyerley, dreyerley
Sachen im Gemüthe hast, so gilt das bekannte Sprichwort: pluribus inten-
tus minor est ad singula sensus: (wer auf mehr Sachen zugleich sein

Gemüth richtet, merkt auf keine ganz.).[11] Die kindliche Einfalt dient als Sinnbild des christlichen Lebensideals.[12] Zinzendorf begründet den Sensualismus der Kindlichkeit christologisch und ist geistesgeschichtlich ein Wegbereiter des Zeitalters der Empfindsamkeit und des Sturm und Drang. Im Laufe des 18. Jahrhunderts wird der Sensualismus besonders in der Ästhetik bedeutsam werden. „Baumgarten verweist die Kunst an die Sinnlichkeit, Georg Fr. Meier folgt ihm, für Lessing ist der Zweck des Kunstwerks vor allem Gefühlswirkung, für Herder heißt empfinden unmittelbar durch die Sinne erkennen, und bei Sulzer und Kant hat das Gefühl seine Stellung als selbständiges, dem Verstand durchaus gleichgeordnetes Seelenvermögen erobert."[13] Doch zu seiner Zeit wurde Zinzendorfs nicht-philosophischer Sensualismus besonders von dem Teil der Orthodoxie als Kinderei verstanden, der sich erkenntnistheoretisch am philosophischen System von Wolff und Leibniz ausrichtete. „Im erkenntnistheoretischen System von Leibniz-Wolff ist die Sinnlichkeit – Gefühl, Empfindung, Phantasie etc. – definiert als ein unteres Erkenntnisvermögen, das nur verworrene Vorstellungen erzeugen kann, während die Vernunft als oberes Erkenntnisvermögen das wahre Wesen der Dinge deutlich erkennt."[14]

Im Verständnis Zinzendorfs vermag jedoch die Vernunft als oberes Erkenntnisvermögen gerade nicht den Haupt-Religions-Punkt, den Gekreuzigten, zu erkennen (vgl. 1.Kor.1, 18 f.) und adäquat zur Sprache zu bringen. Deshalb verweist er auf die Kindlichkeit, die gleichnishaft – im Unterschied zur reinen Vernunfterkenntnis – den Haupt-Religions-Punkt, ohne erkenntnistheoretische Fragen zu stellen, zu erkennen und sachgemäß zur Sprache zu bringen vermag. Für Zinzendorf gilt: Bekommt ein Kind etwas in den Sinn, dann hat es für das Kind einen Sinn und die erkenntnistheoretische Fragestellung des „bloßen Theoreticus" verliert ihren Sinn (vgl. 79). Ihren Sinn hat die erkenntnistheoretische Fragestellung deswegen verloren, weil das selbstevidente Erlebnis nicht die Veranlassung sein kann, eine erkenntnistheoretische Frage zu stellen. Die kindliche Erkenntnis ist selbstevident: „da bekümmern wir uns weder um Beweise dafür, noch um die Einwendung dagegen, sondern wir sind mit der Sache eins."[15] (vgl. 79). Eine bloße erkenntnistheoretische Frage stellt sich indessen außerhalb der Sache und abstrahiert von einer Sacherkenntnis, die nur innerhalb der Sache selbst gewonnen werden kann. Der „bloße Theoreticus" verfehlt also die Sache, indem er meint, um seiner Erkenntnistheorie willen von der Sache selbst abstrahieren zu müssen, um die Sache objektiv zu erkennen. Für Zinzendorf verbürgt demgegenüber der Sensualismus der Kindlichkeit gleichnishaft die Einheit eines Menschen mit der Sache. Sie ist selbstevident. Die Selbstevidenz überwindet das cartesische Problem der res cogitans und der res extensa, das für den „bloßen Theoreticus" als die unlösbare Subjekt-Objekt-Spaltung der Neuzeit erscheint, da er die noetische Spaltung zwischen sich als dem erkennenden Subjekt und dem zu erkennenden Objekt teilt. Diese Spaltung ist in dem Bewußtsein des „bloßen Theoreticus" gesetzt, der außerhalb der Sache stehend eine Erkenntnis von der Sache gewinnen will, doch an der Sache selbst vorbeigeht, da er die Spaltung in seinem Bewußtsein verinnerlicht hat. Für Zinzendorf bleibt sowohl eine reale Spaltung als auch eine noetische Spaltung von Subjekt und Objekt in dem Bild der Kindlichkeit ausgeschlossen. Deshalb ist sie die dem christlichen Glauben entsprechende ganzheitliche Lebensform.

3.3. Der philosophische Sensualismus Feuerbachs

Da das anthropologische Vermögen der Sinnlichkeit bei Zinzendorf als Sensualismus der Kindlichkeit bestimmt ist, muß an Feuerbachs Option für den Sensualismus erinnert werden. Die anthropologische Sinnlichkeit macht Feuerbach einseitig gegen die spekulativen Philosophen und gegen die Hegelsche Philosophie stark: Hegels Grundsatz der Philosophie lautet: „nihil est in sensu, quod non fuerit in intellectu."[16] Gegen Hegels spekulative Geistphilosophie richtet sich Feuerbach in seinen „Grundsätze(n) der Philosophie der Zukunft" und setzt einzig den Menschen und seine anthropologische Sinnlichkeit, im Sinne eines „sentio ergo sum", voraus. Die Wahrheit und Wirklichkeit soll nicht durch den in seiner Freiheit selbsttätigen absoluten Geist gesichert werden. Vielmehr setzt Feuerbach Hegels Geistphilosophie das anthropologische Grundbekenntnis entgegen: „Wahrheit, Wirklichkeit und Sinnlichkeit sind identisch."[17] Feuerbach will die als identisch gedachte Wahrheit und Wirklichkeit über die ihnen einzig und allein vorausgesetzte Sinnlichkeit des Menschen garantieren. Das heißt, die Sinnlichkeit des Menschen in seiner Subjektivität soll die Objektivität der Wahrheit und Wirklichkeit leisten. Das ist eine subjektivistische Überforderung, die nur durch einen radikalen Sensualismus behauptet werden kann. Doch den Sensualismus feiert der Feuerbachschüler W. Bolin als einen Wendepunkt in der neueren Philosophiegeschichte: die Philosophie sei „unter den Impulsen der Reformation als selbständige Wissenschaft hervorgetreten, auf das unmittelbare Selbstbewußtsein" gegründet, durch Kant vorangetrieben und durch Feuerbachs Realisierung des philosophischen „Sensualismus" als Wissenschaft vollendet worden.[18] Feuerbach selbst versteht in den „nachgelassenen Aphorismen" seine Philosophie im Anschluß an Kant: „Kant hat das Uebersinnliche außer und über dem Menschen als Object der Erkenntniss aufgehoben, aber dafür den ganzen Apparat der übersinnlichen Welt in den Menschen versetzt."[19] Indem aber Feuerbach die Geburt Gottes im Menschen behauptet, löst er seine Kritik an der Verlagerung des Übersinnlichen in das Innere des Menschen in seiner Interpretation ein. Die kritische Kant- und Hegel-Rezeption verschafft Feuerbach durch die absolut vorausgesetzte anthropologische Sinnlichkeit eine philosophisch nicht klare und eindeutige Position, denn: „Gegen Hegel argumentiert er in gewisser Hinsicht wie ein Kantianer, das heißt, daß die Dichotomie von Sinnlichkeit und Verstand nicht aufgehoben werden kann und der Weg von der Sinnlichkeit hinauf zur Vernunft illusorisch ist. Er übernimmt von Kant den Begriff der hyperbolischen Psychologie oder Personifikation, wendet diesen Begriff aber nicht nur gegen Hegel (das versteht sich von selbst), sondern auch gegen Kant. Schließlich läuft sein Argument auf den Standpunkt hinaus, für den keine Dichotomie zwischen Sinnlichkeit und Verstand besteht, weil es nur die Sinnlichkeit in ihrer kognitiven Funktion und in ihrer sittlichen Autorität gibt."[20] Aus Feuerbachs dichotomischen Denken von Verstand und Sinnlichkeit und dem letzten Standpunkt, allein die Sinnlichkeit als Erkenntnisvermögen zu veranschlagen, fällt es schwer, eine einheitliche theoretische Basis daraus abzuleiten. Bereits im Jahre 1839 hat Feuerbach in der Schrift „Zur Kritik der Hegelsche Philosophie" gegenüber der deutschen spekulativen Philosophie eine skeptische Grundhaltung eingenommen: „Die einzige voraussetzungslos beginnende Philosophie ist die, welche die Freiheit und den Mut hat, sich selbst zu bezweifeln, welche sich aus ihrem Gegensatz erzeugt. Die neueren Philosophien haben aber insgesamt mit sich begonnen, nicht mit ihrem Gegenteil. Sie haben die Philosophie, d. h. die ihrige, unmittelbar als Wahrheit vorausgesetzt. Die Vermittlung hat bei ihnen nur die Bedeutung der Verdeutlichung, wie bei Fichte, oder der Entwicklung, wie bei Hegel. Kant war kritisch gegen die alte Metaphysik, aber nicht gegen sich selbst. Fichte setzte die Kantische Philosophie als Wahrheit voraus. Er wollte nichts weiter als sie zur Wissenschaft erheben, das bei Kant Auseinanderliegende verbinden, aus einem gemeinschaftlichen Prinzip ableiten. Schelling setzte ebenso einerseits die Fichtesche Philosophie als ausgemachte Wahrheit voraus, anderseits ist er der Wiederhersteller Spinozas im Gegensatz zu Fichte. Hegel ist der durch Schelling vermittelte Fichte. Hegel polemisierte gegen das Absolute Schellings, er erkannte in ihm den Mangel des Momentes der Reflexion, des Verstandes, der Negativität, d. h., er begeiste(r)te, er bestimmte, er befruchtete den Schoß der absoluten Identität mit dem Samen des Begriffes (des Fichteschen Ich), aber gleichwohl setzte er doch das Absolute als eine Wahrheit voraus."[21] Die Suche nach einer theoretischen Basis ist vergeblich. Denn Feuerbach definiert seinen Standpunkt der Sinnlichkeit folgendermaßen: „Dieses vom Denken unterschiedene, unphilosophische, absolut unscholastische Wesen in uns ist das Prinzip des Sensualismus."[22] Mit ihm, dem „unphilosophischen, absolut unscholastischen Wesen in uns" hat Feuerbach eine antiphilosophische Position eingenommen. Das Fundament der Position ist in dem menschlichen Wesen subjektivistisch gelegt. Von dem subjektivistischen Fundament „in uns" oder in mir wird die Wahrheit aus dem menschlichen Geist „aus sich" (76) selbst sensualistisch abgeleitet. Diese Deduktion verfällt erkenntnistheoretisch einem Solipsismus, der hinsichtlich der erhältlichen Aussagen als Mystizismus beurteilt werden muß, insofern Aussagen über Gott und das Übersinnliche oder Metaphysische im Menschen lokalisiert gemacht werden. Das Prinzip des Sensualismus ist somit die unphilosophische, vom Denken unterschiedene Voraussetzung einer solipsistisch-mystizistischen Interpretation, die Feuerbach bereits verschleiert in der Kommentierung der Rede vom Heiligen Geist bei Spener, Luther und Arndt zur Anwendung gebracht hat (vgl. II.4.1.-2.). Das Prinzip des Sensualismus ist die Voraussetzung von Feuerbachs mystizistischer Interpretation. Das Prinzip des Sensualismus hat Feuerbach in seiner Interpretation von Zinzendorfs Sensualismus der Kindlichkeit angewendet.

Da Feuerbach seinen Lehrer Hegel von der Position eines unphilosophischen Protest-Sensualismus aus kritisiert und er von diesem aus Zinzendorf interpretiert, kann Feuerbachs Kritik und Interpretation nur mit einer Kritik Hegels aus der Vorrede zu den „Grundlinien der Philosophie des Rechts" entgegengehalten werden, daß „Widerrede anderer Art als eine wissenschaftliche Abhandlung der Sache selbst, nur für ein subjektives Nachwort und beliebige Versicherung gelten kann und gleichgültig sein muß."[23] Da das Prinzip des Sensualismus nicht ein Prinzip einer wissenschaftlichen Abhandlung sein kann, so wird es als Prinzip einer unwissenschaftlichen Abhandlung eingelöst.

4. Der nihilistische Sensualismus Feuerbachs

Zuerst ist auf die Nivellierung der Differenz von Zinzendorfs und Feuerbachs Sensualismusverständnis zu verweisen (4.1.), dann muß der philosophische Sensualismus Feuerbachs und die Kreuzestheologie bedacht werden (4.2.) und schließlich wird die nihilistische Aporie von Feuerbachs Interpretation aufgedeckt (4.3.).

4.1. Die Nivellierung der Differenz von Zinzendorf und Feuerbachs Sensualismusverständnis

Das dreifache Problem: Aus Feuerbachs Kommentar zu Zinzendorfs Haupt-Religions-Punkt springt das Interesse am Sensualismus ins Auge. Aus den Zitaten Zinzendorfs spricht der Sensualismus der Kindlichkeit. Wenn Feuerbach Zinzendorf selbst als „Sensualist(en)" bezeichnet, dann kulminiert im Verständnis des Sensualismus ein interpretatorisches Problem (85).
Der Sensualismus der Kindlichkeit wird für Feuerbach der Ansatzpunkt seiner sensualistischen Interpretation von Zinzendorfs Haupt-Religions-Punkt. Feuerbach geht von Zinzendorfzitaten aus, um immanent Zinzendorf und seine Theologie sensualistisch zu interpretieren. Worin liegt die kritische Differenz von Feuerbachs philosophischem Sensualismus und Zinzendorfs Sensualismus der Kindlichkeit? Verschweigt Feuerbach wissentlich den Bild- und Gleichnischarakter der Kindlichkeit bei Zinzendorf, dann macht er die Kindlichkeit als „naturelles Bild" und „Gleichnis", selbst zu einer anthropologischen Sache. Ist die Kindlichkeit aus einem Bild zu einer Sache uminterpretiert, dann ist der Sensualismus der Kindlichkeit, der bei Zinzendorf aus dem „naturellen Bild" und „Gleichnis" abgeleitet ist, selbst als Sensualismus versachlicht. Der Sensualismus ist nicht mehr der Inbegriff der gleichnishaft verstandenen kindlichen Sinnlichkeit, sondern, seiner Gleichnishaftigkeit beraubt, in Feuerbachs philosophisches Sensualismus-Verständnis anthropologisch in dem „Prinzip des Sensualismus" verrechnet (vgl. 3.3.).

4.2. Der Sensualismus Feuerbachs und die Kreuzestheologie

Wird bedacht, daß Feuerbachs Kommentar eine Interpretation von Zinzendorfs Kreuzestheologie ist (vgl. 2.1.), dann hat das Prinzip des Sensualismus, „dieses vom Denken unterschiedene unphilosophische Wesen i n u n s" eine Schlüssel-Funktion für seine Interpretation der Kreuzestheologie.[24] Für Zinzendorf steht und fällt der christliche Glaube mit dem Gekreuzigten. Das weiß Feuerbach aus Zinzendorfs Predigt: „Die Leute sprechen immer; ich weiß nicht, was dem Menschen widerfahren ist, sie könnten noch dazu sagen, was muß dem Menschen in die Augen gefahren seyn? was wird er gesehen haben? D e n H e i l a n d i n d e m B i l d e , w i e E r f ü r s e i n e N o t h , a m C r e u t z e s i c h s o m i l d e g e b l u t e t h a t z u t o d t. Von dem Momente an ist er ein Glied der wahren Kirche, hat die rechte Religion, den ganzen Glauben, und den Schlüssel zu allen Kirchen-Geheimnissen."[25] Feuerbach hat zwar richtig Zinzendorfs Haupt-Religions-Punkt fixiert: „Der aus Liebe zum Menschen ... sich bis zum Kreuzestod erniedrigende Gott und Schöpfer, Jesus Christus der Gekreuzigte ist das Thema Zinzendorfs." (80). So richtig Feuerbachs Insistieren auf Zinzendorfs Kreuzestheologie ist, so falsch und verfehlt ist der bereits folgende Satz des Kommentars: „Zinzendorf und seine Gemeinde glaubt und will nichts wissen, als Jesum Christum den Gekreuzigten. (1. Korinth. 2,2)" (80). Woher weiß Feuerbach um Zinzendorf und seiner Gemeinde Bekenntnis zu dem Gekreuzigten als Thema von 1. Korinth. 2,2? Wie die Zitationssammlung, so hat Feuerbach seinen Hinweis auf 1. Korinth. 2,2 Zinzendorfs „Reden über die vier Evangelisten" entnommen, ohne das Zitat auszuweisen. Dieses Vorgehen Feuerbachs ist nicht ohne Grund. Denn in den Reden über die vier Evangelisten sagt Zinzendorf über P a u l u s: „Er wußte nichts als J e s u m, und zwar am Creuz."[26] Wird Feuerbachs Kommentar mit dem Zitat Zinzendorfs verglichen, so ergeben sich zwei ins Auge fallende Unterschiede. Erstens: Das Subjekt „Er", Paulus, wird durch das Subjekt „Zinzendorf und seine Gemeinde" ersetzt. Zweitens: Das Verb „wissen" wird durch das Hilfsverb „w o l l e n" verstärkt. Diese beiden Änderungen geben dem Zitat einen grundlegend anderen, nämlich falschen Sinn. Feuerbach interpretiert also: Zinzendorf und seine Gemeinde w i l l nichts wissen als Jesum Christum den Gekreuzigten. Die scheinbar geringfügige Veränderung, die Feuerbach an dem Wortlaut des Zinzendorf-Zitates vornimmt, ist in Wirklichkeit gravierend. Denn sowohl Zinzendorfs Verständnis von 1. Kor. 2,2 als auch sein Verständnis der Kreuzestheologie werden dadurch im Ansatz verfehlt. Wird der falsche Ansatz als Uminterpretation von Zinzendorfs Kreuzestheologie erkannt, dann ist er auf dem Hintergrund der verfehlten Bild-Sach-Hermeneutik erfolgt. Deshalb muß Feuerbachs Uminterpretation von Zinzendorfs und seiner Gemeinde Bekenntnis zu dem Gekreuzigten als Resultat der Bild-Sach-Hermeneutik bedacht und in ihrem absurden Verhältnis aufgedeckt werden.

4.3. Die nihilistische Aporie der Interpretation Feuerbachs

(1) Das dreifache Bild-Problem der verfehlten Bild-Sach-Umkehrung
In Feuerbachs Interpretation wird der Bildgedanke von Zinzendorfs Zitat, „G o t t e s   E r s c h e i n u n g in seinem B i l d e" (vgl. IV.1.) nicht fallengelassen, sondern gegen Zinzendorfs Verständnis anthropologisch-sensualistisch umgedeutet. Zinzendorf und seine Gemeinde sollen nicht nur „Gottes Erscheinung in seinem Bilde" erkennen und empfinden, sondern gesteigert in seinem Bild am Kreuz glauben w o l l e n und wissen w o l l e n. Feuerbach will den Glauben der Herrnhuter als Produkt des menschlichen Willens bloßstellen. Sie sollen das Bild Gottes am Kreuz sensualistisch „glauben", „empfinden" und „wissen" wollen (79f.). Ihr W i l l e soll nach Feuerbachs Verständnis das B i l d Gottes b i l d e n. Gottes Erscheinung am Kreuz soll eine gewollte menschliche Bildung sein. In diesem Gedankengang ist der Endpunkt der Bild-Sach-Umkehrung erreicht. Mit der Bild-Sach-Umkehrung wird ein dreifaches Problem von Feuerbachs Bild-Verständnis sichtbar. Die Bildunterschlagung: Die B i l d h a f t i g k e i t der Kindlichkeit hat Feuerbach nicht dargelegt, um die Kindlichkeit mit ihrer bildhaften Sprache zu einer nackten anthropologischen Tat- S a c h e zu entbildlichen und zu versachlichen. Daraus folgt die Bild-Sach-Verdrehung: Die theologische Tat-S a c h e, Gottes Erscheinung in seinem Bild am Kreuz, soll entsachlichend in ein gewolltes B i l d des sensualistischen Menschen umgebildet und verdreht werden. Feuerbach will Zinzendorf und seiner Gemeinde sein Verständnis der Sache als Bild unterstellen. Die theologische Tat- S a c h e soll in eine anthropologisch-voluntaristische T a t - Sache verdreht werden. Die Bildung des Bildes: Gottes Erscheinung in seinem B i l d am Kreuz soll ein gewolltes Bild des Menschen in seiner Kindlichkeit sein. Hier ist die Äquivokation im Bildbegriff fixiert. Das

gewollte göttliche Bild soll eine sensualistisch-voluntaristische B i l - d u n g des kindlichen Menschen sein. Der Mensch soll aus sich heraus die Tatsache, Gottes Erscheinung in seinem Bild am Kreuz, als Bild bilden (vgl. 3.5.). Das Bild Gottes soll eine gewollte Bildung durch den Menschen als Bild des Menschen sein. Hier ist Feuerbachs vollzogene Äquivokation im Gebrauch des Bildbegriffes fixiert. Zinzendorf redet von der Kindlichkeit als einem „naturelle(n) Bild" und von dem Gekreuzigten als „Gottes Erscheinung in seinem Bild". Feuerbach hat den Bildcharakter der Kindlichkeit verschwiegen und „Gottes Erscheinung in seinem Bild" als eine sensualistisch-voluntaristische Bildung von kindlichen Menschen Zinzendorf und seiner Gemeinde unterstellt.

(2) Die menschliche Bildung des Bildes Gottes als Folge des sensualistischen Willens
Die Analyse des Zitates hat Feuerbach als Urheber des „Wollens" erkannt. Feuerbach will, indem er das Wort „Wollen" als Hilfsverb in das Zitat einzeichnet und „Paulus" durch „Zinzendorf und seine Gemeinde" ersetzt, daß die Herrnhuter seinem religionsphilosophischen Grundprinzip entsprechen. Ist das noch eine Interpretation? Diese Frage muß von Feuerbachs Prinzip des Sensualismus aus verneint werden. Denn das Prinzip des Sensualismus ist dieses „vom Denken unterschiedene ... Wesen in uns" (vgl. 3.3.). Eine Interpretation indessen vollzieht sich als ein Denken, dessen Resultat sich in der Niederschrift von Gedachtem dokumentiert. Feuerbach verzichtet aber von seinem Prinzip des Sensualismus her auf das Denken, so daß die Interpretation nicht mehr Interpretation genannt werden kann. Sätze, die nicht aus dem Denken, sondern aus dem Nicht-Denken „in uns" geboren sind, sind subjektive, unkontrollierbare Willensartikulationen aus dem dunklen Inneren des Menschen. Das dunkle Innere wird psychologisierend „Trieb" genannt, dieser wiederum unscharf mit dem „Herz" identifiziert und beide begrifflich zu einem selbsttätigen Geist hypostasiert. (76, vgl. II.4.). So haben das Prinzip des Sensualismus und das psychologisierte Trieb-, Herz- und Geistverständnis Feuerbachs dies gemeinsam, daß sie im Inneren eines Ich lokalisiert sind. Der Wille, den Feuerbach bewußt in das Zitat einträgt, soll die Vergegenständlichung des menschlichen Inneren in den Bereich der Außenwelt eines Ich sein. Feuerbach behauptet also, Zinzendorfs Wollen schaffe erst den Gegenstand, den gekreuzigten Gott.

(3) Die spezifische Differenz zwischen Feuerbachs und Zinzendorfs Bildverständnis

Zinzendorf redet von Gottes Erscheinung in seinem Bilde am Kreuz. Feuerbach hat diesem Wort nachgedacht und es über die Eisegese von 1. Kor. 2,2 zu einem gewollten Bild des Menschen umgebildet. Die Differenz zwischen Feuerbachs gewollter Umbildung und Zinzendorfs Bekenntnis zu dem Gekreuzigten läßt sich in zwei Sätze fassen: Zinzendorf und seine Gemeinde glauben, daß der Inkarnierte und Gekreuzigte das Bild Gottes ist. Feuerbach interpretiert, Jesus Christus den Inkarnierten und Gekreuzigten als das g e w o l l t e exkarnierte Bild des Menschen. Entsprechend behauptet Feuerbach in seiner Schrift „Das Wesen des Christentums": „In der Religion bezweckt der Mensch sich selbst oder ist er sich selbst Gegenstand, ... Das Geheimnis der Inkarnation ist das Geheimnis der Liebe Gottes zum Menschen, das Geheimnis der Liebe Gottes aber das Geheimnis des Menschen zu sich selbst. Gott leidet – leidet für mich – dies ist der höchste Selbstgenuß, die höchste Selbstgewißheit des menschlichen Gemüts."[27] Das ist der Versuch, das Leiden Gottes als vergegenständlichten sensualistischen Selbstgenuß des Menschen zu verstehen.

(4) Feuerbachs Voraussetzung einer Selbstidentität des Menschen

Feuerbachs Option für das Nicht-Denken kommt im Vollzug der Interpretation von Zinzendorfs Kreuzestheologie an seine Grenzen. Feuerbach setzt den Gedanken der Identität von „göttlichem und menschlichem Wesen" als einer reinen Selbstidentität des Menschen voraus. (Vgl. 68; 71). Er denkt entsprechend zu der menschlichen Selbstidentität die Identität des Bildes Gottes als ein Bild des Menschen und nur des Menschen. Feuerbachs eigener Wille, Gottes Bild am Kreuz als Bild des Menschen zu wollen, scheitert.

(5) Die nihilistische Folgerung

Wenn Zinzendorf und seine Gemeinde den Tod des Gekreuzigten als Bild Gottes verstehen, dann will Feuerbach aufgrund seiner Voraussetzung einer Selbstidentität des Menschen mit seiner vergegenständlichten Gottesvorstellung das Bild Gottes nur als ein vergegenständlichtes Bild des Menschen begreifen. Menschen sollen ihren eigenen Tod mittels der Vergegenständlichung ihres Wesens in dem Tod des Gekreuzigten empfinden, erkennen, glauben und wissen wollen. Zinzendorf und seine Gemeinde wären so in höchster Dekadenz Menschen, die ihren eigenen Tod in dem skandalösen Tod des Gekreuzigten wollten. Wenn der Tod als Abbruch aller Lebensverhältnisse verstanden wird, bedeutet dies die Perversion des Lebens in den Tod. Das verdeutlicht einen absurden Gedanken und mitnichten das Bekenntnis Zinzendorfs und seiner Gemeinde zu dem Gekreuzigten. Der absurde Gedanke manifestiert einen willentlichen Selbstmord eines perversen Menschen in seiner Vorstellung. Solch ein Mensch setzt in seiner Vorstellung sein Leben auf das Spiel, indem er sich mit einem Toten identifiziert. Er nimmt sich selbst in seiner Vorstellung das Leben, er nihiliert sein Leben. Das ist zur Sprache gebrachter Nihilismus als Resultat von Feuerbachs vorausgesetztem Prinzip des Sensualismus, „des vom Denken verschiedenen ... Wesen(s) in uns". Feuerbachs Deutung führt an den Abgrund des Nichts. Seine Interpretation ist nicht theoretischer Nihilismus, der die Möglichkeit einer Erkenntnis der Wahrheit verneint, nicht praktischer Nihilismus, der die Gültigkeit von sittlichen Werten und Normen verneint, sondern assertorischer Nihilismus, der in perversen Aussagen mehr behauptet, als mit gesundem Menschenverstand gedacht werden kann. Der assertorische Nihilismus führt sich durch die nichtreflektierten Aussagen selbst ad absurdum, indem die Behauptungen in sich die Bedingungen der Möglichkeit der Annihilierung von Feuerbachs philosophischer Option für die Anthropologie, dem Hauptthema seiner Lebensarbeit, setzen. Der assertorische Nihilismus ist in seinen Aussagen unberechenbar und behauptet im Falle Feuerbachs einen Willen im Menschen, der sich in der vollständigen Identifizierung mit einem Toten selbst auflöst. Dieser Wille verendet im abgründigen Nichts des Todes bei dem Versuch eines gewollten sensualistischen Selbstgenusses des Gekreuzigten. Feuerbachs Wille, den er Zinzendorf und seiner Gemeinde unterstellt, scheitert an der Negativität des Kreuzes. Das hat tödliche Folgen für Feuerbachs Anthropologie. Denn das Ein und Alles seiner Lebensaufgabe ist der Nachweis der Gültigkeit der Aussage, daß „sozusagen a priori ... das Geheimnis der Theologie die Anthropologie ist."[28] Wenn der Wille des Menschen den Tod des Menschen will, dann müßte der Satz Feuerbachs lauten, daß das Geheimnis der Theologie die Nekrologie sei. Dies wäre bereits als Gedanke, ganz abgesehen davon, ob Feuerbach Zinzendorf recht interpretiert, die Falsifikation der These, daß die Theologie ihr Geheimnis in der Anthropologie habe.

Der assertorische Nihilismus Feuerbachs wird zur Voraussetzung der folgenden „geschichtsphilosophischen" Gedanken einer Reduktion des

christlichen Glaubens bis zu dessen behaupteter Zersetzung und Auflösung durch Zinzendorfs Kreuzestheologie.
Feuerbach zieht in seiner Interpretation eine geschichtliche Linie von dem Glauben des Katholizismus (III.5.) über die Reduktion des katholischen Glaubens durch Luther (III.6.) zu Zinzendorfs Vollendung der Reduktion des Protestantismus (IV.1.1.). Dieser Gedankengang wird von Feuerbachs kirchengeschichtlichen Voraussetzungen und von Luthers Glaubensverständnis kritisiert werden.

5. Der Glaube des Katholizismus

„Der Katholik, d. h. der Priester, nöthigt dem Menschen, d. h. dem Laien, Alles ohne Unterschied, was nur immer die Kirche sagt oder in der Bibel steht, selbst das, dass der Hund des Tobias mit seinem Schweif gewedelt hat, als einen Gegenstand des Gewissens, des Glaubens, der Religion auf." (80). Feuerbachs Verständnis des katholischen Glaubens, das lächerliche Beispiel über den Hund des Tobias beiseite, lautet: Die katholische Kirche ist eine Priesterkirche. Der Priester dient in der Kirche, die den Glauben absolut versteht, da „alles ohne Unterschied zu glauben" ist und dieser Glaube dem Laien aufgenötigt wird. Die Aufnötigung des absoluten Glaubens macht die Kirche selbst zu einer Glaubenskirche, die als Priesterkirche institutionalisiert, eine absolutistische Institution verkörpert. Die absolutistische Institution begegnet „dem Menschen" in dem „Priester". Die Aufnötigung des absoluten Glaubens durch den Priester als Mittler der Kirche degradiert den Menschen zum Laien. Das Fazit ist: Der Mensch bleibt in seinem Glauben dem Priester untertänig, der Kirche hörig und selbst ein unmündiger Laie – also unfrei.

6. Die Reduktion des katholischen Glaubens durch Luther

Feuerbach: „L u t h e r beschränkt und reduziert, seinen wahren Sinn und Willen nach, den Glauben nur auf das zu unserer Seligkeit und Rechtfertigung vor Gott Nothwendige; nur darauf, dass wir ‚für gewisse und unzweifelhafte Wahrheit halten, dass Gott oder der Sohn Gottes Mensch geworden, für uns gestorben ist.'" (80).[29]
Feuerbach versteht Luthers Reformation als eine Befreiungstat vom katholischen Glauben durch dessen Beschränkung und Reduktion. Die Reduktion sei bis auf die Rechtfertigung vor Gott vorangetrieben. Das

118

Resultat sei eine quantitative Reduktion auf die Inkarnation (vgl. 69 f.; 83) und die Passion (vgl. 78-80) „Gottes o d e r des Sohnes Gottes". Bei der Reduktion bleibt allein das für die menschliche „Seligkeit" „Nothwendige" übrig. Dem soteriologischen „für uns" des christlichen Glaubens gilt Feuerbachs anthropologisches Interesse. Mit Luthers konstitutivem Schrift- und Wortverständnis kann Feuerbach indessen nichts anfangen, so daß er Luthers Schriftverständnis als Rückfall in einen autoritären Katholizismus versteht (80, vgl. III.7.2.). Der Reduktionsgedanke beinhaltet zwei Prämissen: Philosophiegeschichtlich wird ein Entwicklungsgedanke und kirchengeschichtlich ein kontroverstheologisches Vorurteil vorausgesetzt. Die doppelte Voraussetzung wird im Kontext der Kritik an Feuerbachs Luther-Interpretation entfaltet.

7. Kritik an Feuerbachs Lutherinterpretation

7.1. Die Kritik von Feuerbachs kirchengeschichtlichen Voraussetzungen

Nach eigenen Angaben hat Feuerbach sein Thema vom „historischen" Standpunkt aus entfaltet. Als Literatur für die historische Arbeit haben neben den Quellen die kirchengeschichtlichen Gesamtdarstellungen von J.R.Schlegel und C.F.Städlin grundlegende Bedeutung. Mit diesen Kirchengeschichten hat Feuerbach bereits vor seinem Theologiestudium im Jahre 1822 gearbeitet: „Ich studierte und exerpierte ... Mosheims Kirchengeschichte ... Eichhorns Einleitung ... und seine theologische Literaturgeschichte des 19. Jahrhunderts. Auch machte ich in dieser Zeit Luther's ... Bekanntschaft."[30] Mit der „theologischen Literaturgeschichte des 19. Jahrhunderts" ist die Arbeit Städlins gemeint, nämlich die „Geschichte der theologischen Wissenschaften", die als Fortsetzung von Eichhorns „Geschichte der Literatur" herausgegeben ist. Analog ist die Kirchengeschichte Schlegels als Fortsetzung der Kirchengeschichte Mosheims ediert.[31] Schlegel und Städlins Urteil über Luther, die Reformation und die neuere protestantische Kirchengeschichte ist Feuerbach also seit 1822 bekannt. Auffallend ist, wie Feuerbach noch 1866 in seiner Zinzendorfschrift die Arbeiten Städlins und Schlegels zitiert, doch von ihrer Beurteilung der Reformation und der protestantischen Theologiegeschichte abweicht (68; 76; 86).
(1) Die historische Beurteilung der Reformation:
Städlin versteht die Reformation als „eine grosse religiöse und kirch-

liche Revolution... Die grosse Reformation ..., war ihrer Natur so beschaffen, daß sie auch eine Reformation in den theologischen Wissenschaften hervorbringen mußte, und zwar eine wohltätige".[32] Das Wohltätige der Reformation liegt in der Entdeckung der Bibel: Es wurde der Grundsatz aufgestellt, „daß die heilige Schrift allein die ... Richtschnur des Glaubens und Lebens" ist „und daß weder in der Tradition, noch in der Scholastik Heil für das ächte theologische Wissen zu finden sey ...".[33] Hier wird Feuerbachs Urteil einer Glaubensreduktion durch Luther von Stäudlins Interpretation einer Konzentration auf die Schrift klar widersprochen. Feuerbachs Deutung steht genau gegen Stäudlins Interpretation: „Doch nicht nur im Inneren der protestantischen Kirche gieng eine tiefgreifende ... Revolution ... vor, sondern auch in der alten Kirche."[34] Feuerbachs explizite Interpretation einer Glaubensreduktion durch Luther, die Verkennung des Schriftverständnisses und die konfessionalistische Kontroverstheologie dokumentieren einen dreifachen Widerspruch zu der Lutherinterpretation Stäudlins und Schlegels (80).

(2) Zum Mystizismus: Stäudlin schreibt über die lutherischen Theologen in der Zeit der Orthodoxie: „Alle diese Männer wollten eine reine und moralische Mystik geltend machen und hatten Prinzipien der Pastoraltheologie, welche von den gewöhnlichen ganz verschieden waren."[35] Diese praktisch orientierten Mystiker bilden eine emanzipatorische Linie innerhalb der protestantischen Kirchengeschichte. Feuerbach hat jedoch die praktischen Mystiker zu theoretischen Mystikern erhoben, indem er die Geburt Gottes im dunklen Inneren des Menschen behauptet und die Erkenntnis Gottes im Inneren des Menschen durch den menschlichen Geist interpretiert hat (76). Die theoretische Schau und Geburt Gottes im Inneren des Menschen ist Mystizismus, den Feuerbach von dem Prinzip des Sensualismus, dem „unphilosophischen und unscholastischen Wesen in uns" Luther, Arndt, Spener und Zinzendorf unterstellt hat (75 f.). Feuerbach setzt seiner Deutung die historisch-kritischen Geschichtsdarstellungen Stäudlins und Schlegels voraus, ohne deren rational-pragmatische Intention zu teilen.[36] Anstelle einer historisch-kritischen Beurteilung Luthers und Zinzendorfs kommentiert Feuerbach deren Glauben als vollendeten Mystizismus, als Gottwerden des Menschen: „Luther hat ... die Früchte, die sich aus diesem Menschwerden Gottes, das gleich ist dem Gottwerden des Menschen ... nicht so sich zu Gemüthe gezogen ... wie Zinzendorf." (71). Feuerbach bejaht die Menschwerdung Gottes im Glauben Luthers und sieht darin das Gott-

werden des Menschen begründet. Bei Zinzendorf meint Feuerbach diesen Ansatz in vertiefter Form wiederzufinden.
(3) Die Wiederholung der Religionskritik: Feuerbach sucht seine Religionskritik aus Luthers Glaubensverständnis abzuleiten und in der Deutung der protestantischen Theologiegeschichte zu bestätigen. Luther, so meint Feuerbach, ist sein historischer Vorgänger.[37] Deshalb betitelte sich Feuerbach als „Luther II.“[38]
In seinem philosophischen Wirken fühlt sich Feuerbach Luther verpflichtet; es ist jedoch zu vermuten, daß er durch Ansätze der Religionskritik aus dem 17. und 18. Jahrhundert in kirchengeschichtlichen Überblicksdarstellungen beeinflußt wurde. „Im siebenzehnten Jahrhundert sah man eine Reihe von Männern unter Katholiken und Protestanten aufstehen, welche mit philosophischen Gründen theils Begriffe von Gott aufstellten, welche für atheistisch gehalten wurden, theils das Christentum angriffen, um die Religion und Moral der Vernunft und Natur, welche sie für die allein wahre hielten, aufzurichten und geltend zu machen.“[39] In diesem Urteil faßt Stäudlin Schlegels theologie- und philosophiegeschichtliche Beurteilung der „Feinde des Christentums“ zusammen. „Atheisten“, „Pantheisten oder Naturalisten“, „Freydenker“ und „Philosophen“ und „Religionsindifferentisten“ sind die Gegner des Christentums.[40] Stäudlins Urteil über religionskritische Männer des 17. Jahrhunderts liest sich geschichtlich als eine Antizipation zu Feuerbachs Religionskritik. Denn Feuerbach sucht entsprechend als ehemaliger Protestant mit philosophischen Gründen in der Schrift „Wesen des Christentums“ von 1842 das Christentum zu erschüttern. In der Schrift „Wesen der Religion“ von 1844 die Fundamente der Religion bloßzustellen und die Religion von der Natur her zu deuten.[41] Feuerbach will einen atheistischen Begriff von Gott aufstellen, der wesentlich der Mensch sein soll (81;71;76),[42] um die Religion der Vernunft und Moral aufzurichten. Feuerbachs Ziel ist die Theologie in Anthropologie zu verwandeln und „die Anthropologie zur Theologie zu erheben.“[43]

7.2. Die Kritik von Luthers Glaubensverständnis

Nach der Kritik von Feuerbachs Lutherinterpretation von Seiten der zitierten Geschichtsdarstellungen Stäudlins und Schlegels muß eine Kritik von Luthers reformatorischer Konzentration aus an Feuerbachs Interpretation erfolgen. Soll der philosophie- und kirchengeschichtlich als unhaltbar erwiesene Gedanke von dem kritisiert werden, dem er gedanklich, aber widerspruchsvoll, zu entsprechen sucht, dann trifft die Kritik den Widerspruch. Der Widerspruch wird (1) als Widerspruch zwischen Luthers reformatorischer Konzentration und dem Reduktionsgedanken und (2) als immanenter Widerspruch in Feuerbachs eigener Interpretation entfaltet.

(1) Der Widerspruch von Luthers reformatorischer Konzentration zu dem Reduktionsgedanken: Luthers theologisches Programm wird in den particula exclusiva begriffen: „Gott allein", „Christus allein", „die Schrift allein", „das Wort allein" und „der Glaube allein".[44] Feuerbachs Reduktionsgedanke sucht das Wörtlein „allein" umzustrukturieren, indem der Glaube „auf das zu unserer Seligkeit und Rechtfertigung vor Gott Nothwendige" reduziert gedacht wird (80, vgl. III.5.). Feuerbach macht den Glauben Luthers in dem paulinischen „für uns" fest. Das „für uns" wird begrifflich zu einem „uns" als dem anthropologischen Ursprung des Glaubens verkürzt, da der Glaube durch einen psychologisierten, begrifflich hypostasierten, mystizistisch selbsttätigen Geist begründet sein soll.[45] Das Wörtlein „allein" hat für Feuerbach nur einen Sinn, insofern es den im Menschen geborenen Glauben eines mystizistisch selbsttätigen Geistes ausdrückt. Das „Wort allein" und die „Schrift allein" sind für den mystisch tätigen Geist eine Fremdbestimmung (vgl. II.4.2.(1)). Zurück bleibt allein der Gedanke eines „Gottmenschen" (76) als „Gott oder Sohn Gottes" durch das nicht ausschließende „oder" undifferenziert gedacht (vgl. III.2.). Die Reduktion wird über einen mystischen Glaubensgedanken vollzogen, denn die Geburt „Gottes oder des Sohnes Gottes" wird durch den Geist im Menschen a l l e i n gedacht (76). Dieser Gedanke hat das viergestaltige lutherische allein zu einem „allein" verkürzt und so das soteriologische „für u n s" einseitig anthropologisch lokalisiert, so daß das „allein" mit dem „für uns" zu einem „allein in uns" synthetisiert ist. Der springende Punkt in Feuerbachs Interpretation ist, die qualitative Wiedergewinnung des im extra nos begründeten Glaubens Luthers, begriffen in den particula exclusiva, dem Wörtlein „allein", als eine quantitative Reduktion auf ein intra nos per spiritum mysticum im Menschen zu verrechnen. Doch die Rechnung geht nicht auf, wenn sie beansprucht, eine Interpretation Luthers zu sein. Richtete sich in der Tat die Reformation „gegen die Verwandlung des Reiches Christi, das ein Reich der Freiheit ist, in eine babylonische Gefangenschaft",[46] dann geht Feuerbach als „Luther II." scheinbar mit Luther,

um in seinem Denken einer Vorstellung zu verfallen, die Luthers Befreiungstat erneut in den Rücken fällt. Die Befreiung des Reiches Christi aus der katholischen Kirche macht Feuerbach geradezu reaktionär rückgängig, indem er das Reich Christi nicht in eine babylonische Gefangenschaft, sondern in eine Abhängigkeit des Menschen führt. Doch um solch einer Abhängigkeit zu entgehen, suchte Luther den Menschen um seiner Freiheit und um der Freiheit des Reiches Christi willen zu befreien, nämlich aus einer Organisation von Menschen. Feuerbach schließt, in der Sprache des 19. Jahrhunderts ausgedrückt, mit Luther, wenn auch nicht eine heilige, so doch eine reaktionäre Allianz, um Luthers Position für seine Interpretation einzuholen. Doch Luthers Glaube programmatisch in den vier particula exclusiva, und nicht in dem „allein der Mensch" im Sinne Feuerbachs begriffen (81), widersteht Feuerbachs Reduktionsverständnis des Glaubens im Sinne Luthers. (2) Feuerbachs immanente Widersprüche im Verständnis von Luthers Glauben und Luthers Protest gegen die Reduktion des Glaubens. Die Rechnung einer Glaubensreduktion geht nicht auf: Die Konstruktion eines reduzierten Glaubens durch Luther ohne Schrift, wird zu einer Rechnung ohne Luther. Darum weiß Feuerbach, weil er Luthers Gewißheit des Glaubens, die in dessen Schriftverständnis begründet ist, nicht teilt. Feuerbach: „Weil wir aber diese Gewißheit nur aus der Bibel, als dem Wort Gottes haben, so macht er doch wieder auch alles Andere, was in der Bibel steht, zu einem Gegenstand des Glaubens." (80). Feuerbach belegt seine Schwierigkeiten mit Luthers Schriftverständnis mit einem Lutherzitat, das er unausgewiesen als Beglaubigung einer angeblich durch Luther vollzogenen, jedoch von Luther nicht durchgehaltenen Glaubensreduktion bemüht. Feuerbach: „Daher der Satz Luthers: ‚A l l e s rund und rein geglaubt, oder nichts geglaubt.'" (80). Das gesperrt hervorgehobene Wort „A l l e s" hatte Feuerbach bereits in seinem Kommentar verarbeitet und jetzt in dem Lutherzitat wiederholt. Das Wort „Alles" impliziert eine Ganzheit, auf die der Glaube im Verständnis Luthers gegründet ist. Diesen Grund will Feuerbach verlassen, indem er eine Reduktion des christlichen Glaubens durch Luther behauptet. Der Behauptung widerspricht schon der Wortlaut des Zitats, so daß Feuerbachs Reduktionsgedanke des Glaubens von Luther selbst widersprochen wird. So verfehlt Feuerbachs Reduktionsgedanke nicht nur das ihm widersprechende Glaubensverständnis Luthers, sondern Feuerbach widerspricht dem Verständnis des Lutherzitates an anderer Stelle, und schließlich scheitert Feuerbachs

Verständnis des Glaubens Luthers an Luthers Protest an einer schwärmerischen Glaubensreduktion.

Feuerbach hat dasselbe Lutherzitat in dem Vorwort seiner Schrift „Das Wesen des Christentums" zitiert und kommentiert.[47] Das besagte Lutherzitat ist Luthers Schrift „Kurzes Bekenntnis vom heiligen Sakrament wider die Schwärmer" aus dem Jahre 1544 entnommen und lautet: „Rund und rein, ganz und alles geglaubt oder nichts geglaubt."[48] Während Feuerbach in dem Vorwort des „Wesen des Christentums" das Lutherzitat emphatisch mit den Worten „Oh, wie wahr" kommentiert, indem er den Glauben Luthers dem halbherzigen Glauben im 19. Jahrhundert entgegenhält, strapaziert er in der Zinzendorfschrift die gleichen Worte Luthers, um dessen zurückgenommene Glaubensreduktion zu brandmarken. Feuerbachs interpretierte und intendierte Reduktion des christlichen Glaubens wird in dem von Feuerbach nicht berücksichtigten Zitatkontext genau widersprochen. Luther: „Und wer so küne ist, das thar (sc. wagt) Gott leugnen oder lügenstrafen in einem Wort, Und thut solches muthwilliglich wider und über (sc. gegen) das, so er einst oder zwier mal vermahnet oder unterweiset ist, Der thar auch (thuts auch gewislich) Gott in allen seinen Worten leugnen und lügenstrafen."[49] Gegen diese Schwärmer richtet Luther seinen Satz, rund und rein alles zu glauben. Diejenigen, die einen reduzierten Glauben vertreten, nennt Luther Ketzer. Luther: „Denn alle Ketzer sind dieser art, das sie erstlich allein an einem Artikel anfahren, danach müssen sie alle hernach, und alle sampt verleugnet sein ..."[50] Genau eine solche Reduktion des christlichen Glaubens sucht Feuerbach Luther zu unterstellen.

Die von Luther angegriffene Reduktion des Glaubens durch die Ketzer hat Feuerbach nicht zitiert, denn sie würden Luther selbst zu einem Ketzer machen, und so Feuerbachs Interpretation offensichtlich als unmöglich ausweisen. Die immanenten Widersprüche in Feuerbachs Rezeption des Lutherzitates und dessen Widerspruch gegen eine Glaubensreduktion sind aufgedeckt. Das unausgewiesene Zitat widerstreitet einem reduzierten Glauben, das weiß Feuerbach, wenn er sich an Luthers Glaubensverständnis, das auf die Schrift nicht verzichtet, stößt. Feuerbachs Verweis auf den „wahren" Glauben und die vermeintlich vollzogene und wieder rückgängig gemachte Glaubensreduktion im Sinne Luthers weisen auf Feuerbachs immanente Aporie in der Interpretation Luthers und seines Glaubens. Gegenüber Feuerbachs Behauptung einer solipsistisch-mystizistischen Genese des christlichen Glaubens in einem Menschen, dessen eigener Geist auf „alles Andere", „sei es die Schrift oder Gott", verzichtet (76), muß Luthers gegen die scholastischen Theologen gerichtete Kritik erneuert werden. Luther wendet sich gegen die „somniantes eam (= fidem) esse qualitatem latentem in anima. Verum quando Verbum Dei sonat, quod veritas est, et cor ei adhaeret per fidem, tunc cor imbuitur eadem veritate verbi et per verbum veritatis verificatur."[51]

[1] Die jeweils hinter den Zitaten angegebenen Zahlen in () beziehen sich hier auf die nicht einzeln von Feuerbach ausgewiesenen Zitate aus Zinzendorfs Schrift, Red Ev, Bd.1., 527-531. Die vorliegende mikroskopische Zitatenanalyse unterscheidet sich von zeitgenössischen Feuerbach-Interpretationen in der Verfahrensweise und in der Ergebnisfindung. Dies dokumentieren: W.Jaeschke, a.a.O., 199-237, wie auch J.Ch.Janowski, a.a.O., 11-16 hinsichtlich Fragestellung und Weg der Untersuchung. Vgl. E.Jüngel, Gott als Geheimnis der Welt. Zur Begründung der Theologie des Gekreuzigten im Streit zwischen Theismus und Atheismus, 2.durchgesehene Aufl. Tübingen 1977, 188-194 behandelt Feuerbach unter Voranstellung seines Ausspruches: „Nur wo du Gott denkst, denkst du, rigoros gesprochen", ohne die nihilistische Aporie im Denken Feuerbachs herausgearbeitet zu haben.
[2] N.L. von Zinzendorf, Red Ev, Bd.I, 521.
[3] A.a.O., 522.
[4] A.a.O., 526.
[5] A.a.O., 531f.
[6] A.a.O., 530f.
[7] G.Meyer, Einführung in die Sichtungszeit. In: N.L. von Zinzendorf, ZHS, Bd.III, S.X.
[8] Feuerbach zitiert aus Zinzendorfs Red Ev, Bd.I aus der einen Predigt vom 19. März 1747 die Seiten 527-530. Das entscheidende Zitat über die Gleichnishaftigkeit der Kindlichkeit steht auf der ersten Seite der Predigt, 526. Alle weiteren Predigten zu demselben Text aus verschiedenen Jahren bleiben ebenso unberücksichtigt. Vgl. 521-545.
[9] L.Feuerbach, Vorwort zu GW 5, 6.
[10] GW 5, 131.

[11] N.L. von Zinzendorf, Red Ev, Bd.I, 526 f.

[12] Vgl.O.Uttendörfer, Zinzendorfs christliches Lebensideal, Gnadau 1940, 120-166, besonders 164-166 und W.Bettermann, Theologie und Sprache bei Zinzendorf, Gotha 1935, 13 und 16.

[13] J.Reichel, Dichtungstheorie und Sprache bei Zinzendorf. Der 12. Anhang zum Herrnhuter Gesangbuch, Berlin und Zürich 1969, 72. Vgl. den Aufsatz von J.G.Herder, SWVIII, 165 ff: Vom Erkennen und Empfinden der menschlichen Seele.

[14] J.Reichel, a.a.O., 72.

[15] N.L. von Zinzendorf, Red Ev, Bd.I, 529, vgl. 526-530.

[16] SW IV, 432 (Zur „Philosophie des Geistes").

[17] GW 9, 314 f., vgl. 316.

[18] W.Bolin, Ludwig Feuerbach, sein Wirken und seine Zeitgenossen, Stuttgart 1891, 61. Zu Feuerbachs Verhältnis zur Reformation wird in Fortführung zu Teil I im Teil III.5.-7. Stellung genommen.

[19] SW X, 317.

[20] N.Rotenstreich, Anthropologie und Sinnlichkeit, zuletzt in: E.Thies (Hg): Ludwig Feuerbach, WdF, (Bd.CDXXXVIII), Darmstadt 1976, 393 f.

[21] L.Feuerbach, GW9, 38 f. Vgl. C.Cesa, Feuerbachs Kritik des Idealismus und seine Versuche zu einer neuen Erkenntnistheorie, in: H.Lübbe und H.-M.Saß (Hg): Atheismus in der Diskussion, Kontroversen um Ludwig Feuerbach, München 1975, 218-233.

[22] GW 9, 254. Vgl. E.Thies, Philosophie und Wirklichkeit. Die Hegelkritik Ludwig Feuerbachs, in: ders. (Hg), Ludwig Feuerbach, WdF, a.a.O., 473-482.

[23] G.F.W.Hegel, GPR, 18.

[24] GW 9, 254 Hv.v.Vf., vgl. III.2.3.

[25] N.L. v. Zinzendorf, Red Ev, Bd.I, 532 f.

[26] A.a.O., Red Ev, Bd. I, 479. Vgl. nur noch zu 2. Cor. 2,2 in formaler und sachlicher Parallele, 517. Feuerbach hat die Seiten 527-529, 530 explizit zitiert. (Vgl. SW X, 79).

[27] GW 5, 488. Vgl. 118 f., 252, 258 f., 488.

[28] GW 5, Vorwort 7. Vgl. SW X, 81 und SW XIII, 318.

[29] Vgl. in sachlicher Entsprechung zu dem Kommentar bereits die Lutherschrift „Glauben im Sinne Luthers" GW 9, 366.

[30] K.Grün, a.a.O., Bd. 1, 11. Vgl. U.Schott, a.a.O., 40.

[31] Vgl. C.F.Stäudlin, GthW und J.G.Eichhorn, GdL; und J.R.Schlegel KgdNT und J.L.v.Mosheim KgdNT.

[32] C.F.Stäudlin, GthW, Bd.1, 138; 153 f.; 154-159.

[33] A.a.O., 139. Vgl. 175; 181; 210-214.

[34] Ebd. Vgl. 143-145; 148-153.

[35] C.F.Stäudlin, GthW, Bd. 1, 413.

[36] J.R.Schlegel, KgdNT, Bd. 2, 167: „auch die Kirchengeschichte hat... in Ansehung ihres Inhaltes gewonnen. Der Vortrag ist pragmatischer, ... in Ansehung der verschiedenen Religionsparteien parteyloser geworden. Dazu hat ohne Zweifel Mosheim vieles beigetragen. ... seine Schriften haben das Gepräge der Unpartheilichkeit und des pragmatischen Vortrags". Vgl. M.Schmidt, Art.: Mosheim, in: RGG III, 4.Bd., Tübingen 1960, 157 und E.Hirsch, Geschichte der neuern evangelischen Theologie, Bd.II, 3.Aufl. Darmstadt 1964, 354-370. J.R.Schlegels Urteil folgt J.G.Eichhorn, GdL, Vorrede zu Bd.1, Göttingen 1805.

[37] H.Bornkamm, Luther im Spiegel der deutschen Geistesgeschichte, 2.Aufl. Göttingen 1970, 89-91 und O.Bayer, a.a.O., 265. Doch die Ableitung ist nicht unmittelbar, vgl. J.Wallmann, Ludwig Feuerbach und die theologische Tradition, in: ZThK 67, 1970, 66-86, besonders 66-69 und 79-86. W.Schuffenhauer und K.Steiner (Hg), Martin Luther in der deutschen bürgerlichen Philosophie 1517-1845 * Eine Textsammlung, Berlin/DDR 1983, VII-XX und 441-473, schlagen – mit gezielten Quellentexten – den Bogen von Luther bis Feuerbach auf dem Boden der marxistisch-leninistischen Philosophie bis hin zu K.Marx, Zur Kritik der Hegelschen Rechtsphilosophie. Einleitung, in: MEW 1, Berlin 1977, 385: „Wie damals der Mönch, so ist es jetzt der Philosoph, in dessen Hirn die Revolution beginnt." Die materialistische Interpretation der Reformation von Seiten marxistisch-leninistischer Historiker erfordert bei unterschiedlichem Diskussionsstand die Anstrengung der Aufarbeitung; vgl. dazu: Th.Nipperdey, Die Reformation als Problem der marxistischen Geschichtswissenschaften, in: Reformation oder frühbürgerliche Revolution?, hg v R.Wohlfeil, München 1972, 205-229 und M.Steinmetz, Die historische Bedeutung der Reformation und die Frage nach dem Beginn der Neuzeit in der deutschen Geschichte, in: Reformation oder frühbürgerliche Revolution?, a.a.O., 56-69. Im philosophischen Lebenswerk Feuerbachs kreist das Denken um das reformatorische Wirken Martin Luthers, wobei die marxistisch-leninistischen Historiker gezielt Leben und Werk von Thomas Müntzer im Kontext des Bauernkrieges bearbeitet haben, um mit Müntzers Erbe die Reformation Luthers zu beurteilen. Daß hierbei weite Bereiche nicht nur der lutherischen Theologie, sondern noch vielmehr der Geschichte und Theologie der reformierten Landstriche, Städte und Länder außerhalb der Betrachtung bleiben, exemplarisch die Reformation Huldrych Zwinglis im deutschen Sprachraum und deren Auswirkungen über Martin Bucer im französischen und anglo-amerikanischen Sprachraum, ist festzuhalten. Vgl. G.W.Locher, Die Zwinglische Reformation im Rahmen der europäischen Kirchengeschichte, Göttingen und Zürich 1979, A.Lang, Puritanismus und Pietismus. Studien zu ihrer Entwicklung von M.Butzer bis zum Methodismus, Darmstadt 1972, 13-71; 273-350 und J.Rott: Bucer, Martin, réformateur strasbourgeois et européen, (1984), zuletzt in: Ders, INVESTIGATIONES HISTORICAE. EGLISES ET SOCIETE AU XVIe SIECLE/GESAMMELTE AUFSÄTZE ZUR KIRCHEN- UND SOZIALGESCHICHTE, Articles rassemblées et réédités par Marijn de Kroon et Marc Lienhard, TOME II, Strasbourg 1986, 126-135.

[38] Vgl. I.5.

[39] C.F.Stäudlin, GthW, Bd.1, 142.

[40] J.R.Schlegel, KgdNT, Bd.1, 246 f. vgl. . 36-39, 245-453, besonders . 36-43, 245-291.

[41] GW 6, 28: Die „Theologie" ist „Anthropologie" und „Physiologie", vgl. SW XII, 108f. Dazu sachlich: S. Rawidowicz, Ludwig Feuerbachs Philosophie. Ursprung und Schicksal, 2.Aufl. Berlin 1964, 163ff. und E.Thies, Anmerkungen zu: Ludwig Feuerbach, Das Wesen der Religion, in: L.Feuerbach TW IV, Frankfurt a.M. 1975, 463.

[42] GW 9, 244f.: „Der ‚Atheismus' ist der umgekehrte ‚Pantheismus'. Der Pantheismus ist die Negation der Theologie auf dem Standpunkte der Theologie." Vgl. SW XIII, 387 und SW X, 345 und den Grundsatz: GW 9, 243: „Das Geheimnis der Theologie ist die Anthropologie...".

[43] GW 5, 20. Vgl. W.Weischedel, Der Gott der Philosophen, Bd.1, Darmstadt 1971, 397.

[44] G.Ebeling, Luther. Einführung in sein Denken, 2. unveränderte Aufl. Tübingen 1964, 284.

[45] Vgl. die interpretatorische Hervorhebung des „für uns" in Feuerbachs Schrift, „Glauben im Sinne Luthers", GW 9, 360-364, dazu O.Bayer, a.a.O., 282-284.

[46] G.Ebeling, Frei aus Glauben. Das Vermächtnis der Reformation, in: ders., Lutherstudien Bd.I, Tübingen 1971, 325.

[47] GW 5, 27, im Vorwort als Fußnote der Fassung C.

[48] M.Luther, LL, Tom. XXI, 445 = WA 54, 128; 28 f.

[49] M.Luther, LL, Tom. XXI, 445 = WA 54, 158; 23-27.

[50] A.a.O. = WA 54, 158; 36 – 159; 1.

[51] WA 6, 94; 9-12. (Erklärung zur 12. These der am 3. Febr. 1520 abgehaltenen Disputation De fide infusa et acquisita).

IV. FEUERBACHS BEHAUPTUNG ALS RESULTAT SEINES ASSERTORISCHEN NIHILISMUS

1. Feuerbachs nihilistische Behauptung

1.1. Die vollendete Reduktion des lutherischen Glaubens durch Zinzendorf

Feuerbachs „geschichtsphilosophische" Konstruktion einer Glaubensreduktion vollzieht sich in drei Stufen, vom Katholizismus über Luther zu Zinzendorf. Feuerbach sucht den Reduktionsgedanken bei Zinzendorf festzumachen: „Zinzendorf läßt aber alles dieses Andere fahren, giebt es als zur Seligkeit unnöthiges und unpraktisches, herzloses Zeug preis dem Zweifel, der Streitsucht der Gelehrten, der Eitelkeit der Speculation, oder läßt es wenigstens dahingestellt sein." (80). Der Glaube im Sinne Zinzendorfs ist für Feuerbach die konsequente Reduktion des lutherischen Glaubens. Das ist nicht haltbar. Feuerbachs Urteil läßt sich zwar in Spangenbergs „Apologetischer Schluß-Schrift" festmachen, doch steht es gegen die Intention der literarischen Quelle. Denn Feuerbach zitiert diese Schrift genau auf den beiden Seiten, auf denen Zinzendorf sich wider einen gegen ihn gerichteten orthodoxen Vorwurf wendet und ihn als unwahr zurückweist (81). Der orthodoxe Vorwurf lautet: Zinzendorf übergehe wegen seiner Blut- und Wundentheologie „das andere, was wir in der Schrift von Christo finden mit Stillschweigen."[1]

Den Vorwurf gegen Zinzendorf greift Feuerbach auf, weist ihn aber bewußt nicht als Zitat aus, um ihn zweifach verdreht in seiner Interpretation verarbeiten zu können. Einmal wird der Vorwurf pro Zinzendorf interpretiert und das andere Mal als Vorwurf contra Zinzendorf gewendet. Zum ersten gibt Feuerbach den orthodoxen Vorwurf, er übergehe „das Andere" mit Stillschweigen" in den Worten wieder, „Zinzendorf läßt aber alles dieses Andere fahren". Den orthodoxen Vorwurf hat Feuerbach zu einer Leistung Zinzendorfs uminterpretiert, um seinen eigenen Gedanken einer Glaubensreduktion durch Zinzendorf zu bestätigen. Zum andern sind Feuerbachs folgende Worte die Paraphrase des orthodoxen Vorwurfes gegen Zinzendorf: „Die Orthodoxie machte ihm daher den Vorwurf, dass er aus dem Zusammenhange der übrigen Bibelwahrheiten nur die e i n e Wahrheit von der Versöhnung der Menschen mit Gott durch das Blut Jesu Christi herausreisse und hervorhebe." (80).[2]

Doch Feuerbach weiß um Zinzendorfs Antwort auf die orthodoxe Anfrage: „Es wäre mir sehr lieb, wenn sie (sc. die orthodoxen Theologen) das mit gutem Gewissen sagen könnten". Es gilt, daß „es nicht wahr ist", was sie sagen.[3] Immanent ist Feuerbachs Interpretation zu kritisieren: Zum einen weist Feuerbach sein paraphrasiertes Zitat als Grundlage seines Kommentars nicht aus. Zum andern bleibt ein Vorwurf auch dann problematisch, wenn er zu einer Leistung und zugleich in eine Polemik gegen Zinzendorf verdreht wird. Weiter verdeutlicht die Wiederholung eines orthodoxen Vorwurfes Feuerbachs Abhängigkeit von der orthodoxen Polemik des 18. Jahrhunderts, die er seiner Interpretation voraussetzt. Schließlich legt der ursprünglich orthodoxe Vorwurf den Grund von Feuerbachs folgendem assertorischen Nihilismus.

1.2. Die Zersetzung und Auflösung des Christentums

Feuerbach schließt seiner gesamten vorangehenden Interpretation einen Kommentar an: „In der That: der Herrnhutianismus ist das im Blute Christi, im Blute des Menschen concentrirte, aber auch aufgelöste und zersetzte Christenthum." (80).
Feuerbachs kommentierender Behauptung ist zu erwidern:
Dieser Kommentar bringt das zur Sprache, worüber n i c h t s Unreflektierteres und Falscheres behauptet werden kann. Denn das, was Feuerbach zur Sprache bringt, ist das Ergebnis seines assertorischen Nihilismus. Feuerbach will die Behauptung einer dreifachen K o n z e n t r a - t i o n des Christentums im Herrnhutertum (vgl. II.7.), die zwei Behauptungen einer R e d u k t i o n des Glaubens durch Luther und des lutherischen Glaubens durch Zinzendorf auf die Versöhnungslehre, (vgl. III.5.-7. und IV.1.1.) in der n i h i l i s t i s c h e n Behauptung einer Auflösung und Zersetzung des christlichen Glaubens im Blute Christi zusammenfassen (vgl. III.1.-4.; 80). Die kommentierende Zusammenfassung der drei Behauptungen soll das Ende des Christentums proklamieren. Der Kommentar vollendet den assertorischen Nihilismus. Der assertorische Nihilismus s c h e i t e r t immanent an Feuerbachs e i g e n e m W i s s e n. Denn sowohl der Gedanke einer Reduktion des christlichen Glaubens als auch der Gedanke einer Konzentration des Christentums im Herrnhutertum wurden aus Feuerbachs zitierten Schriften jeweils als falsche Behauptungen nachgewiesen. Seine falschen Behauptungen stehen als schlechtes Wissen wider sein eigenes besseres Wissen. Zu Feuer-

bachs Behauptung heißt es gleichsam proleptisch in dem „Postscriptum primum" aus den von Feuerbach zitierten „Realen Beylagen" zu den „Naturellen Reflexionen" kontrapunktierend:[4] Wie ist es zu vermeiden, „daß nicht nur ein jeder Schreiber in seines Gegeners Schriften findet, was er will, sondern auch ein jeder Irrlehrer seine eigenen Ideen aus der heiligen Schrift zu allegieren vermeynet; wie sollte man es nicht mit unseres O R D I N A R I I Schriften so machen und daraus Principia ziehen können, die nie darinnen gelegen, bis man den Sinn erst hinein gebracht?"[5]

Feuerbach hat mit seinen nihilistischen Behauptungen von der Voraussetzung des Prinzips des Sensualismus einen Sinn in Zinzendorfs Schriften gebracht, der nicht darin zu finden ist. Feuerbachs Behauptungen zerbrechen immanent an seinem eigenen Wissen, indem er wider sein besseres Wissen aus seiner zitierten Literatur die Auflösung und Zersetzung des Christentums im Herrnhutertum postuliert, die als nihilistische Behauptungen nachweislich eine zur Sprache gebrachte spekulative Vorstellung Feuerbachs ist.

1.3. Das Paradoxon-Verständnis Zinzendorfs und Feuerbachs Behauptung

Da Feuerbach das Bekenntnis von Zinzendorf und seiner Gemeinde zu dem Gekreuzigten sensualistisch-nihilistisch deutet und aus der Versöhnungslehre die Auflösung und Zersetzung des Christentums „im Blute Christi" schließt, muß diese Behauptung von Zinzendorfs Paradoxonverständnis bedacht werden. Obwohl Feuerbach nicht auf Zinzendorfs Paradoxonverständnis verweist, ist zu fragen, ob Zinzendorfs Sprache oder sein Verständnis des Paradoxon die Bedingung der Möglichkeit einer nihilistischen Interpretation des Bekenntnisses zu dem Gekreuzigten sein kann.

(1) Das paradoxe Sprechen und die Wahrheit: Zinzendorf weiß, die Wahrheit des Kreuzes wird verhöhnt. „Die Vernunft hat das Geheimnis vom Kreuz spöttisch und verächtlich gemacht, sie hat es bald so weit gebracht, daß man es nicht mehr glaubt".[6] Das Kreuz wird verachtet und verspottet, denn es ist, wie Paulus sagt, den einen ein Skandalon und den anderen eine Torheit (vgl. 1.Kor. 1,18). Der spöttischen Verachtung des Gekreuzigten beabsichtigt Zinzendorf mit einer paradoxen Sprache um der Wahrheit der Sache willen zu begegnen. „In den jetzigen heillosen

Zeiten ist (es) nöthig, paradox zu sprechen, und die göttlichen Wahrheiten vor alle die nicht bei dem Geheimniß der Blut= und Wunden=Theologie herkommen sind unnachsprechlich auszureden ... Denn weil die theureste Wahrheiten in kurzem vom Teuffel nachgeredet werden, damit sie auch verfladdern können, ... so ist dieses ... scharfe Sprechen, dabey sich unganze Leute allerley Gefahr vorstellen, eine Verwahrung dagegen."[7] Das paradoxe Sprechen soll aus pragmatisch-hermeneutischen Gesichtspunkten in der Gegenwart Zinzendorfs und in der ihr folgenden Zukunft das Geheimnis der Blut- und Wundentheologie so verantworten, daß die „theureste(n) Wahrheiten" nicht „verfladdern", also aufgelöst oder zersetzt werden können, wie Feuerbach es will. Feuerbachs destruktiver Deutung steht Zinzendorfs doppeltes Paradoxonverständnis entgegen. In einer Predigt über Mt 6, 9-13 versteht Zinzendorf das paradoxe Sprechen in Entsprechung zu der paradoxen Rede des Heilands. „Der Heiland" hat „öfters alle Menschen zuhören lassen, wenn Er seinen Jüngern Sachen gesagt, die niemand als sie betroffen", da hat er paradox gesprochen, „ich darf nur das fünfte, sechste und siebente Capitel Matthäi andeuten. Das ist eine Predigt, die voll von Paradoxa ist."[8] Da Zinzendorf das Paradoxon bereits in der Bergpredigt als Entsprechung seiner paradoxen Rede gegeben sieht, über die Bergpredigt spricht und Feuerbach aus Zinzendorfs Reden über die Bergpredigt zitiert, muß bedacht werden, ob der Irrtum einer nihilistischen Deutung der Kreuzestheologie nicht bereits in dem Paradoxonverständnis Zinzendorfs vorweggenommen ist.

(2) Das Paradoxon in der Lehre: Zinzendorf stellt die Frage: „Was heißt aber ein Paradoxon in der Lehre? Ein Paradoxon muß man nicht mit einem Irrthum confundiren; es kan eine göttliche theure Wahrheit seyn; aber es ist entweder keine oekonomische Wahrheit, die sich zu dem gegenwärtigen Zeitlauf schikt, oder es ist eine Wahrheit, die nicht für einen jeden gehört, die sich nur zu gewissen S u b j e c t i s reimt, die nur allein für solche Menschen ist, die ihre Realität erfahren haben, und die sie aus dem Herzen practiciren."[9] Für Zinzendorf ist es also möglich, daß ein Paradoxon eine Wahrheit sein kann. Das Paradoxon ist nun entweder zu Zinzendorfs Zeiten nicht eine „oekonomische Wahrheit", das heißt eine offenbare Wahrheit, oder aber es ist eine Wahrheit, die nur von den Menschen verstanden wird, die sie erfahren haben und sie praktizieren. Auffällig ist, daß nach Zinzendorf ein Paradox eine Wahrheit sein kann oder eine Wahrheit ist. Dieser Satz ist jedoch nicht umkehrbar, so

daß die Wahrheit nicht ein Paradoxon sein kann, oder radikaler gedacht, nicht ein Paradoxon ist. Diese Feststellung ist grundlegend, denn Zinzendorf fährt in seiner Rede fort: „Daher liegt eine tiefe Weisheit Gottes in dem Gange der Lehre, daß den Leuten die Wahrheiten paradox vorkommen, solange ... sie sich nicht darin finden können".[10]

(3) Das Theoriedefizit und der Beweis des Geistes und der Kraft: Zinzendorf beabsichtigt, das Geheimnis des Kreuzes nicht als eine Theorie zu begreifen. Sein paradoxes Sprechen setzt nicht eine Kreuzestheorie voraus, sondern sucht im Gegenteil praktisch einer Theorie-Bildung und Gegen-Theorie-Bildung sprachlich entgegenzuarbeiten, damit die „theureste(n) Wahrheiten" nicht „verfladdern" (s.o.). Eine Theoriebildung verfehlt für Zinzendorf die Sache und den Menschen, da dessen theoretisches Reflexionsvermögen nicht die Wahrheit der Sache garantiert. „Theorie gegen Theorie kömt nicht aus; die Religion muß entweder das allerleichteste Ding von der Welt seyn; oder sie ist das allerschwerste, intricateste Rätzel."[11] Feuerbach weiß um Zinzendorfs kreuzestheologisch begründetes Theoriedefizit, da er genau dieses Zitat in der Wiedergabe aus Zinzendorfs Predigt über Mt 6, 22 f. ausläßt (78 f.). Dies ist der Hinweis, daß er Zinzendorfs Theoriedefizit in seinem Prinzip des Sensualismus mit dem impliziten Theoriedefizit, dem „vom Denken unterschieden(en), unphilosophische(n), absolut unscholastische(n) Wesen in uns", vereinnahmen will, ohne Zinzendorfs Bekenntnis zu dem Gekreuzigten zu teilen. Zinzendorf aber vertraut darauf, daß die in kindlich metaphorischer Sprache bezeugte Sache, sich selbst in dem Beweis des Geistes und der Kraft die Bedingung ihres befreienden Verständnisses setzt: „Der Glaube muß ohne Demonstration seyn, bloß durch Geist und Kraft. Mit Gottes-Kräften müssen die Leute zum Creutze gereitzet werden. Wenn der Heiland durch die Apostel das Vernünfteln verwerfen lassen; so hat er durch Überzeugung und durch den Geist beweisen lassen, was die Vernunft nicht gekonnt."[12] Das „Vernünfteln" und die Vernunft schließt Feuerbach von dem Prinzip des Sensualismus a priori aus, jedoch versteht er den objektiven Beweis des göttlichen Geistes und der göttlichen Kraft als den subjektiven Selbst-Beweis des menschlichen Geistes und der menschlichen Kraft (76).

(4) Das verinnerlichte Paradox und das Zerbrechen des Menschen: Feuerbach deutet Aussagen über das Geheimnis des Kreuzes und alles, was der Mensch von Gott sagt, als Vergegenständlichung des menschlichen Wesens in ein imaginäres göttliches Wesen: „Der Wahrheit nach ist aber

diese Identität, wie gesagt, nur der v e r s c h r o b e n e Ausdruck der Identität des menschlichen Wesens m i t s i c h s e l b s t, welcher zufolge der Mensch nichts als Gott setzen kann, was nicht menschliches Wesen ist."[13] Denkt Feuerbach seine „Wahrheit", nämlich die Setzung und Vergegenständlichung des menschlichen Wesens in ein göttliches Wesen als eine selbsttätige Handlung, dann vergegenständlicht der Mensch aus sich heraus den Gott am Kreuz.[14] Das wäre ein Paradox. Dem vergegenständlichten Paradox müßte ein Grund vorausgesetzt sein – ein verinnerlichtes Paradox im Menschen. Dies hat Feuerbach in der Eisegese von 1.Kor. 2,2 Zinzendorf und seiner Gemeinde unterstellt, da er ihnen ein W o l l e n des Gekreuzigten als sachliches Paradox zuschreibt. Die Vergegenständlichung des Gekreuzigten soll das paradoxe Resultat ihres Erkennens, Empfindens und wissentlichen W o l - l e n s sein. Feuerbachs Interpretation der Kreuzestheologie scheitert an den eigenen Prämissen: an der Hypothese einer Vergegenständlichung des menschlichen in dem göttlichen Wesen und an der Behauptung einer Identität von göttlichem und menschlichem Wesen. Wenn die Herrnhuter Gott am Kreuz als Vergegenständlichung des in ihrem Wesen verinnerlichten Paradoxes wissen wollten, wäre dies eine voluntaristische Kreuzestheorie. Sie hätten sich in einem Wahn kollektiver Selbstverblendung existentiell und theoretisch einem Toten verschrieben. Solche Menschen müßten an dem vergegenständlichten Paradox verzweifeln und an dem verinnerlichten Paradox zerbrechen. Sie hätten als Lebende in ihrer reinen Selbstidentität mit einem Toten ihren eigenen Tod verinnerlicht. Dies würde bedeuten, daß sie als Lebende durch ihren gewollten Tod sich von innen her selbst auflösten. Der Tod fräße sie gleichsam von innen auf. Das wäre nicht mehr ein verinnerlichtes Paradox, sondern eine verinnerlichte Absurdität. Feuerbach hat die Kreuzestheologie von der Voraussetzung einer menschlichen Selbstidentität mit dem Gekreuzigten gedeutet. Er löst seinen nihilistischen Ansatz in der Eisegese von 1.Kor. 2,2 über den Gedanken einer Reduktion des Christentums auf die Versöhnungslehre und auf die daraus abgeleitete Behauptung einer Auflösung und Zersetzung des Christentums im Herrnhutertum ein. Die durchgeführte nihilistische Behauptung destruiert aposteriori, konsequent gedacht, Feuerbachs Prinzip, daß die Theologie a priori Anthropologie ist. Über die subjektivistische Verinnerlichung eines Paradoxon höhlt Feuerbach die Anthropologie von Innen her aus und löst sie von Innen in Nekrologie auf. Die sensualistisch-nihilistische Anwendung von Feuerbachs religionsphilosophischem Prinzip hat das Thema seiner Lebensarbeit, die Anthropologie, tödlich zersetzt. Entgegen ihrer nihilistischen Auflösung muß die Anthropologie als Inbegriff von lebendigem Menschsein festgehalten werden, denn Gott selbst ist Mensch geworden, gekreuzigt und auferstanden. Das ist nicht das Ende, sondern der Anfang der Theologie und der Anthropologie. Mit diesem Gedanken kann Feuerbachs assertorischem Nihilismus, seinem Versuch, den christlichen Glauben in Form von Behauptungssätzen in Nichts aufzulösen, begegnet und entgegnet werden: Gott ist der, „der da lebendig macht die Toten und ruft dem, was nicht ist, daß es sei." (Röm.4, 17).

2. Philosophischer Nihilismus und seine Spuren bei Feuerbach

Der aufgezeigte Nihilismus, der durch Feuerbachs Interpretation ins Bewußtsein getreten ist, ist auf dem Hintergrund des philosophischen Nihilismus der Neuzeit zu bedenken, der in der Philosophie Feuerbachs Eingang gefunden hat.

2.1. Vorkommen und Ursprung des philosophischen Nihilismus

Im philosophischen und theologischen Kontext gilt Friedrich Nietzsche, auch in seinem Selbstverständnis, als konsequenter Vertreter des Nihilismus. Nietzsche betrachtet seine Gegenwart als Zeit des Zusammenbrechens der Metaphysik, als Zeit des Atheismus, in welcher der Tod Gottes proklamiert wird. Diese Zeiterscheinung versteht er als Zeitalter des Nihilismus.
Indem Nietzsche auf die Geschichte der abendländischen Metaphysik zurückschaute, sah er die Heraufkunft des „europäischen Nihilismus", welcher besagt, daß nach dem Verfall des christlichen Glaubens an Gott, und damit der Moral etwas ganz Neues treten wird.
„Was ich erzähle" – heißt es im Vorwort des Willens zur Macht – „ist die Geschichte der nächsten zwei Jahrhunderte. Ich beschreibe, was kommt, was nicht mehr anders kommen kann: D i e H e r a u f k u n f t d e s N i h i l i s m u s . Diese Geschichte kann schon jetzt erzählt werden: denn die Notwendigkeit ist hier selbst am Werke. Diese Zukunft redet schon in hundert Zeichen, dieses Schicksal kündigt überall sich an; für diese Musik der Zukunft sind alle Ohren bereits gespitzt. Unsere ganze europäische Kultur bewegt sich seit langem schon mit einer Tortur der

Spannung, die von Jahrzehnt zu Jahrzehnt wächst, wie auf eine Katastrophe los: unruhig, gewaltsam, überstürzt: einem Strom ähnlich, der ans Ende will, der sich nicht mehr besinnt, der Furcht davor hat sich zu besinnen. – Der hier das Wort nimmt, hat umgekehrt nichts bisher getan, als s i c h   z u   b e s i n n e n: als ein Philosoph und Einsiedler aus Instinkt, der seinen Vorteil im Abseits, im Außerhalb, in der Geduld, in der Verzögerung … fand; als ein Wage- und Versuchergeist, der sich schon in jedes Labyrinth der Zukunft einmal verirrt hat; … der zurückblickt, wenn er erzählt, was kommen wird; als der erste vollkommene Nihilist Europas, der aber den Nihilismus selbst schon in sich zu Ende gelebt hat – der ihn hinter sich, unter sich, außer sich hat.“[15] Die Heraufkunft des Nihilismus sieht Nietzsche in der Geschichte des Christentums angelegt. „Für Hegel bedeutet die Menschwerdung Gottes in Christus die einmal für immer zustande gekommene Versöhnung der menschlichen und göttlichen Natur; für Nietzsche bedeutet sie, daß der Mensch gekreuzigt, gebrochen wurde in seiner wahren Natur.“[16] Mit Karl Löwith ist beim Versuch, Nietzsche zu verstehen, festzuhalten: „Der Tod Gottes ist aber gerade als Ursprung des Nihilismus …“ charakterisierbar.[17]

1886 hat Nietzsche den vier Büchern der „Fröhlichen Wissenschaft“ ein fünftes hinzugefügt, das überschrieben ist: „Wir Furchtlosen“. Das erste Stück dieses Buches, der Aphorismus 343, ist betitelt: „Was es mit unserer Heiterkeit auf sich hat“. Der Text beginnt: „Das grösste neuere Ereignis, – dass ‚Gott todt ist‘, dass der Glaube an den christlichen Gott unglaubwürdig geworden ist – beginnt bereits seine ersten Schatten über Europa zu werfen.“[18] Es wäre einfach zu behaupten, daß Nietzsche einen metaphysischen Gottesbegriff voraussetze und deshalb nicht den christlichen Gott meint. Solch eine Deutung, die sich der ernsten Auseinandersetzung entzieht, ist mit Martin Heidegger im Anschluß an den Aphorismus 343 entgegenzuhalten: „Aus diesem Satz wird klar, daß Nietzsches Wort vom Tod Gottes den christlichen Gott meint.“[19] In der Schrift „Die fröhliche Wissenschaft“ hat Nietzsche bereits den Tod Gottes ausgesprochen, indem „Der tolle Mensch“ im Stück 125 fragend ausruft: „Wohin ist Gott? rief er, ich will es euch sagen! Wir haben ihn getötet – ihr und ich. Wir sind seine Mörder!“[20]

Die antitheologische Deutung braucht gar nicht erst von der Schrift „Der Antichrist“ verdeutlicht zu werden, in der es christentumskritisch heißt: „Das Wort schon ‚Christentum‘ ist ein Missverständnis –, im Grunde gab es nur einen Christen, und der starb am Kreuz. Das Evangelium s t a r b am Kreuz."[21]

Die Frage: „Was bedeutet Nihilismus?" beantwortet Nietzsche: „ D a ß d i e o b e r s t e n W e r t e s i c h e n t w e r t e n ."[22] Im folgenden soll nun aufgezeigt werden, daß der philosophische Gedanke des Nihilismus nicht erst mit Nietzsche beginnt, sondern älteren Datums ist.

F.J.Jacobi wendet den Nihilismusvorwurf in einem offenen Brief gegen J.G.Fichtes Philosophie, später auch gegen die Philosophie Kants, um mit dieser Prädizierung folgerichtig den Idealismus zu charakterisieren.[23] Indessen hat Jacobi nicht den Nihilismus-Begriff gebildet. O.Pöggeler hat darauf aufmerksam gemacht, daß bereits drei Jahre vor Jacobi D. Jenisch den Transzendental-Idealismus als Nihilismus bezeichnet hat.[24] Die philosophische Verwendung des Nihilismus-Begriffes hat indessen ihren Ursprung weit hinter der Kritik des Transzendental-Idealismus durch Jacobi zu suchen. Sachgründe verweisen bei der Begriffsbildung in die scholastische Tradition, die von Annihilation sprach. Mit diesem Begriff wurde in der mittelalterlichen Theologie an die Möglichkeit der schlechthinnigen Vernichtung der Geschöpfe gedacht.[25] Von dem theologischen bis in die Alte Kirche zurückreichenden Annihilatio-Begriff unterscheidet sich eine weitreichendere Begriffsbedeutung, die die Zerstörung einer Form zum Ausdruck bringt. Dieser weitere Begriff setzt sich immer mehr in der Neuzeit durch, bis Christian Wolff folgende Begriffsbstimmung gibt:

„Annihilari dicitur, si quod existit, ita existere desinit, ut nihil eius amplius actu suspersit."[26]

Den Übergang der Begriffe von Annihilation auf Nihilismus stellt Müller-Lauter plausibel dar, wobei Christian Wolff in seiner Kritik der „Idealisten" als „Egoisten" das Urteil Jacobis vorwegnimmt, daß nämlich „Jacobi den Idealismus zunächst als Egoismus und erst später als Nihilismus charakterisiert hat."[27]

In Feuerbachs nihilistischer Interpretation des Kreuzesgeschehens wird Nietzsches nihilistische Deutung des Christentums vorweggenommen. Nietzsche verschärft den Nihilismusgedanken, indem er ihn zum System erhebt.

2.2. Nihilismus im Denken Feuerbachs

Feuerbach hat in seinen Schriften das Problem des Nihilismus mehrfach benannt.

In den „Anmerkungen und Erläuterungen" zu der Schrift „Pierre Bayle. Ein Beitrag zur Geschichte der Philosophie und Menschheit" kritisiert Feuerbach, daß bei der Ausbildung der Gotteslehre die Theologie in Aporien gerate, da sie nach dem Motto verfahre: Hinsichtlich der Eigenschaften Gottes und der Menschen gelte: „„Es ist ganz ebenso, nur ganz anders.""[28]

Das bedeutet ihm Lüge und frommer Betrug: „Das mendacium, die pia fraus ist daher die Basis der Theologie, und die Extreme des niedrigen Anthropomorphismus einerseits und des Nihilismus der Begriffslosigkeit andrerseits sind die Gegensätze, zwischen welchen die Theologie von jeher hin und her geschwankt ist."[29]

Zwischen Anthropomorphismus und Nihilismus sieht Feuerbach die Theologie in einer Aporie. Sein erkenntnisleitendes Interesse ist die Anthropologie, die im Anthropomorphismus angesprochen ist, insofern Aussagen über den Menschen gemacht werden. Feuerbach erkennt – das ist wichtig festzuhalten – die mögliche Entwicklung philosophischer Art von der Theologie zu einem „Nihilismus der Begriffslosigkeit".

In der Schrift „Die Unsterblichkeitsfrage vom Standpunkt der Anthropologie" will Feuerbach die illusionären Züge des christlichen Glaubens herausstellen. In seinem Verständnis haben sich Menschen kraft ihres Glaubens von der empirischen Wirklichkeit entfremdet, so daß eine, von ihm intendierte Rückführung aus dem Jenseitsglauben in die Wirklichkeit des Diesseits von Christen als „Nihilismus" abgetan wird.

„Die phantastischen Vorstellungen des Christentums haben seit Jahrhunderten die Menschen so sehr des Gebrauchs ihrer fünf Sinne entwöhnt, daß sie, wenn man sie aus ihren Träumen aufweckt und ihnen die Augen öffnet, wie die Blinden, wenn sie sehend werden, in dem Lichte der wirklichen Welt n i c h t s sehen, daß ihnen die Zurückführung des Menschen auf die Reichtümer der Wirklichkeit für Pauperismus, für Nihilismus gilt."[30]

Die von Feuerbach intendierte, jedoch auf Widerstand stoßende Preisgabe christlicher Eschatologie, gibt er richtig als Nihilismus an. Mit der von ihm beabsichtigten Überführung und Auflösung der Theologie in Anthropologie ist also in seinen Worten das Erstarken des Nihilismus angezeigt.

Feuerbach strebt philosophisch jedoch nicht den Nihilismus an, wie 1860 aus einem Briefwechsel ersichtlich wird:

Er beklagt, daß im Unterschied zu seiner Philosophie „der Schopenhauersche Quietismus und Nihilismus namentlich bei der Jugend zahlreiche Anhänger" habe.[31]

Das Wissen um die Gefährdung der Theologie, bei dem Versuch, sie ihres Gegenstandes, ihrer Aufgabe und ihrem Lebensinhalt zu berauben, ist Feuerbach wohl bewußt.

Bei der Deutung des Kreuzes Jesu im Glauben der Herrnhuter fällt Feuerbach das nihilistische Urteil: „In der That: der Herrnhutianismus ist das im Blute Christi, im Blute des Menschen concentrirte, aber auch aufgelöste und zersetzte Christenthum." (80).

Die Prämissen zu diesem Urteil sind an anderer Stelle ausgesprochen. In der Schrift „Das Wesen des Christentums" wird psychologisierend die Wirkung der Kreuzigungsdarstellungen auf die Gläubigen destruktiv beurteilt:

„Die christliche Religion ist die Religion des Leidens. Die Bilder des Gekreuzigten, die uns heute noch in allen Kirchen begegnen, stellen uns keinen Erlöser, sondern nur den Gekreuzigten, den Leidenden dar. Selber die Selbstkreuzigungen unter den Christen sind psychologisch tief begründete Folgen ihrer religiösen Anschauung. Wie sollte dem nicht Lust kommen, sich selbst oder andere zu kreuzigen, der stets das Bild eines Gekreuzigten im Sinne hat?"[32] In einem Analogieschluß von der heidnischen auf die christlichen Formen der Frömmigkeit meint Feuerbach sagen zu können:

„Wenigstens sind wir zu diesem Schlusse ebensogut berechtigt als Augustin und andere Kirchenväter zu dem Vorwurf gegen die heidnische Religion, daß die unzüchtigen religiösen Bilder die Heiden zur Unzucht auffordern."[33]

Die Stringenz des Schlusses verblüfft, vermag aber nicht zu überzeugen. Die psychologisch-destruktive Interpretation des Gekreuzigten und der Kreuzigungsbilder ist aus anthropologischem Interesse nicht aufrechtzuerhalten. Feuerbach hat, wie oben nachgewiesen wurde, Zinzendorf und den Herrnhutern ein dezidiertes Wollen des Gekreuzigten zugeschrieben (vgl. VI.1.).

Die zweimalige Sperrung durch Feuerbach in Zitaten des Wortes „w o l - l e n" wird von daher geklärt, daß die in der Mitte der Sechziger Jahre erarbeitete und vollendete Schrift „Über Spiritualismus und Materialismus, besonders in Beziehung auf die Willensfreiheit" 1866 editiert wurde, also genau in dem Jahr, in dem die Schrift „Zinzendorf und die Herrnhuter" geschrieben ist.

Unter der Überschrift „Der Wille innerhalb der Naturnotwendigkeit" analysiert Feuerbach den Selbstmord als Wille zum Tode: „So kann denn auch der Mensch nur da seinen Tod wollen, wo er in sich Grund und Stoff zum Tode hat, wo die Kluft zwischen Leben und Tod, die sonst die Selbsttötung ihm zur Unmöglichkeit macht, verschwunden, wo sein Hirn bereits so verbrannt und verzehrt ist, daß er nur in einem Totenschädel sein Ebenbild erblickt, sein Herz so der Welt abgestorben, daß er im Tode nicht den Tod seines Lebens, sondern nur den Tod seines Todes sucht, wo er mit seinem Leben nur noch einen Schein, eine Lüge, einen Widerspruch abtut, im Tode nur den wahren Ausdruck seines Wesens und Willens findet."[34]

In dem Sinne, wie Feuerbach hinsichtlich des Lebens von dem „Selbsterhaltungstrieb" spricht, ist hinsichtlich des Todes in entgegengesetzter Richtung von dem „Todestrieb" zu sprechen, der erst von S. Freud so benannt, von Feuerbach indessen so interpretiert wird. Bei der Gegenüberstellung von F. H. Jacobi und Ludwig Feuerbach weist J. C. Janowski zurecht nach, daß hinsichtlich der Selbsterhaltung und Selbstnegation der Individualität ein vitaler Unterschied besteht. Im Vergleich zu Jacobis Schrift „Über die Lehre des Spinoza"[35], angesichts derer der Trieb auf Selbsterhaltung abzielt, tendiert bei Feuerbach dieser Trieb auf die „Selbstnegation der Individualität und – im Falle des Menschen – auch der Personalität".[36]

Deshalb ist es im Zusammenhang der Aufdeckung des Nihilismus bei Feuerbach notwendig, die theoretische Grundlage der nihilistischen Interpretation darzulegen. Zum theoretischen Instrumentarium gehört die Trieblehre Feuerbachs. Von ihr ist die psychoanalytische Trieblehre zu unterscheiden, die Oskar Pfister in seiner Deutung von Zinzendorf geltend macht, wobei er der Schule von C. G. Jung verpflichtet ist.

2.3. Zinzendorf im Lichte der psychoanalytischen Trieblehre

Todestrieb ist nach S. Freud, wie es in „Jenseits des Lustprinzips" (1920) dargelegt ist, der „Gegenspieler" des Lebens- oder Liebestriebes, der Libido. [37] Freud behauptet, daß der Organismus eine angeborene Tendenz zur Rückkehr in den Ausgangszustand habe. Dieser Trieb, der zur

140

Selbstdestruktion führen würde, muß vom heranwachsenden Organismus erst nach außen abgelenkt werden. Der Todestrieb widerspricht dem Lustprinzip und wird vom Wiederholungszwang gesteuert. In der neueren Diskussion wird statt vom Todestrieb neutraler vom Aggressionstrieb gesprochen. Lebens- und Aggressionstrieb stellen somit eine der beiden Trieb- und Motivklassen dar, unter denen für Psychoanalytiker alles Motivationsgeschehen subsummierbar ist. Dabei ist innerhalb der Aggressionsforschung die Lehre vom Aggressionstrieb auch nicht unbestritten.[38] Zinzendorf nimmt – wenn auch nicht unter dem Vorzeichen der Psychoanalyse – Gedanken der Freudschen Psychoanalyse vorweg. Oskar Pfister, Schüler von C.G.Jung, verfaßte die Arbeit „Die Frömmigkeit des Grafen Ludwig von Zinzendorf. Eine psychoanalytische Studie".[39] Sigmund Freud begleitet die Arbeit von Pfister mit Interesse: „Ihren Zinzendorf in Eile und Spannung durchgelesen ... Ihre Arbeit an ihm ist ausgezeichnet durchsichtig bis zum Letzten, eindrucksvoll, überzeugend für jeden, der es nicht durchaus verhüten will überzeugt zu werden. Einige sehr geringfügige Anmerkungen: Wo sie von den Sublimierungen der Libido sprechen, geraten Sie einige Male in eine etwas steife Formelsprache, die dem Uneingeweihten Rätsel aufgeben wird. Die besonders intensive erotische Veranlagung des Knaben haben Sie nicht betont, sie wird sich wohl – wie bei allen Religionsstiftern behaupten lassen. Beim Wundenkultus liegt es nahe, an die Angabe der ‚Traumdeutung' zu denken, daß das weibliche Genitale in der Kindheit als ‚Wunde' beurteilt wird. (Ich glaube im Abschnitt: ‚Das Infantile als Traumquelle'.) Also dieselbe Herkunft wie das so glänzend aufgeklärte Seitenhöhlchen."[40] Die Briefnotiz spricht Freuds psychoanalytisch-historisches Interesse an Zinzendorf aus.[41] Während S.Freud auf das Phänomen der Sublimierung abhebt, das O.Pfister bei Zinzendorf herausarbeitet, wird die Beurteilung der Triebspaltungen am Beispiel Zinzendorfs teils bejaht, teils zurückgewiesen. Gegenüber Pfister betont Freud zustimmend: „Ihre Idee der Polarisation ist ausgezeichnet. Bei mir heißt es: Entmischung der Gegensätze, in denen unsere Triebe meist auftreten."[42] S.Freud steht hier einer Deutung gegenüber, die, was die Trieblehre betrifft, einer unterschiedlichen Beurteilung in der Theoriebildung der beiden Psychoanalytiker unterzogen wird. Freud bemerkt energisch gegenüber O.Pfister: „Denken Sie, Ihre so gescheiten Ausführungen über die Triebspaltungen – Ihre Polarisaton – wecken kaum ein Echo, ja nicht einmal ein Verständnis in mir. Ich bin in zehn Tagen bereits ganz dumm geworden und ganz selig darüber."[43] Hier wird ersichtlich, daß S.Freud noch nicht den Erkenntnisstand in der Trieblehre gewonnen hat, wie nach dem 1.Weltkrieg, sondern gedanklich bei der Ausarbeitung der Trieblehre hin und her schwankt. Hier ist seine Theoriebildung noch nicht zu einem Abschluß gelangt, sondern noch im Werden begriffen. Wenn Feuerbach von Trieb oder Trieben spricht, ist dies von der Freudschen Trieblehre zu unterscheiden.

2.4. Trieblehre bei Feuerbach

Grundlegend für Feuerbachs Trieblehre ist seine Dissertation von 1828: „De ratione, una, universali, infinita". Neben mehr umgangssprachlich gebrauchten Formulierungen, die vom „Trieb des Erkennens", und Trieb „des Denkens" sprechen, die „dem Menschen … eingeboren" sind, wird in der Dissertation eine klare Definition gegeben.[44]
Es ist auffällig, daß im lateinischen Text der deutsche Begriff „Trieb" erscheint.
„Quam ob causam vehemens cupiditas v.c.opum honoris, gloriae, regnandi, eo ipso, quod nihil est nisi cupiditas, optime apud nos Germanos dicitur: Sucht, Hab-, Ehr-, Ruhm-, Herrschsucht, nam hujus generis cupiditates non sunt proprie studia, Triebe. Studium enim talis est cupiditas, quae per se ipsa sit actus, remque, ad quam fertur, et conditionem causamque, hujus rei consequendae, in se ipsa contineat. Nam quod ad studium attinet, est ipsa penuria possessio, ipsa absentia praesentia; mea enim universalis i.e. vera et interio natura est medium quiddam conjungens mei ipsius, appetentis, et rei appetitae.
(42) Itaque quodvis studium est potentia, vis, facultas, vel studium nihil aliud est, quam actuosa potentia. Meum enim Posse est per se ab initio tantum aliquid internum, reconditum, iners et placidum, seu quiescens; studium autem est t. Posse quod exsistit et apparet, quod in actu et motu est."[45]
Jeder Trieb ist nicht nur tätiges Vermögen, Können, das sich in Tätigkeit und Bewegung erschöpft. Jeder Trieb drückt für Feuerbach eine Beziehung des Menschen aus, die zwischen Einzelnem und Allgemeinem vermittelt. Der Trieb ist das Streben im Menschen, das sich selbst überwindet, mit der Tendenz, das Individuum aufzuheben.

„Quum quodlibet hominis studium relationem exprimat, quae intercedit inter ipsum, utpote singularem, et universale aliquid, quod etsi conjunctum quodammodo, simul tamen separatum est ab eo – nam cuilibet studio repugnantia inest; – etiam rerum cognoscendarum studium sic definiri licet, ut sit illud studium, quo homo tendit et conatur se ipsum superare ac tollere ut individuum, utpote quod sejunctus et separatus est a ratione."[46]

Das „se ipsum superare ac tollere" ist mit den Gedanken über den Tod herauszuarbeiten. Feuerbach hat ebenfalls in seiner Dissertation das Todesphänomen angesprochen. Die Gleichheit des Todes ist für Feuerbach bei allen Menschen im Denken präsent. Dazu ist die Betrachtung von Gebeinen, Grabstätten und Leichnamen nicht mehr notwendig. Im Leben stellt sich eine Evidenz des Todes, die dem Leben innewohnt.

„Cogitans ipse sum genus humanum (16) non singularis homo, qualis sum, quum sentio, vivo, ago, neque certus quidam homo (hic vel ille) sed nemo. (17) Itaque, quum cogito non sum universalis ut persona quaedam, quae per se est priva et particularis, sed simpliciter universalis sine ulla restrictione et exceptione. – Absolutam igitur hominum aequitatem si vobis ante oculos vultis proponere, non opus est, ut sepulchrorum loca obeatis, atque ossa cadaveraque contemplati ad sidera vultus tollatis; haec enim mors, haec aequitas, et ulterior illa vita, quae differentias omnes tollere dicitur, haud procul a vobis abest; praesto est enim in cogitando; quid? quod in vobis ipsis mors quaedam latet, (18) atque ea quidem mors, quae in vita inest, quin ipsa est vita atque in vestra potestate, praestantior illa sane et divinior morte naturali. Haec enim nihil est, nisi mors i.e. mera et inanis negatio."[47]

Folgendes gilt es anschließend festzuhalten: 1. Der Denkende realisiert in seinem Denken, im eigenen Ich, die menschliche Gattung. 2. Dabei ist die Gleichheit des Todes im Denken gegenwärtig. 3. Der Grund dafür, daß der Tod im Denken anwesend ist, liegt darin, daß jeder Mensch den Tod in sich trägt. 4. Der Tod, der dem Leben innewohnt, ist schließlich auch Leben. 5. Der dem Leben innewohnende Tod ist reine und inhaltslose Negation.

Die Negation des Todes realisiert der Denkende und erfaßt, im Erkennen des Endlichen, daß die Grenze des Erkennens der Tod ist, welcher als unabwendbares Schicksal, da selbst unbestimmt, alles Bestimmende zunichte macht.

„Atque sicuti in rerum natura in delendis generandisque singulis genus apparet, sic sui ipsius conscientia ex altera parte ea sola cognoscenda sibi sumit, quae sunt finita et singularia, suumque Esse non habet, nisi in cognoscendis finitis; ex altera eadem velut nex est omnium cognitionum suarum, et fatum immobile, quod, ipsum indeterminatum, omnia determinata in nihilum redigit".[48]

Da das Selbstbewußtsein nur solche Erkenntnis in sich aufnimmt, die endlich und vereinzelt sind, sind die über das Endliche hinausgehenden Erkenntnisse für Feuerbach ausgeschlossen. Die Wahrnehmung des Todes bedeutet schließlich die Erkenntnis des unwandelbaren Schicksales, das „omnia determinata in nihilum redigit", also zunichte macht. Diese Erkenntnis gilt für den Tod im allgemeinen und für den Tod des gekreuzigten Christus im speziellen, da Christus für Feuerbach Mensch und nichts anderes als Mensch ist.

Statt theologisch deutet Feuerbach die Kreuzestheologie voluntaristisch. Diese Deutung hat ihren Ursprung in der anthropologischen Vorentscheidung Feuerbachs. „Mit dem ‚Ich will' ist daher unzertrennlich das Fragewort ‚Was?' verknüpft... Nichts als das Ende einer Widerwilligkeit, eines Übels ... nichts als das Nichtsein meines Nichtseins, denn nur Wohlsein ist Sein, wahres Sein. Ich will selbst meinen Tod, aber nur, wenn er das letzte und einzige Mittel ist, mich von den Miserabilitäten des menschlichen Lebens frei zu machen."[49]

Feuerbach hat hier den willentlichen Entschluß zum Tode als eine Möglichkeit ausgesprochen, die genau gegen die von ihm beabsichtigte und analysierte „Einheit des Willens und Glückseligkeitstriebes" gerichtet ist.[50]

Indem hier die Kreuzestheologie und Kreuzesfrömmigkeit psychologisierend innerhalb der Willensethik bedacht wird, ist sichtbar, mit was für einer Haltung Feuerbach die theologia crucifixi interpretiert. Sie ist ihm Ausdruck der Lebensverneinung, der Perspektivenlosigkeit und Veranlassung zum Selbstmord.

In der nihilistischen Deutung der Kreuzestheologie nimmt Feuerbach also nicht nur dem Glauben die ihm innewohnende Evidenz, verzerrt er nicht allein die biblische und reformatorische Kreuzestheologie, sondern er nimmt das theoretische Potential der Religionskritiker vorweg, die, wenn auch aus ganz unterschiedlicher Herkunft, die illusionäre Unwirklichkeit des christlichen Glaubens hervorgehoben haben.

1. Feuerbach nimmt Nietzsches nihilistische Deutung des Christentums und insbesondere der Kreuzestheologie vorweg.

2. Feuerbach nimmt weiter die von S.Freud nach dem 1. Weltkrieg ausgebildete und stark umstrittene Todestriebtheorie vorweg, indem er die Kreuzestheologie als Inbegriff eines Voluntarismus von Seiten der Christen versteht, indem er bei ihnen eine Anlage und Disposition zum Suizid voraussetzt.

In dieser destruktiven Deutung der Kreuzestheologie und des Christentums unterscheidet sich Feuerbach radikal von Karl Marx, da dieser nicht den religionskritischen Weg in eine nihilistische Sackgasse gewählt hat.

2.5. Todesgedanken und Trieblehre als Movens des Nihilismus Feuerbachs

Die nihilistisch-voluntaristische Interpretation des Kreuzesgeschehens ist auf dem Hintergrund folgender Theoriemomente erfolgt.

1. Die Theologie und Christologie wird umgedeutet.
2. Die theologia crucifixi wird anthropologisch gegen ihren Anspruch interpretiert.
3. Die von Feuerbach in Ansätzen erkennbare Trieblehre ist Merkmal seiner Anthropologie.
4. Die im Denken des Einzelnen präsenten Gedanken über den Tod sind Wesensmerkmale des Menschen als Individuum und Gattungswesen.
5. Die in der Anthropologie vorausgesetzte Trieblehre und die im Individuum und in der Gattung gegenwärtigen Todesgedanken antizipieren die in der Freudschule vertretene, aber auch umstrittene Todestriebtheorie.
6. Daß für Feuerbach Leben und Tod in ihrem vitalen Bezug, aber auch in ihrer tödlichen Konfrontation das Denken und Leben bestimmen, steht außer Frage.

Aus dem Gesagten ist ersichtlich, daß bereits die Dissertation Feuerbachs sowohl eine vorläufige, wenn auch nicht stringente Trieblehre enthält und Gedanken über Leben und Tod entwickelt, die in den späteren Schriften weitergeführt werden und deutlich bei der nihilistischen Deutung der Kreuzestheologie zum Durchbruch kommen.

Das dies nicht nur theoretische Fragen sind, sondern praktisch Philosophie und Menschsein auf dem Spiele stehen, bestätigt Feuerbach: „Leben oder Tod. ‚Sein oder Nichtsein‘, das ist die Frage.“[51]

Das bei Zinzendorf und den Herrnhutern unterstellte „aufgelöste und zersetzte Christenthum“ (81) wurde von der Dissertation Feuerbachs analysiert. Feuerbach hält diesen Ansatz in den religionskritischen

Hauptschriften durch, insbesondere in der Schrift das „Wesen des Christentums" von 1842 und bestätigt dieses Vorgehen in der Spätschrift über „Spiritualismus und Materialismus", welche das religionskritische Interpretieren aufrechterhält und das nihilistische Ergebnis unterstreicht.

3. Feuerbachs Kenntnis der bezeugten Auferstehungsbotschaft

Das Gemeinsame von Zinzendorfs Kreuzestheologie und deren „Interpretation" durch Feuerbach ist die Kreuzestheologie des Paulus (vgl. 1. Kor. 2,2). Das Trennende ist deren jeweiliges Verständnis. 1. Kor. 2,2 ist für Zinzendorf der sachliche Ausgangspunkt der Theologie und des Christentums. Feuerbach dagegen behauptet, 1. Kor. 2,2 sei der sachliche Endpunkt von Zinzendorfs Kreuzestheologie und die Auflösung des Christentums. Das ist ein Widerspruch. Feuerbachs Behauptung kann aus keiner ihm vorliegenden Schrift nachgewiesen werden. Im Gegenteil weiß er um die Unrichtigkeit seiner Behauptung. Denn ihm ist der lebendige und nicht der tote Glaube von Zinzendorf und seiner Gemeinde bekannt. Zinzendorfs Kreuzestheologie ist nicht die Voraussetzung eines sich zersetzenden, sich auflösenden Glaubens, wie Feuerbach behauptet. Denn ihm wird neben den Schriften Zinzendorfs und Spangenbergs der lebendige Glaube von zwei unparteiischen Zeitgenossen Zinzendorfs bezeugt. August Gottlieb Meissner gibt – mit dem kritischen Hinweis, „daß sie … mich nicht selbst für einen Herrnhuter halten!" – aus eigener Anschauung einen Erlebnisbericht über den lebendigen Glauben der Herrnhuter aus dem Jahr 1788 wieder. Meissner schildert seine Teilnahme an einem Frühgottesdienst an einem Ostersonntag, dem sogenannten „Ostermorgen" in Herrnhut.[52] Weiter stellt der kritische Johann Rudolph Schlegel den lebendigen Ostermorgen dar: „Schon um 4 Uhr wird ein Zeichen mit Posaunen gegeben, und die Gemeinde dadurch in den Bethsaal gerufen. Von da zieht sie gegen 5 Uhr in Procession auf den Begräbnisplatz, stellt sich da in einen Kreis: der Lehrer ruft mit lauter Stimme: D e r H e r r i s t a u f e r s t a n d e n, und die Gemeinde antwortet: Er ist wahrhaftig auferstanden. Hierauf wird dem Lehrer ein Bekenntnis des Glaubens und die vom Grafen aufgesetzte O s t e r - l i t a n e y gebetet."[53]

[1] A.G.Spangenberg, Apol Schl, 26.

[2] Vgl. a.a.O., Qu.60.

[3] A.a.O.

[4] Feuerbach zitiert: N.L. von Zinzendorf, Reale Beylagen zu den Nat Refl, auf den Seiten 87, 78 und 121 in SW X, 81 und die Seiten 21, 48 und 127-128 in SW X, 85.

[5] N.L.von Zinzendorf, Nat Refl, 144.

[6] N.L. von Zinzendorf, Red Ev, Bd.I, 38. (Predigt vom 6.1.1741 über Mt. 2,1 f., 10 f.).

[7] N.L. von Zinzendorf, Nat Refl, Reale Beylagen, Konferenz Protokolle, 47. Vgl. J.Reichel, a.a.O., 93.

[8] N.L. von Zinzendorf, Red Ev, Bd.I, 322. (Predigt über Mt 6, 9-13 vom 4.9.1746).

[9] Ebd.

[10] Ebd.

[11] A.a.O., 527.

[12] A.a.O., 37 (Predigt vom 20.2.1744 über Mt 2, 1 f. und 10 f.).

[13] GW 5, 381.

[14] Vgl. ebd., Feuerbach: „Hierher gehört auch der religiöse Mystizismus, dessen Reiz auf Gemüt und Phantasie ebendarin liegt, daß er in der i n n i g s t e n W e s e n h e i t z w e i e r Wesen lebt und webt."

[15] F.Nietzsche, Der Willen zur Macht. Versuch einer Umwertung aller Werte. Ausgewählt und angeordnet von P.Gast unter Mitwirkung von E.Förster-Nietzsche, Stuttgart 1959, Vorwort 3 f.

[16] K.Löwith, Nietzsches Philosophie der Ewigen Wiederkunft des Gleichen, Berlin MCMXXXV, 40.

[17] A.a.O., 42.

[18] F.Nietzsche, Sämtliche Werke (=SW). Kritische Studienausgabe, hg v G.Colli und M.Montinari, Bd.3, München 1980, 573.

[19] M.Heidegger, Nietzsches Wort „Gott ist tot", in: ders, Holzwege, Frankfurt am Main 1972, 199.

[20] F.Nietzsche, SW 3, 480.

[21] F.Nietzsche, SW 6, 211.

[22] F.Nietzsche, Der Wille zur Macht, a.a.O., 10. Vgl. M.Heidegger, a.a.O., 205.

[23] W.Müller-Lauter, Nihilismus als Konsequenz des Idealismus. F.H.Jacobis Kritik an der Transzendentalphilosophie und ihre philosophiegeschichtlichen Folgen, in: Denken im Schatten des Nihilismus. Festschrift für Wilhelm Weischedel zum 70. Geburtstag, hg v A.Schwan, Darmstadt 1975, 113-163.

[24] O.Pöggeler, Hegel und die Anfänge der Nihilismus-Diskussion, in: Man and World, 3, 1970, 180; 186-189.

[25] H.K.Kohlenberger, Art: Annihilation, in: Hist.Wb. Phil. 1, Darmstadt 1971, 333 f. K.Stock, Annihilatio mundi. Johann Gerhards Eschatologie der Welt, München 1971, 6-24 verfolgt den Annihilatio-Begriff über Thomas von Aquin STh Suppl.q 1 a 2c „Sicut enim inflatio propriae voluntatis ad malum faciendum importat, quantum est de se, malum ex genere; ita illius voluntatis annihilatio et comminutio quaedam de se importat bonum ex genere, quia hoc est detestari propriam voluntatem qua peccatum est commissum.", vgl. Suppl. q 10 a 1 ad 2 und hebt demgegenüber ab: a.a.O., 18: „Die These der eschatologischen annihilatio mundi ist also, überlieferungsgeschichtlich betrachtet, erneute Rezeption des in der altkirchlichen und scholastischen Antithese überlieferten,

gnostisch-origenistischen Entwurfs seiner Eschatologie der Welt." K.Stock zeigt demgegenüber auf, daß und wie sich die lutherische Orthodoxie von den ontologischen Grundlagen scholastischer Theologie distanziert.

[26] Ch.Wolff, Philosophia prima sive Ontologia, ...Frankfurt und Leipzig 1729, § 540.

[27] W.Müller-Lauter, a.a.O., 117.

[28] GW 4, 334.

[29] GW 4, 335.

[30] GW 10, 218: „Sie sehen nicht, die Toren, daß das Jenseits der Gegenwart schon in das Diesseits fällt, daß der Mensch nur über ihre Schranken sich zu erheben, nicht nötig hat, sich ein himmlisches Jenseits zu erträumen...".

[31] L.Feuerbach, Briefwechsel, hg v W.Schuffenhauer, Leipzig 1963, 299 f.

[32] GW 5, 125.

[33] Ebd.

[34] GW 11, 60.

[35] F.H.Jacobi, Werke IV/1, 18 f.

[36] J.C.Janowski, a.a.O., 321 Anm.80.

[37] S.Freud, Jenseits des Lustprinzips (1920). GW 13, London 1947. Vgl. L.Feuerbach, GW 11, 56: „Ich will sterben, ist nur die willige Schlußfolge von dem widerwilligen Obersatz: Ich kann nicht mehr leben, ich muß sterben."

[38] Vgl. A.Kaiser, Aggressivität als anthropologisches Problem, in: A.Plack und Mitarbeiter, Der Mythos vom Aggressionstrieb, 2.Aufl. Frankfurt/M., Berlin, Wien 1980, 43-68. Zur theologischen Aufarbeitung der Ergebnisse der Aggressionsforschung vgl. M.Moser, Aggression und Mitmenschlichkeit, Frankfurt/Bern 1977.

[39] O.Pfister, Die Frömmigkeit des Grafen Ludwig von Zinzendorf. Eine psychoanalytische Studie, 2.verb.Aufl. Zürich 1925. Eine kritische Prüfung der Arbeit von Oskar Pfister legte Gerhard Reichel vor. G.Reichel, Zinzendorfs Frömmigkeit im Lichte der Psychoanalyse. Eine kritische Prüfung des Buches von Oskar Pfister: „Die Frömmigkeit des Grafen Ludwig von Zinzendorf" und ein Beitrag zum Verständnis der extravaganten Lehrweise Zinzendorfs, Tübingen 1911.

[40] E.L.Freud/H.Meng (Hg), Sigmund Freud, Oskar Pfister. Briefe 1909-1939, Frankfurt a.M. 1963, 39: Brief von S.Freud an O.Pfister vom 17.6.1910.

[41] Vgl. die weiteren Briefe von S.Freud an O.Pfister, in: E.L.Freud/H.Meng (Hg), a.a.O., 32 f. vom 6.3.1910; a.a.O., 33 f. vom 17.3.1910; a.a.O., 34, vom 4.4.1910; a.a.O., 34 f.: „Ihr Graf wird erwartet...", vom 2.5.1910; a.a.O., 36-38, vom 5.6.1910; a.a.O., 39 f., vom 17.6.1910; a.a.O., 40 f. vom 19.7.1910; a.a.O., 41 f. vom 23.7.1910; a.a.O., 43 f. vom 27.9.1910; a.a.O., 45 vom 16.10.1910; Zur Erwiderung von G.Reichel, a.a.O., bemerkt S.Freud im Briefwechsel mit O.Pfister, a.a.O., 50 am 28.5.1911: „In der mir eingesandten Diskussion über den Grafen Zinzendorf hat ihre Offenheit und Klarheit prächtig gegen die süßliche Hinterhältigkeit Ihres Gegners abgestochen. Obwohl dieser gewiß nicht der ärgste ist, ersehen Sie doch daraus, wie man in Diskussionen aneinander vorbeiredet."

[42] E.L.Freud/H.Meng, a.a.O., 41: Brief von S.Freud an O.Pfister vom 19.7.1910.

[43] E.L.Freud/H.Meng, a.a.O., 41: Brief von S.Freud an O.Pfister vom 23.07.1910.

[44] GW 1, 95.

[45] GW 1, 152. Vgl. die deutsche Übersetzung GW 1, 153.
„Darum wird eine leidenschaftliche Begierde, z.B. nach Besitz, Ehre, Ruhm, Herr-

schaft, deswegen, weil es nichts als Begierde ist, bei uns Deutschen ‚Sucht, Hab-, Ehr-, Ruhm-, Herrschsucht' genannt, denn derartige Begierden sind nicht im eigentlichen Sinne Triebe. Der Trieb ist ein solches Begehren, das an sich schon Tätigkeit ist und die Sache, zu der es hindrängt, und desgleichen die Bedingung, die Voraussetzung, diese Sache zu erlangen, in sich trägt. Denn zum Trieb gehört, daß selbst der Mangel Besitz, selbst die Abwesenheit Anwesenheit ist; meine allgemeine, d. h. meine wahre, innere Natur ist bereits das Band zwischen mir als Begehrendem und dem Begehrten. (42) Daher ist jedweder Trieb Macht, Kraft, Fähigkeit, oder: Trieb ist nichts anderes als tätiges Vermögen. Denn mein Können ist an sich, ursprünglich etwas Innerliches, verborgen, untätig und ruhend, in mir schlafend. Der Trieb dagegen ist Können als solches, Können, das hervortritt und sichtbar wird, das sich in Tätigkeit und Bewegung befindet."
Zur terminologischen Differenzierung des lateinischen Begriffs zur deutschen Übersetzung von „Trieb" vgl. J.C.Janowski, a.a.O., 321 Anm.77 und Anm.78.

[46] GW 1, 154. Vgl. die deutsche Übersetzung GW 1, 155:
„Da jeder Trieb des Menschen eine Beziehung ausdrückt, die zwischen ihm als Einzelnem und etwas Allgemeinem besteht, das, wenngleich irgendwie verbunden, doch von ihm getrennt ist – denn in jedem Begehren ist ein Widerspruch -, so läßt sich der Trieb, die Dinge zu erkennen, wie folgt bestimmen: Er ist jener Trieb, durch den der Mensch danach strebt und trachtet, sich selbst zu überwinden und als Individuum aufzuheben, als das er ja getrennt und geschieden ist von der Vernunft."

[47] GW 1, 30. Vgl. die deutsche Übersetzung GW 1, 31:
„Als Denkender bin ich selbst die menschliche Gattung (16), nicht der einzelne Mensch, wie ich es im Empfinden, Leben, Handeln bin, und auch kein beliebig bestimmter Mensch (dieser oder jener), sondern niemand. (17) Ich bin folglich, wenn ich denke, allgemein nicht als selbständige und besondere Person, sondern bin schlechthin, ohne Einschränkung und Ausnahme allgemein. – Wollt ihr euch die volle Gleichheit der Menschen vor Augen führen, so braucht ihr nicht zu Grabstätten zu pilgern und nach Betrachtung von Gebeinen und Leichnamen euer Antlitz zum Himmel zu erheben. Die Gleichheit des Todes und des jenseitigen Lebens, von der man sagt, sie hebe alle Unterschiede auf, die ist gar nicht fern von euch: Im Denken ist sie gegenwärtig. Inwiefern? Weil ihr in gewissem Sinne den Tod schon in euch tragt (18), einen Tod, der dem Leben innewohnt, ja selbst Leben ist und in eurer Gewalt steht, einen Tod, heilsam überlegen und vortrefflicher als der natürliche. Dieser nämlich ist nichts als Tod, ist die reine und inhaltslose Negation."

[48] GW 1, 56. Vgl. die deutsche Übersetzung GW 1, 57:
„Und in derselben Weise, wie in der Natur die Gattung im Vergehen und Entstehen der Einzelwesen in Erscheinung tritt, nimmt das Selbstbewußtsein einerseits nur solche Erkenntnisse in sich auf, die endlich und vereinzelt sind, weshalb es kein eigenes Sein hat außer im Erkennen des Endlichen; darüber hinaus aber ist es für alle seine Erkenntnisse der Tod, das unabwendbare Schicksal, das, selber unbestimmt, alles Bestimmte zunichte macht."

[49] GW 11, 72.

[50] GW 11, 68: Zitat in der Überschrift; vgl. GW 11, 68-74.

[51] GW 11, 72.

[52] A.G.Meißner, ÜdO, 556. Sätze dieser Seite zitiert Feuerbach, SW X, 85, unausgewiesen.

[53] J.R.Schlegel, KGdNT, Bd. II, 924. Feuerbach,SW X, 85, hat die Seite 908 ausgewiesen zitiert.

V. FEUERBACHS INTERPRETATION DES ATHEISMUS BEI ZINZENDORF UND ZINZENDORFS ATHEISMUSVERSTÄNDNIS

Nach der Deutung der Reformation Luthers als geschichtliche Reduktion des Katholizismus (vgl. III.6.) und der Behauptung einer nihilistischen Auflösung und Zersetzung des Christentums im Herrnhutertum und bei Zinzendorf kommt Feuerbachs negative Geschichtsphilosophie in religionskritischer Absicht zu ihrem Abschluß und Ziel. Zinzendorfs Stellung zum Atheismus wird Feuerbachs Anknüpfungspunkt zur eigenen Deutung.

1. Feuerbachs Deutung Zinzendorfs als Atheisten

Feuerbach gibt sein Urteil über Zinzendorfs Stellung zum Atheismus gleich zu Anfang der Ausführungen ab, die das Atheismusproblem darlegen:

„Zinzendorf ist den Orthodoxen seiner Zeit gegenüber ein Freigeist, aber r e l i g i ö s e r Freigeist: ja er ist ein c h r i s t l i c h e r Atheist. ‚Ausser (sowohl extra als praeter) Christo kein Gott‘, wenigstens für uns Menschen. Der Herrnhutianismus ist die gelungene, wahre, consequente Anwendung (‚Applikation‘), Auslegung und Ausführung dieses lutherischen Ausspruchs.-“ (80f.).

Feuerbach bezieht sich bei seiner Deutung auf Aussagen der „Apologetischen Schluß-Schrift". Er zitiert aus den „PRAELIMINARIA Von der Brüder=Kirche in genere; auch von ihrer Lehre und Disciplin überhaupt, desgleichen von ihren Tropis, Synodis, Gemeinen und Schriften, und endlich von ihren Controversen, und dem Verhalten der Brüder, und ihres Ordinarii, so wohl als der Gegner bey denselben."[1]

Die „Controversen" der „Gegner" bestimmt Feuerbach richtig mit dem Hinweis auf die „Orthodoxen seiner Zeit". Die Bezeichnung „Freigeist" für Zinzendorf steht indessen nicht bei Spangenberg. Zinzendorf wird stattdessen der Vorwurf gemacht, er sei „Indifferentist".[2] Andere Belege für den Vorwurf des Indifferentismus sind nachweisbar.[3] Die Vorwürfe der Gegner stehen nicht im Blickfeld Feuerbachs, obwohl sie von Spangenberg aus apologetischem Interesse wiedergegeben werden.[4]

Mit dem Hinweis auf den lutherischen Ausspruch, hierin wird Feuerbachs Absicht ausgesprochen, wird Zinzendorf als christlicher Atheist interpretiert. Diese Deutung steht natürlich nicht im Einklang mit Zinzendorfs theologischem Selbstverständnis, wie später zu zeigen ist. Feuerbach ist nun bestrebt, daß die Deutung des christlichen Atheismus bei Zinzendorf mit Zitaten abgestützt wird. Aus verschiedenen Schriften reiht er Zinzendorf-Zitate aneinander:

„‚Ich fasste den firmen Schluss’, sagt Zinzendorf (in seiner Apologetischen Schlussschrift (S.27), ‚und hab ihn noch, dass ich e n t w e d e r ein A t h e i s t s e i n , o d e r a n J e s u m g l a u b e n m ü s s e , dass ich den Gott, der sich mir ausser Jesu Christo offenbart und nicht durch Jesum, entweder vor eine Chimäre oder vor den leidigen Teufel halten müsse ... Dabei ich bleib, wag Gut und Blut. Mein Thema ist: o h n e C h r i s t u s , o h n e G o t t in der Welt.‘ An einem anderen Ort sagt er: ‚Wenn’s möglich wäre, dass ein anderer Gott als der Heiland sein oder werden könnte, so wollte er lieber mit dem Heiland verdammt werden, als mit einem anderen Gott selig sein.’ (ebend.35)“.[5] Sachlich nimmt Zinzendorf hier eine Aussage von Dostojevskij vorweg, der in „Die Dämonen“, 2.Teil, 1.Kap., 7.Abschn. bekennt:

„Aber haben Sie nicht selbst zu mir gesagt, daß Sie sogar dann, wenn man Ihnen mathematisch bewiesen hätte, daß die Wahrheit außerhalb Christi liege, dennoch lieber mit Christus bleiben würden als bei der Wahrheit? Haben Sie mir das gesagt? Haben Sie das?“ Doch schon 16 Jahre vor Beginn der Arbeit an den Dämonen, am 20.Februar 1854, also rund 100 Jahre nach Zinzendorfs Ausspruch, schrieb Dostojevskij an Natal’ja D.Fonvizin: „... würde mir jemand beweisen, daß sich Christus außerhalb der Wahrheit befände, und wäre es wirklich so, daß die Wahrheit außerhalb Christi läge, ich würde lieber mit Christus bleiben als bei der Wahrheit.“[6]

Zinzendorf: „‚Die trockene Theologie, die die ganze Welt erfüllt, ist die, dass man immer vom Vater redet und den Sohn überhüpft. D i e Theologie hat der Teufel erfunden.‘ (Reden über d. 4 Evangel., I.Bd. S.311.) ‚Christus ist ‚Gottes Enchiridion‘ (Beil. z.d. Natur. Reflex., S.87), ‚dass Ens entium, die causa causarum, die Ursache der Schöpfung, die Ursache unserer menschlichen Existenz und Seligkeit, das, d.h. die Summe der ganzen Gottheit.‘ (Ebend. S.121). ‚Allein der Theanthropos qua talis das Privilegium hat, A l l e s i n A l l e m zu sein.‘ (ibid. S.78).“ (81). Feuerbach hat Zitate ausgewählt, die das Herzstück von Zinzendorfs

Theologie zur Sprache bringen: die Christologie. Sie sollen als Beleg dafür dienen, daß Zinzendorf ein christlicher Atheist sein soll. Doch christozentrisch zentrierte Zitate können nicht dafür als Beweis herhalten, daß Zinzendorf nur noch Christologie, also im Sinne eines Christomonismus vertrete, so daß seine Christologie eine Absage an den Theismus bedeute und allein in diesem sophistischen Sinne atheistisch sei.[7] Feuerbach interpretiert indessen Zinzendorfs dezidierte Christologie als Jesuologie:

„Was aber ist Christus? Mensch. Der Herrnhutianismus hat also, wenigstens im Sinne seines Stifters, ausser dem Menschen keinen Gott, er weiss nichts von Theologie, er weiss nur von Christologie; aber die Christologie ist nichts als die religiöse Anthropologie, Menschenlehre und Menschenthum christgläubiger Form. Nur in Christo ist Zinzendorf kein Atheist, nur in ihm glaubt er an einen Gott. Warum? weil Christus kein Gott, kein anderes, kein dem Menschen entgegengesetztes, aller menschlichen Eigenschaften und Neigungen entkleidetes Wesen oder vielmehr Unwesen, sondern vielmehr ein wahrhaft, ein herzlich und leiblich menschliches Wesen ist: eben darum ein Objekt der Liebe, der Empfindung, das nur deswegen für wahr angenommen, geglaubt wird, weil es das Zeugniss des Herzens für sich hat, dasselbe entzückt und beglückt." (81f.)

Hinter der die Christologie rein jesuologisch interpretierenden Aussage steht eine Entscheidung: Feuerbachs Option für den Atheismus. Sie soll in drei Schritten entfaltet werden: Zuerst Feuerbachs Atheismus-Verständnis, dann die Geschichtsphilosophische Begründung des Atheismus und schließlich die psychologische Begründung des Atheismus.

2. Feuerbachs Atheismus-Verständnis

Es ist Feuerbachs erklärte Absicht, philosophische Theologie, Religion und Theologie durch einen entschiedenen Atheismus zu ersetzen. Bei ihm erhält der Atheismus seine schärfste Ausprägung, da bei David Hume und einigen der französischen Aufklärer erst Ansätze und Symptome des Atheismus sichtbar werden. Davon weiß Feuerbach gerade hinsichtlich der kirchenkritischen Stellungnahmen, die Johann Lorenz von Mosheim dokumentiert: „Achtzehntes Jahrhundert. Erster Abschnitt ... Zweiter Theil. Oder Geschichte des Unglaubens und seiner Anfälle auf das Christenthum."[8] Von der Prämisse der Anthropologisie-

153

rung der Theologie konstatiert Feuerbach die Entwicklung zum Atheismus in der Philosophiegeschichte über Spinoza, Schelling und Hegel.
In der Schrift „Vorläufige Thesen zur Reformation der Philosophie" heißt es: „Das Geheimnis der Theologie ist die Anthropologie, das Geheimnis aber der spekulativen Philosophie – die Theologie – die spekulative Theologie, welche sich dadurch von der gemeinen unterscheidet, daß sie das von dieser aus Furcht und Unverstand in das Jenseits entfernte göttliche Wesen ins Diesseits versetzt, d. h. vergegenwärtigt, bestimmt, realisiert. Spinoza ist der Urheber der spekulativen Philosophie. Schelling ihr Wiederhersteller, Hegel ihr Vollender.
Der ‚Pantheismus' ist die notwendige Konsequenz der Theologie (oder des Theismus) – die konsequente Theologie; der ‚Atheismus' die notwendige Konsequenz des ‚Pantheismus', der konsequente ‚Pantheismus'."[9]
Feuerbach versteht die „Bezeichnungen" der philosophisch-systematischen Einordnung zwar selbstkritisch „im Sinne trivialer Spitznamen", untermauert aber den philosophiegeschichtlichen Entwicklungsgedanken mit dem Hinweis auf seine Schrift „Geschichte der Philosophie von Bacon bis Spinoza."[10]
Aus dieser philosophiegeschichtlichen Sicht wird es vollends verständlich, daß die Rede vom Heiligen Geist bei Spener, Arndt, Luther und Zinzendorf (vgl. II.) hinsichtlich der anthropologisch beurteilten Genese philosophisch-mystisch gedeutet wurde, daß aber hinter der Deutung die pantheistische Interpretation der Pneumatologie steht (vgl. II.4.). Denn für Feuerbach besteht ein umgekehrtes Identitätsverhältnis von Pantheismus und Atheismus: „Der ‚Atheismus' ist der umgekehrte ‚Pantheismus'. Der Pantheismus ist die Negation der Theologie auf dem Standtpunkte der Theologie."[11]
Hiermit ist der philosophiegeschichtliche Ort Ludwig Feuerbachs angegeben. Er will bewußt „Atheist" sein.[12]
Er betont, „daß wir nicht geschulte, sondern geborene Atheisten" sind, „daß der Atheismus unser Fleisch und Blut ist".[13]
Hierin sieht er sich in Übereinstimmung mit seiner Zeit: „Mein Atheismus" ist „nur der zum Bewußtsein gebrachte, ehrliche, unumwundene, ausgesprochene, unbewußte und tatsächliche Atheismus der modernen Menschheit und Wissenschaft".[14]
Unter Atheismus versteht Feuerbach „das Aufgeben eines vom Menschen verschiedenen Gottes".[15]
Von daher werden jegliche Positionen religiöser oder metaphysischer Art

verworfen: Es ist „eine Folge meiner Lehre, daß kein Gott ist, d. h. kein abstraktes unsinnliches, von der Natur und dem Menschen unterschiedenes Wesen, welches über das Schicksal der Welt und Menschheit nach seinem Wohlgefallen entscheidet".[16]

Der Atheismus ist gegen Gott und zugunsten des Menschen verstanden: „Der Atheismus, wenigstens der wahre, ... ist zugleich Bejahung, der Atheismus verneint nur das vom Menschen abgezogene Wesen, welches aber Gott ist und heißt, um das wirkliche Wesen des Menschen an die Stelle desselben als das wahre zu setzen".[17]

Um dem Wechsel in der Sache Rechnung zu tragen, schlägt Feuerbach auch vor, den Begriff „Atheismus" durch „Anthropotheismus" zu ersetzen. Im Gegenüber zu einem philosophischen und religionsphilosophischen Theismus gilt Feuerbachs leidenschaftliches Interesse: „Der Atheismus ist ... positiv, bejahend; er gibt der Natur und Menschheit die Bedeutung, die Würde wieder, die ihr der Theismus genommen".[18]

2.1. Die geschichtsphilosophische Begründung des Atheismus

Für Feuerbach ist die Zeit des Christentums vorbei. Denn es ist „eine religiöse Revolution vorsichgegangen". Wir leben in einer „Periode des Untergangs des Christentums".[19]

„Das Christentum ist negiert ..., gründlich, rettungslos, unwiderruflich." „An die Stelle des Glaubens ist der Unglaube getreten, an die Stelle der Bibel die Vernunft, an die Stelle der Religion und Kirche die Politik, an die Stelle des Himmels die Erde, des Gebets die Arbeit, der Hölle die materielle Not, an die Stelle des Christen der Mensch".[20]

Die atheistisch diagnostizierte Entchristlichung, Entkirchlichung steht hinter der atheistischen Deutung „einer Reduktion des Christentums durch Luther" (vgl. III.6.) und der Behauptung der Zersetzung und Auflösung des lutherischen Christentums im Herrnhutertum (80f.).

In dem theologiegeschichtlichen Verfall bricht für Feuerbach auch die Selbstverständlichkeit einer philosophischen Theologie und christlichen Philosophie, wie besonders gegenüber Hegel vertreten: „Eine Philosophie, die sich eine christliche nennt ..., ist ... eine mangelhafte, beschränkte, eine dem Begriff der Philosophie widersprechende Philosophie".[21]

Hieraus folgt für Feuerbach die Entscheidung zugunsten einer atheistischen, nicht mehr christlichen Philosophie. Ihr „Prinzip ist kein anderes

– negativ ausgedrückt – als der Atheismus." Positiv hat zu gelten: „Ist praktisch der Mensch an die Stelle des Christen getreten, so muß auch theoretisch das menschliche Wesen an die Stelle des göttlichen treten."[22] Im Anschluß an Feuerbachs Deutung ist auf Aporien zu verweisen, wie sich Theologie- und Christentumsgeschichte atheistisch-philosophiegeschichtlicher Interpretation entziehen.

Erstens: Feuerbach stellt fest, daß das Christentum in eine tödliche Krise geraten ist, die keinen Ausweg läßt. Fraglich ist bereits das endgültige Resultat, dessen Ende noch nicht absehbar ist.

W.Schuffenhauer beurteilt dies von einer marxistisch-leninistischen Position aus: „Zweifellos bedeutet Feuerbach im Fortschreiten der Religionskritik eine sehr zu beachtende Zäsur. Das Christentum aber existiert – wie auch immer – noch heute; Wandlungen und Krisenerscheinungen im religiösen Bewußtsein und in der institutionellen Ausprägung desselben unterliegen offensichtlich Zusammenhängen, die Feuerbach nicht aufzuklären vermochte."[23]

Dem Urteil ist nichts entgegenzuhalten. Denn die tatsächliche Existenz von Christen und Kirchen in aller Welt sind der handfeste, für jedermann wahrnehmbare Gegenbeweis von Feuerbachs atheistischer geschichtsphilosophischer Deutung.

Zweitens: Aus der Wahrnehmung desolater und schwieriger Erscheinungs- und Existenzformen von Kirchen und Christen schließt Feuerbach atheistisch auf einen Untergang des Christentums. Wäre oder ist tatsächlich die Wahrnehmung berechtigt, dann ist der geschichtsphilosophische Schluß keineswegs zwingend. Praktisch ist er es nicht, wie oben gezeigt. Theoretisch ist ebenso eine entgegengesetzte Option denkbar, wie die Existenz der Kirche in aller Welt verdeutlicht, daß nun erst recht ein morsch werdendes Christentum, wie Feuerbach voraussetzt, wieder zu beleben ist. Dies zeigen die prophetischen Aufbrüche in der Alten Kirche, sowie die Reformvorhaben im Mittelalter und die Geschichte der Reformation, die ihre Auswirkung eben gerade bis auf Spener, Arndt und Zinzendorf hat, um diejenigen Theologen und Kirchenmänner zu nennen, auf deren atheistischer Interpretation Feuerbachs Urteil gerade nicht zutrifft.

Drittens: Die atheistische Deutung der Christentumsgeschichte durch Feuerbach hat philosophisch ihre Aporien darin vorausgesetzt, daß nach einem Urteil von Odo Marquard „Schwierigkeiten mit der Geschichtsphilosophie" unverkennbar sind. Denn die in der Mitte des 18. Jahrhunderts entstandene und über den deutschen Idealismus von Kant zu Marx bis hin zur Kritischen Theorie dominant gewordene Emanzipationsphilosophie endet aporetisch, indem Geschichtsphilosophie nur noch Veranlassung gibt, dominant gewordene Emanzipationsphilosophien mit ihren impliziten Polemiken anzunehmen, dabei aber Geschichtsphilosophie aus dem Blick zu verlieren.[24]

An der Stelle der „Geschichtsphilosophieresignation"[25], die nach dem Auseinanderbrechen der Hegelschen Schule sich ausbreitete und eben bei Feuerbachs atheistischer Interpretation der Christentums- und Reformationsgeschichte unvermeidlich wurde, ist nach Form, Inhalt und Ausprägung einer Geschichtsphilosophie zu fragen, die sich selbst nicht ihres Grundes entledigt. In der Beantwortung der Frage können philosophische und theologische Argumente in der Gegenwart zu einem sinnvollen Dialog gelangen. Anknüpfend an Jürgen Habermas, dessen Antizipationsbegriff Anlaß gibt, faktische Geschichte zu reflektieren, gilt: „Die Aktionen der Aufklärungen müssen wir ... als den Versuch begreifen, die Grenzen der Realisierbarkeit des utopischen Gehalts der kulturellen Überlieferung unter gegebenen Umständen zu testen."[26]

Ernst Blochs Eintreten für eine kritische Geschichtsphilosophie, die das Erbe der christlichen Theologie bewahrt, aus der sie hervorgegangen ist, prägt die geschichtsphilosophischen Optionen von Horkheimer und Habermas.[27]

M. Horkheimer hat in seiner Spätzeit zunehmend erkannt, daß der philosophische, zu artikulierende Begriff einer absoluten Objektivität nicht obsolet ist, sondern daß deren Verlust ihm deutlicher geworden ist, „der Absolutheit religiöser Offenbarung nachgebildet".[28]

In Hinsicht auf die Kritische Theorie ist, wie auch gegenüber Feuerbachs geschichtsphilosophischen Aporien, Michael Theunissens Urteil zur Sache theologisch zu bedenken: „Wenn aber die Methode der kritischen Theorie, die Antizipation, das Experiment ist, welches die christliche Freiheitsidee auf ihre Realisierbarkeit prüft, dann dürfen wir vermuten, daß Geschichtsphilosophie nicht nur aus der Theologie hervorgegangen, sondern nach wie vor nur als solche möglich ist."[29]

Im Anschluß an das bekannte Wort von Karl Marx „Man muß die versteinerten Verhältnisse dadurch zum Tanzen zwingen, daß man ihnen ihre eigene Melodie vorsingt" urteilt Jürgen Moltmann, der Geschichte und Geschichtsphilosophie nicht systematisch-theologisch ausklammert, sondern einbezieht: „Ich möchte das abwandeln und sagen: man kann die

versteinerten Verhältnisse der Geschichte zum Tanzen bringen, wenn man jene Melodie zu singen versucht, die aus der Überwindung des Todes und der Vergänglichkeit die Zukunft der Versöhnung auf ihren Totenfeldern erklingen läßt."[30]
Dies den Geist der Versöhnung Jesu Christi über die Schwellen des Todes verheißende Wort hat seine Gültigkeit gerade gegenüber der nihilistischen Interpretation des Kreuzesgeschehens durch Feuerbach, die von der atheistischen Voraussetzung Zinzendorfs Theologie „Jenseits von Theismus und Atheismus" verkennt, wie Moltmann mit Verweis auf Feuerbach und Zinzendorf darlegt.[31]
Der Hinweis von Weth, daß „der legitime Sinn der Feuerbachschen Rede vom ‚c h r i s t l i c h e n Atheismus' Luthers und Zinzendorfs ... der gute Sinn der heutigen atheistischen Theologie sein" kann, stellt eine mögliche wirkungsgeschichtliche Anknüpfung in Aussicht, die mindestens aus zwei Gründen unhaltbar ist.[32] Erstens: Feuerbach gelangt zu dem Urteil gegen Zinzendorfs und Luthers Theologie, wie sorgfältige Analysen der Quellen Feuerbachs im Vergleich mit seiner Deutung zeigen. Zweitens: Weths Deutung läßt Feuerbachs dezidierten Atheismus beiseite, so daß gegenüber Feuerbach, den sogenannten „atheistischen Theologen" der Gegenwart und Weths Interpretation auf eine Ambivalenz der Begriffsbildung verwiesen werden muß. Entweder ist jemand Christ, dann kann er nicht erklärter Atheist sein. Ist er hingegen Atheist – theoretisch und/oder praktisch – dann kann er nicht ungeteilt Christ sein. Mit der gegebenen Differenzierung gilt: Tertium non daretur.

2.2. Die psychologische Begründung des Atheismus

Neben der geschichtsphilosophischen Begründung des Atheismus versucht Feuerbach gerade in seinen späteren Schriften eine psychologische Begründung zu geben. Religion und Theologie sollen deshalb, weil sie Produktionen psychischer Kräfte und Vermögen des Menschen seien, als solche entlarvt werden.
Deshalb stellt Feuerbach fest, daß „in der Religion keine anderen Kräfte, Ursachen, Gründe wirken und sich vergegenständlichen als in der Anthropologie überhaupt".[33]
Sein Urteil über Zinzendorf lautet: „Christlicher Atheist" (81). An anderer Stelle spricht er auch von einem „religiösen Atheismus" des „Herzens". Das Gefühl hat „seinen Gott ... in sich selbst", „es ist sich selbst Gott".[34]

Die zugrundeliegende Wurzel, die in der Destruktion der Religion und theologisierenden Philosophie gezogen werden soll, sieht Feuerbach im Abhängigkeitsgefühl. Dem Verständnis geht Friedrich Schleiermachers Bestimmung der Religion „als Gefühl schlechthinniger Abhängigkeit" voraus.

Für Feuerbach ist es einsichtig, „daß der Mensch das, wovon er sein Leben abhängig weiß oder glaubt, als Gott verehrt".[35]

Der Glaubende begreift Gott als den, der „vermag, was der Mensch nicht vermag, was vielmehr die menschlichen Kräfte unendlich übersteigt und daher dem Menschen das demütigende Gefühl seiner Beschränktheit, Ohnmacht und Nichtigkeit einflößt".[36]

Feuerbach verwirft nicht die Rede vom „Abhängigkeitsgefühl", sondern greift sie uminterpretierend auf. Er bezieht sie vielmehr auf das Gefühl der Abhängigkeit von der Natur.

„Der ursprüngliche Gegenstand dieses Abhängigkeitsgefühls ist die ... Natur".[37]

Die Natur „ist das den Menschen Umfassende ...; sie ist es, durch die er besteht, vor der er in allem seinem Tun und Treiben, bei allen seinen Tritten und Schritten abhängt."[38]

So wird aus dem durch Schleiermacher theologisch bestimmten „Abhängigkeitsgefühl" ein emotional besetzter Relationsbegriff zwischen Mensch und Natur.

Die im Gefühl gesetzte Emotionalität ist für Feuerbach die Veranlassung, die psychischen Wurzeln der Religion zu benennen.

„Die Abhängigkeit von einem anderen Wesen ist in Wahrheit nur die Abhängigkeit von meinem eigenen Wesen, von meinen eigenen Trieben, Wünschen und Interessen. Das Abhängigkeitsgefühl ist daher nichts anderes als ein indirektes oder verkehrtes oder negatives Selbstgefühl".[39]

Bezugnehmend auf das Verständnis Schleiermachers schreibt Feuerbach 1846 abschätzig. Rückblickend stellt er über die theologische Studienzeit fest: „Ich hörte Schleiermacher und Neander, aber ich konnte es nur kurze Zeit bei ihnen aushalten. Der theologische Mischmasch von Freiheit und Abhängigkeit, Vernunft und Glaube, war meiner Wahrheit, d. h. Einheit, Entschiedenheit, Unbedingtheit verlangenden Seele bis in den Tod zuwider."[40]

Uwe Schott analysiert minutiös den Einfluß der Hegelschen Religionsphilosophie auf die theologische Entwicklung Feuerbachs. Bei dem gegenüberstellenden Vergleich in der Auseinandersetzung mit der

Gefühlsreligion wird einerseits Hegels Polemik gegen Schleiermachers Gefühlsreligion dargestellt und andererseits das Verhältnis Feuerbachs zu Schleiermacher in zuvor noch nicht ausgesprochener Klarheit deutlich.[41] Schleiermacher hat aber bereits das Mißverständnis und die Uminterpretation seiner auf dem Gefühl, auf der Existentialität aufbauenden Dogmatik vorausgesehen und sich davon – also gleichsam von Feuerbachs Deutung – distanziert:

„Wie nun dieses, daß der menschlichen Seele das höchste Wesen mitgegeben ist in jener Sehnsucht, sich in jedem Zustande als abhängig von ihm zu fühlen, die Grundvoraussezung aller Frömmigkeit ist: so giebt der Umstand, daß jene Richtung nur im Verein mit einem sinnlichen Gefühl ein wirkliches Bewußtsein werden kann, dem Streit zwischen denen, welche jene Grundvoraussezung anerkennen und denen, welche sie nicht anerkennen, seine bestimmte immer wiederkehrende Gestalt. Denn indem wegen der allen frommen Erregungen beigemischten sinnlichen Gefühle auch in die darauf sich beziehenden Aussagen über Gott nothwendig menschenähnliches kommt, so benuzen dies die Ungläubigen um die ganze Annahme eines höchsten Wesens, weil man sich aller Betheuerungen ohnerachtet, daß Gott nicht menschenähnlich sei, doch des menschlichen in den Lehrsätzen nicht enthalten könne, lieber zu bezweifeln, ja vorzuspiegeln, als sei die Erdichtung noch etwas gesunder und haltbarer unter der Gestalt der Vielgötterei".[42]

Durch Schleiermachers fundamentaltheologische Bestimmung des Gefühls, sich von Gott abhängig zu fühlen, wird Feuerbachs Standpunkt a priori unmöglich gemacht, da die Basis seiner Religionskritik hier von der ihr vorausgehenden theologischen Schleiermacher-Kritik ins Wanken gerät.

Über Feuerbachs Verhältnis zu seinen Lehrern Schleiermacher und Hegel gibt ein Brief an A. Ruge vom Dezember 1841 Auskunft:

„Wenn ich einmal die Religionsphilosophie (sc. das ‚Wesen des Christentums') hinter mir habe, so werde ich besonders das Verhältnis des Geistes zur Natur betrachten. Hier gibt es höchst schwierige Punkte. Wie der Schleiermacher in eine Naturträumerei gefallen, so Hegel in zu große Abstraktion der Natur."[43]

Mit „Naturträumerei" spielt Feuerbach auf den romantisierenden Schleiermacher an, der unter dem Einfluß Spinozas stand, ohne die 1. Aufl. der Reden von den späteren Äußerungen zu unterscheiden.

So sehr Feuerbachs Nähe zu Schleiermacher erscheint, um so größer ist tatsächlich ihre Unterschiedenheit.

Feuerbach stellt fest: „Mein Abhängigkeitsgefühl ist kein theologisches, Schleiermacherisches, nebelhaftes, unbestimmtes, abstractes Gefühl. Mein Abhängigkeitsgefühl hat Augen und Ohren, Hände und Füße, mein Abhängigkeitsgefühl ist nur der sich abhängig fühlende, abhängig sehende, kurz nach allen Seiten und Sinnen abhängig wissende Mensch. Das wovon der Mensch abhängig ist, abhängig sich fühlt, abhängig weiß, i s t   a b e r   d i e   N a t u r ,   e i n   G e g e n s t a n d   d e r   S i n n e . Es ist daher ganz in Ordnung, daß alle die Eindrücke, welche die Natur vermittels der Sinne auf den Menschen macht, ... Motive religiöser Verehrung werden können und wirklich werden ...".[44]

Im biographischen Rückblick von 1846 hatte Feuerbach den „theologischen Mischmasch von Freiheit und Abhängigkeit" kritisiert. Dabei ist festzuhalten, daß er im Wintersemester 1824/25 für kurze Zeit auch eine Vorlesung über „Paulinische Briefe" bei Schleiermacher gehört hat. Dies war eine kurze Begegnung.[45]

Feuerbachs Verweise auf Schleiermacher lassen indessen nicht einen eindeutigen Bezug bei der Beurteilung des Abhängigkeitsgefühls erkennen, da er sich gegenüber einer der Philosophie Hegels verpflichteten Denkrichtung auf Schleiermacher beruft.

So verteidigt Feuerbach gegenüber der These von Bruno Bauers „Posaune des jüngsten Gerichts" die Selbständigkeit seiner Religionskritik gegenüber der Religionsphilosophie Hegels:

„Meine Religionsphilosophie ist so wenig eine Explication, wie der Verfasser der Posaune will glauben machen, ... Nach Hegel ist z.B. die Empfindung, das Gefühl, das Herz die Form, in die sich der woandersher stammende Inhalt der Religion versenken soll, damit sie das Eigentum des Menschen werde; nach mir ist der Gegenstand, der Inhalt des religiösen Gefühls selbst nichts Anderes als das Wesen des Gefühls ... Ich bin in dieser Beziehung so wenig gegen Schleiermacher, daß er vielmehr eine wesentliche Stütze, die tatsächliche Bestätigung meiner aus der Natur des Gefühls gefolgerten Behauptungen ist."[46]

Auch beruft sich Feuerbach im Vorwort zur zweiten Auflage vom „Wesen des Christentums" von 1843 auf Schleiermacher, daß er die „notwendigen Konsequenzen des Gefühlsstandpunktes entwickle, auf den Philosophen Jacobi und auf Schleiermacher", dies aber nur zu Beginn, „im zweiten Kapitel von vornherein hauptsächlich auf den Kantianismus, Skepti-

zismus, Theismus, Materialismus, Pantheismus", danach auch auf die „Cartesische und Leibnizsche Philosophie".[47]
Auf der anderen Seite kritisiert Feuerbach unter dem Einfluß Hegels Schleiermachers „Mischmasch", wobei eine direkte längere universitäre Begegnung gerade nicht nachgewiesen werden kann, sondern nur vermittels der Polemik durch Hegel.
Folgendes ist als Ergebnis festzuhalten: Da Feuerbach sich früh von Schleiermacher abwendet, ist ein echtes Verstehen nicht erfolgt. Feuerbachs Berufung auf Schleiermachers „Abhängigkeitsgefühl" ist lediglich begrifflich identisch, inhaltlich jedoch ganz unterschieden, da Schleiermacher das Gottesverhältnis beschreibt, Feuerbach hingegen seine Religionstheorie in atheistischer Absicht aus dieser Rede deduzieren will. Die Deduktion ist weder sachlich richtig noch mit einem historischen Nachweis zu belegen. So vermochte Feuerbach unter dem Einfluß der Hegelschen Polemik im Sinne eines emotionalen Gefühlssubjektivismus keinen Zugang zur Theologie Schleiermachers zu bekommen, so daß seine sinnlich-naturhafte Abhängigkeitsgefühlstheorie nur als terminologischer Anklang und gewaltsame sachliche Uminterpretation Schleiermachers verstanden werden kann. Deshalb ist es fraglich, ob die im Gefolge von Karl Barth vertretene Behauptung, wie sie Klaus Bockmühl gibt, daß Feuerbachs Religionstheorie im Wesentlichen eine „berechtigte" Konsequenz des Schleiermacherschen Gefühlssubjektivismus darstelle, haltbar ist.[48]
Hinter Feuerbachs Verständnis des Abhängigkeitsgefühls steht nichts anderes als seine atheistische Option. Deshalb ist es theologisch fragwürdig, wenn Karl Barth Feuerbachs Religionskritik als willkommenes Kampfmittel aufgegriffen hat, wie J.Glasse, K.Nürnberger und J.Salaquarda im Denken Karl Barths nachgewiesen haben.[49]
Im Sinne Feuerbachs ist das Abhängigkeitsgefühl eine rein innerweltliche und innermenschliche Angelegenheit. Dabei ist ihm wichtig, die psychischen Wurzeln der Religion im Sinne rein immanenter menschlicher Vorgänge zu deuten.
„Die Abhängigkeit von anderen Wesen ist in Wahrheit nur die Abhängigkeit von meinem eigenen Wesen, von meinen eigenen Trieben, Wünschen und Interessen. Das Abhängigkeitsgefühl ist daher nichts anderes als ein indirektes oder verkehrtes oder negatives Selbstgefühl".[50]
Die Wurzel des Abhängigkeitsgefühls sieht Feuerbach in menschlichen Wünschen und Bedürfnissen, wobei der Mensch ohnmächtig demgegen-

über bleibt, was er sich mit aller Kraft wünscht. Deshalb – hier liegt der Ursprung der Religion – erschafft sich der Mensch in seiner Vorstellung ein Wesen, das die Macht haben soll, tatsächlich das Gewünschte zu realisieren: „Was der Mensch nicht wirklich ist, aber zu sein wünscht, das macht er zu seinem Gotte oder das ist sein Gott".[51]

Deshalb ist die Theogonie für Feuerbach ein innerpsychischer Vorgang: „Die Gottheit ist wesentlich ein Gegenstand des Verlangens, des Wunsches ... Der produktive, ursprüngliche Glaube – und nur dieser ist der entscheidende, maßgebende –, der Glaube, der kein nachgemachter, nachgebeteter, ist ein lebendiger Glaube, aber die belebende Seele des Glaubens ist eben nur der Wunsch."[52]

Die intrapsychische Disposition verlangt nun nach einem sie überhöhenden Ideal: „Ein Gott ... ist nichts anderes als das Ziel, das Ideal des Menschen".[53]

Das überhöhende Ideal wird von Feuerbach rein anthropologisch verortet: aber es ist eben „ein menschliches Ideal und Ziel."[54]

Dabei überführt Feuerbach die in der Gotteslehre bekannten Eigenschaften Gottes auf den Menschen als seine ureigenen Eigenschaften. „In der göttlichen Allwissenheit erfüllt er nur ... seinen Wunsch, alles zu wissen ...; in der göttlichen ... Allgegenwart verwirklicht er nur den Wunsch, an keinen Ort gebunden zu sein ...; in der göttlichen Ewigkeit ... verwirklicht er nur den Wunsch, an keine Zeit gebunden zu sein ...; in der göttlichen Allmacht verwirklicht er nur den Wunsch, alles zu können".[55]

Bei dem Versuch, den Ursprung der Religion inmitten aller menschlichen Wünsche genau zu orten, gibt Feuerbach eine pauschale Antwort: Sie alle fassen sich in einem einzigen zusammen: dem „Wunsch, glücklich zu sein".[56]

Die Genese der Religion wird für Feuerbach aus dem eudämonistischen Verlangen des Menschen angelegt: „Ein Gott ist der in der Phantasie befriedigte Glückseligkeitstrieb des Menschen".[57]

Der Glückseligkeitstrieb ist Ausdruck des „menschlichen Egoismus", „dem letzten subjektiven Grund der Religion".[58]

Abschließend ist festzuhalten, daß Feuerbach – ausgehend von der Stimmigkeit seiner atheistischen Prämisse – auf vielfältige Weise zeitlebens den Gottesgedanken und den Glauben aus psychischen Gegebenheiten erklären will. Überdies ist es seine Absicht zu zeigen, daß die Gottesvorstellungen des Menschen restlos aus solchen psychischen Tatsachen erklärt werden können und es deshalb nicht des Postulates eines außerhalb deren existierenden, selbständigen Gegenstandes bedarf. Gott ist streng genommen eine überflüssige Hypothese, denn was auch immer in der Geschichte als Gott verstanden wurde, ist im Grunde Ausdruck von innerpsychischen Vorgängen des rein Menschlichen. Hierin sieht Feuerbach den Sinn seines anthropologischen Atheismus.

Demgegenüber ist zu betonen, daß es unbestreitbar ist, daß psychische Funktionen das menschliche Reden, Handeln, Fühlen und Glauben begleiten. Aber es ist keineswegs schlüssig, daß Feuerbach aus der Tatsache, daß psychische Momente den Gottesglauben begleiten, ableitet, daß es keinen Gott gibt. Die psychische Disposition beweist oder widerlegt schlechterdings nicht den Gegenstand, den sie begleitet. Denn aus einem psychischen Moment lassen sich nicht objektive Momente und Gegenstände erklären. Das würde bedeuten und nach sich ziehen, daß etwas nur in seiner Gegenständlichkeit außerhalb des Menschen existiert, wenn dieses psychisch von ihm erfaßt oder affiziert wäre. Es ist doch nie und nimmer auszuschließen, daß psychischen Momenten im Menschen tatsächlich ein reales Objekt korreliert. Dies gilt für innerweltliche Erfahrungen. Dies hat aber ebenso Evidenz für die Erfahrung, die Menschen inmitten ihrer Welterfahrung im Glauben mit Gott machen. Aus der Möglichkeit, daß sich Menschen kraft ihres Wünschens einen Gott vorstellen, ist und bleibt es ein erkenntnistheoretischer Sprung, daß mit der Möglichkeit des Vorstellens auch die Wirklichkeit des Gegenstandes, also Gottes geschaffen werde. Feuerbachs Begründung des Atheismus ist also, wie auf geschichtsphilosophischem Feld aufgezeigt, so auch im Umfeld der psychischen Erklärung nicht stringent. Doch bleibt mit Feuerbachs atheistischer Deutung gleichsam ein schwer zu fassender Virus in der Lebensader der Theologie, dessen akute Gefahr behoben ist, dessen latentes Auftreten erneut zu einer Reaktion und einem Eingriff zwingt. Der Nachweis der Nichtstringenz der atheistischen Argumentationsfigur ist erbracht.[59]

3. Zinzendorfs Atheismus-Verständnis

Zinzendorfs Stellung zum Atheismus ist nicht allein wegen Feuerbachs atheistischer Deutung der Theologie Zinzendorfs wichtig, sondern deshalb ein Gegenstand von Interesse, da bei Zinzendorf ein bisher unbeachteter Zugang im Atheismus-Verständnis nachweisbar ist.

Er spricht von „Atheismus" ebenso wie von dem zu seiner Zeit gebräuchlichen Wort „Atheisterei".[60]

3.1. Der heilsgeschichtliche Aspekt der Atheismusfrage

In der sein Atheismus-Verständnis am ausführlichsten entfaltenden Homilie vom 13. März 1746, die dem Thema gewidmet ist: „Von der bleibenden Erkenntnis Gottes" wird deutlich, daß er sehr wohl um die gefährdende Herausforderung des Atheismus weiß; die von vielen verkannt wird.

Es haben Zeitgenossen „so weit gebracht mit der evidenz, daß ein GOtt sey; daß es beynahe gefährlich ist, ihnen das zweifelhaftig zu machen; und daß man sich selbst verdächtig macht, wenn man sagt: daß die Atheisterey der menschlichen natur und dem verstande sehr nahe liege. Es ist aber gleichwohl nicht anders: und bei mir machen sich die leute schon seit zwanzig, dreyßig jahren verdächtig, daß sie selbst halbe Atheisten sind; wenn sie die Atheisterey als eine leichte sache tractiren, darüber man nur so hingeht, als über leimen."[61]

Über die Evidenz, die gegen den Atheismus geltend gemacht wird, ist eine aufschlußreiche Mitteilung Zinzendorfs beigefügt: „Jacobus Basnage sagt in der Vorrede zu seiner Kupfer=Bibel in folio: das beste argument gegen die Atheisten wäre der tod. Ich gläube, das argument, das in dieser Predigt suppeditirt wird, ist noch probater."[62]

Die Todesproblematik reicht also für Zinzendorf nicht als Überzeugungskriterium aus, sondern es muß die inhaltliche Seite des Glaubens zur Entfaltung gebracht werden.

Mit einem kirchengeschichtlichen Rückblick wird das Problem angezeigt: „Wer ein bißchen in der Biblischen Historie bewandert ist, der wird finden, daß die A t h e i s t e r e y eine der ältesten ideen, und ... beinahe so alt als die welt, und gleich angegangen ist; so bald mehr als zwey menschen auf der welt gewesen sind."

Die Ursprünge des Atheismus werden bis in die Zeit der Erzväter verfolgt. „Ich will nur bey der einzigen sache bleiben, daß das volk Israel von Abraham, oder wenigstens von seinen nächsten enkeln an, in der erkenntniß GOttes beständig vacilliret und gewanket hat."[63]

Im heilsgeschichtlichen Abfall des Volkes werden Zeichen der Gottlosigkeit sichtbar.

„Es sind capable gewesen, zu Moses und Aarons lebzeiten, aus ihren eigenen ringen und spangen, aus ihrem eigenen schmuk, sich ein rind zu giessen, und zu sagen: I s r a e l ! d a s i s t d e i n G O t t , d e r d i c h a u s E g y p t e n g e f ü h r e t h a t . Wenn darnach Moses dazu kam, so schmiß er wol alles in einander, ..., so schlug er ihnen die erkenntniß GOttes wieder mit donner und blitz in den kopf hinein: wenn sie aber auch gleich selbst die schönsten declarationen gethan hatten, und Moses selber beynahe dran gläuben wolte; so sagte der göttliche gesetzgeber: A c h d a ß s i e e i n s o l c h h e r z h ä t t e n ! m i c h z u f ü r c h t e n ! ,wenns wahr wäre! wenn sie das gläubten, was sie sagen!"[64]

Abwendung und Bekenntnis zu Gott sind geschichtliche Tatsachen:
„Das hat sich nun so fortgeschleppet von einem jahr, von einem hundert jahr, von einem tausend jahr bis zum andern: so daß der Heiland, als er auf erden war" eine Spaltung im jüdischen Volk vorfand.[65]

Die Benennung des Atheismusproblems setzt mit Paulus an.
„Paulus der grosse gesetz=prediger, der grosse Pharisäer und held in der lehre, das lumen seiner zeit, bekannte und leugnete nicht; er bekante: NOS EQUIDEM, W I R w a r e n o h n e C h r i s t o; wollt ihrs recht wissen, ἄθεοι ἤμεν ἐν τῷ κόσμῳ: ,Wir waren die grössten Atheisten von der welt.'"[66]

Da es Menschen an der Erkenntnis Gottes gebricht, muß Gott selbst die Bedingung der Möglichkeit zur Erkenntnis schaffen. „Und darum sagt eben derselbe 2. Corinth.4,6. GOtt hat uns erst klug gemacht, G O T T selbst hat uns erst aufs geheimniß gebracht, wie man zu bleibenden E r k e n n t n i ß G O t t e s gelanget: wie man nicht nur dahinter kömt, daß ein GOtt ist".

Der durch Gott gesetzten Bedingung, ihn zu erkennen, folgt für Zinzendorf die Konsequenz, menschlich alles erdenklich mögliche zu unternehmen, um den Grund der Erkenntnis sichtbar werden zu lassen: die Kreuzestheologie.
„Man muß den leuten den Creuz=GOtt vormahlen, so entsteht in ihnen eine erleuchtung von der erkenntniß der herrlichkeit, der majestät GOttes."[67]

Ein schöpfungstheologischer Zugang oder der Weg der natürlichen Theologie bleibt für Zinzendorf als Grund der Erkenntnis ausgeschlossen. Stattdessen wird eindringlich und anschaulich auf den Gekreuzigten verwiesen. Deshalb lautet die Frage: „Aber von welcher ekke her? etwa aus

166

den werken der schöpfung, an der sonne und mond? nein, sagt der apostel, i m A n g e s i c h t e C h r i s t i.
'Mahlt den leuten den Menschen her, d e r s i c h f ü r i h r e n o t h a m c r e u z e d o r t s o m i l d e g e b l u t e t h a t z u t o d; macht, daß sie ihre blikke, ihr gefühl, ihre innerste regungen dahin schiessen lassen, dahinein schikken, in das zerfleischet gesicht, in die offene wunden, in die durchbohrte hände und füsse, in die durchgrabene seite: arnach ists richtig, darnach haben sie die Erkenntniß von GOtt complet.'"[68]
Gotteserkenntnis wird in der Erniedrigung des Gekreuzigten ermöglicht und veranschaulicht. Hier scheiden sich für Zinzendorf die Erkenntniswege. Der Gekreuzigte fordert eine Entscheidung. „Wer sein zeugniß annimmt, wer das attestat seines Vaters annimmt, oder wer ihm auf sein blosses Wort gläuben kan durchs Geistes antrieb; ...: der hat einen GOtt. Wer das nicht kan; der sieht GOtt nicht, der kennt ihn nicht, der weiß nichts von ihm, der bleibet ein Atheist."[69]
Unter Atheismus wird also nicht die Behauptung verstanden, daß kein Gott sei – diese Formulierung kommt zwar auch vor – sondern entscheidend ist, wie Menschen sich gegenüber dem Gekreuzigten verhalten, zustimmend oder ablehnend.

3.2. Zur Wirkungsgeschichte von Atheismus oder Christusglauben

Feuerbach hat seine Deutung, daß Zinzendorf „christlicher Atheist" sei (81), gegeben. Mit dieser Interpretation wird auf das Verhältnis von Atheismus und Christentum aufmerksam gemacht. Bedeutsam hierfür ist ein zentrales Bekenntnis Zinzendorfs, das Feuerbachs Deutung entgegensteht. „„Ich fasste den firmen Schluss', sagt Zinzendorf (in seiner Apologetischen Schlussschrift (S.27), ‚und hab ihn noch, daß ich e n t - w e d e r e i n A t h e i s t s e i n, o d e r a n J e s u m g l a u b e n m ü s s e, dass ich den Gott, der sich mir ausser Jesu Christo offenbart und nicht durch Jesum, entweder vor eine Chimäre oder vor den leidigen Teufel halten müsse ... Dabei ich bleib, wag Gut und Blut. Mein Thema ist: o h n e C h r i s t u s, o h n e G o t t in der Welt.'" (80).
Wäre Zinzendorf „christlicher Atheist", auch dann könnte Feuerbach nicht aus dem „Entweder – Oder", einer syntaktisch klaren Verhältnis-Bestimmung, zwei sich ausschließende Begriffe zu einer anderen, Zinzendorf nicht gerecht werdenden Prädizierung verknüpfen.

Zinzendorfs Aussage versteht sich als Antwort auf die durch Spangenberg gestellte Frage: „Kann man aber auch alle Wahrheiten, die GOtt dem Menschen in seinem Wort offenbaret hat durch seinen heiligen Geist, aus der C r e u z = u n d B l u t = T h e o l o g i e des Lammes herleiten? Und kommt nicht dadurch eine Confusion in die Lehre?"[70] Zinzendorfs den Atheismus ausschließende Aussage und das Bekenntnis zur „Creuz= und Blut=Theologie" hat eine bisher noch nicht berücksichtigte Aktualität.

Für Zinzendorf ist in der Menschwerdung Gottes, die in der Zwei-Naturen-Lehre begriffen wird, Grund zur Erkenntnis Gottes gelegt. Deshalb lehnt er im mystischen Sinne ein spekulatives Erfassen der Tiefen der Gottheit als ein gewagtes Unternehmen ab. In Jesus ist also der Logos erschienen, der offenbare, der Welt zugewandte Gott. Den Logos-Begriff nimmt Zinzendorf mit aller Entschiedenheit wieder auf:

„Beim Heiland ist die Grundidee, daß er Gott ist, und wir brauchen nur seine Menschheit festzusetzen, und wenn er nicht Gott ist, so ist gar keiner und wir sind Atheisten. Seine Menschwerdung ist unser Glaubensartikel. Die n u d a d e i t a s ist kein e n s. Das erste definible ist der λόγος, das andere ist Tiefe, Ungrund, gewagt Ding, das man so gut treffen kann als nicht …"[71]

In der dogmatischen Theologie wird angenommen, daß der Ritschlianer Johannes Gottschick (1847-1907) Urheber des Wortes sei: „Ohne Christus wäre ich Atheist".[72]

Mit dem Interesse an der natürlichen Theologie hat Adolf von Harnack die Aussage verworfen:

„W i r h a b e n d a s v e r m e s s e n e W o r t v e r n o m m e n ,O h n e C h r i s t u s w ä r e i c h A t h e i s t'."[73]

A. von Harnack sieht in der eindeutigen Verankerung der Gotteserkenntnis in der Christologie einen erheblichen Verlust für Kultur und Moral. Das bestätigt auch die gegen Karl Barth gerichtete Kampfschrift: „Fünfzehn Fragen an die Verächter der wissenschaftlichen Theologie unter den Theologen" in Punkt 7:

Gegenüber der Ausgrenzung der revelatio generalis als Grund der Gotteserkenntnis wird die Frage gestellt:

„Wenn Gott alles das schlechthin nicht ist, was aus der Entwicklung der Kultur und ihrer Erkenntnis und Moral von ihm ausgesagt wird, wie kann man diese Kultur und wie kann man auf die Dauer sich selbst vor dem Atheismus schützen?"[74]

Karl Barth antwortet darauf scharf: „Die ‚aus der Entwicklung der Kultur und ihrer Erkenntnis und Moral' stammenden Aussagen über Gott mögen als Ausdruck besonderer ‚Gotteserlebnisse' (z.b. des Kriegserlebnisses) neben denen primitiver Völker, die solch hohe Güter noch nicht kennen, ihre Bedeutung und ihren Wert haben (z.B. die Aussagen aller Kriegstheologen und Länder). Als ‚Predigt des Evangeliums' (3.) kommen diese Aussagen jedenfalls nicht in Betracht, und ob sie die Kultur und den Einzelnen ‚vor dem Atheismus schützen' und nicht vielmehr, aus dem Polytheismus stammend, Atheismus pflanzen, das dürfte in jedem Fall eine offene Frage sein." Unter 9. wird eine klare Differenzierung gegeben, die bereits Zinzendorf ausgesprochen hat, daß „zwischen der Wahrheit Gottes (die ja auch in einer menschlichen Aussage ausgesprochen werden kann) und unserer Wahrheit nur Gegensatz, nur Entweder-Oder besteht."[75]

Ernst Troeltsch hat sich ebenso kritisch mit dem Zitat Gottschicks auseinandergesetzt: „Das Wesen der Religion ist so gefaßt, daß man sich sofort zur strikten Offenbarung wenden muß … Irgend jemand hat gesagt: Auf dieser Grundlage würde ich ‚Atheist', für die Schule selbst aber wird die Tatsache, daß es nur im Christentum Offenbarung gibt, zugleich der Beweis für das Christentum.[76] Auch Paul Tillich hat gegenüber dem Wort „Ohne Christus wäre ich Atheist" Bedenken: Für ihn ist „ein Satz wie der, daß wir ohne Jesus Atheisten wären, … in sich widerspruchsvoll". „Wären wir ohne Jesus Atheisten, so würde uns Jesus auch nicht vom Atheismus befreien können, denn es würde das Organ fehlen, ihn zu empfangen."[77]

Paul Althaus sieht sein Programm, „Der Kampf um die Ur-Offenbarung", durch Gottschicks Wort in Frage gestellt. „Gegen diese Verengung der Offenbarung" ruft er als Zeugen folgende Theologen herbei: J.Kaftan, Th.Häring, O.Kirn und E.Troeltsch, die „von jener Enge des Christomonismus der Offenbarungslehre nichts wissen" wollen.[78]

Der in der Sache angelegte Dissens wird auch von Gerhard Ebeling benannt, der sich aufgrund Gottschicks Wort an Karl Barths „Kirchliche Dogmatik" „erinnert" „fühlt".[79]

Sicher ist, daß hinter dem Wort „Ohne Christus wäre ich Atheist" nicht allein die Theologie des Ritschlianers Johannes Gottschick steht. Vor ihm prägte Johann Lavater das Wort: „Wenn Christus nicht wäre, so wäre ich Atheist".[80]

Vor Lavater hat der Graf von Zinzendorf in scharfsinniger Alternative das Problem fixiert: „Ich faßte den firmen Schluss, und hab ihn noch, daß ich entweder ein Atheiste seyn, oder an JEsum gläuben muste".[81]

Zinzendorfs Aussage ist klar. In ihm tritt der Urheber des sonst Johannes Gottschick zugeschriebenen Wortes ans Licht: „Ohne Christus wäre ich Atheist". Nicht der Wortlaut, aber exakt der Sinn des Wortes Gottschicks ist bei Lavater genannt und ursprünglich bei Zinzendorf nachgewiesen. Der sachliche und textliche Zusammenhang des Wortes soll nun erhellt werden.

Betreffend der Zinzendorf vorgehaltenen „Confusion in der Lehre" antwortet er mit einem Verweis auf die Vorrede in der „Büdingschen Sammlung":

„Ich faste insonderheit den firmen Schluß, den Verstand in menschlichen Dingen so weit zu brauchen, als er lange, und mir ihn so weit ausklären, und schärfen zu laßen, als es nur immer damit könte getrieben werden, im Geistlichen aber bey der im herzen gefaßten Wahrheit, und in specie an der Creuz= und Blut=Theologie des Lammes GOttes so einfältig zu bleiben, daß ich sie zum Grund aller andern Wahrheit legen, und was ich nicht aus ihr deduciren könte, gleich wegwerfen wolte."[82]

Der zweifache feste Entschluß Zinzendorfs wird in der „Apologetischen Schluß-Schrift" mit Verweis auf Valerius Herberger untermauert.[83]

Wenn Dietrich Bonhoeffer in „Widerstand und Ergebung" zur Frage der Offenbarung im Zusammenhang einer religionslosen Welt Stellung nimmt, dann steht dahinter nicht nur der christologische Ansatz der Theologie Ritschls und Barths, sondern wirkungsgeschichtlich auch der Christozentrismus Zinzendorfs.

Die am 21.8.1944 in einem Brief an Eberhard Bethge formulierte Einsicht hat, wenn auch unter ganz anderen Umständen, ihre Gültigkeit nicht verloren:

„Immer wieder in dieser turbulenten Zeit verlieren wir aus dem Auge, warum es sich eigentlich zu leben lohnt. Wir meinen, weil dieser oder jener Mensch lebe, habe es auch für uns Sinn zu leben. In Wahrheit ist es doch aber so: Wenn die Erde gewürdigt wurde, den Menschen Jesus Christus zu tragen, wenn ein Mensch wie Jesus gelebt hat, dann und nur dann hat es für uns Menschen einen Sinn zu leben. Hätte Jesus nicht gelebt, dann wäre unser Leben trotz aller anderen Menschen, die wir kennen, verehren und lieben, sinnlos."[84]

Das Bekenntnis zur Diesseitigkeit Jesu Christi und die Sinngebung seines Lebens bezeugen die Wahrheit des Evangeliums und die Wahrheit für den Christen. Daß Bonhoeffer auch an diesem Tage mit den Herrnhuter Losungen gelebt hat, bezeugt ebenfalls der Brief. „Noch einmal habe ich mir die Losungen vorgenommen und darüber etwas meditiert."[85]

In der Zeit des Sammelvikariates 1938-1940 fand Bonhoeffer, wie Bethge schreibt, bei Zinzendorf eine Stelle zu Jer.15,19-21, und die Kandiaten sorgten für ihre Verbreitung.

„Hört ihr's Knechte des Herrn? Ihr könnt suspendiert werden, removirt, Einnahmen verlieren, um Ämter kommen, Haus und Hof einbüßen, aber ihr werdet wieder Prediger: da ist das Wort der Verheißung! Und wenn man an 12 Orten abgesetzt ist, und kriegt wieder eine neue Stelle, so ist man in 13 Gemeinden Prediger; denn in allen vorhergehenden predigt unsere Unschuld, unser Kreuz, unser Glaube kräftiger, als ob wir da wären."[86]

Der von Zinzendorf gewählte Begriff der „Verheißung!" wird von Bonhoeffer in dem Brief am 21.8.1944 mit dem Stichwort „Sinn" wiedergegeben.

„Der unbiblische Begriff des ,Sinnes' ist ja nur eine Übersetzung dessen, was die Bibel ,Verheißung' nennt."[87]

In dem Wort der Verheißung, daß für Zinzendorf seinen Ursprung in dem Wort vom Kreuz hat, liegt die theoretische und praktische Überwindung des Atheismus begründet. Das Diktum „Ohne Christus wäre ich Atheist" ist ein klares und eindeutiges Bekenntnis zur revelatio specialis in Jesus Christus. Daß dabei Zinzendorfs Christozentrismus für die neuere protestantische Theologie wegweisend war und ist, gilt es gegenüber Feuerbachs atheistischer Umdeutung festzuhalten.

3.3. Ursprung des theoretischen und praktischen Atheismus

In der römischen Kaiserzeit dienten die Termini ἄθεος und ἀθεότης zur Bezeichnung derjenigen Gruppen, die sich dem Kultus am Altar entzogen oder widersetzten. Das ablehnende und distanzierte Verhalten der Christen brachte ihnen den Vorwurf der „novitas" ein, sie galten in der Meinung des 1. Jahrhunderts als Atheoi.[88]

Das Aufkommen der Atheismusproblematik mit entsprechender terminologischer Fixierung erfolgte im 16. und 17. Jahrhundert. Der niederländische Theologe Gisbert Voetius hat „in Form von vier ,Disputationes de Atheismo'" innerhalb seines 1648 in Utrecht erschienenen Werkes „Selectarum Disputationum Theologicarum Pars prima" „die erste protestantische monographische Behandlung des Atheismus" vorgelegt.[89]

Mit Verweis auf Johann Georg Walchs „Historische und theologische Einleitung in die vornehmsten Religions-Streitigkeiten" von 1728 stellt

H.-W.Schütte fest, „daß A.(theismus) Gottlosigkeit bedeute, also die ,verkehrte Beschaffenheit des Gemüths, wodurch der Mensch sich zu überreden bemüht, es sey kein Gott".[90]

Das Problem des Atheismus ist somit die Leugnung des Seins Gottes: „es sey kein Gott". Im Gegensatz dazu stellt sich für Zinzendorf das Atheismusproblem bei der Verkennung des Gekreuzigten. Am Kreuz scheiden sich Bekenntnis und Atheismus voneinander. Das ist der wichtige Differenzpunkt in Zinzendorfs Atheismus-Verständnis im Vergleich mit seinen Zeitgenossen. Für Zinzendorf wird nicht der Streit um Spinoza maßgebend, ob Pantheismus Atheismus genannt werden darf oder nicht.[91]

In der von Johann Semler 1766 herausgegebenen Arbeit von S.J. Baumgarten, „Geschichte der Religions-Parteyen" wird – als Systematisierung des Atheismus-Streites um Spinoza – eine grundlegende Unterscheidung im Atheismus-Verständnis vorgenommen. Baumgarten unterscheidet „praktischen Atheismus" und „theoretischen Atheismus".[92]

Diese bis in die Gegenwart gültige Unterscheidung hat Zinzendorf gut 20 Jahre vor Erscheinen der Baumgarten-Arbeit getroffen.

In seiner nur als Entwurf erhaltenen Religionsschrift aus den Jahren 1744 und 1745 unterscheidet er zwischen theoretischem und praktischem Atheismus.

Der Entwurf zur Religionsschrift ist in zwei Protokollen erhalten. Der erste Text gibt das Problem unter Berücksichtigung kirchengeschichtlicher Entscheidungen an, der zweite Text ist stärker der religionspsychologischen Argumentation verbunden. Deshalb wird im folgenden das erste Protokoll im Text und das zweite in den Anmerkungen Berücksichtigung finden. Der Vergleich ist lohnenswert.[93]

„§ 35. Daß es seit der Zeit nur 2 Relig gegeben die wahre u den Atheismum. So bald ein Unbekehrter Mensch auf die 3 Einigkeit fällt so wird er ein atheist. Socrates p hat die Atheisten nicht gemacht, sondern das Concilium zu Nicaea u. Athanasius. Constantinus ist wohl ein Atheiste gewesen. Wer die H. 3 Einigkeit sagt zu glauben u ist kein Kind Gottes der den Heyl nicht (?) kennt der ist ein atheiste. Die Juden glauben vom Heyl pur Gott aber nicht an den Menschen. sie glauben an den Gott ihren Vatter. Wenn der Dohla (=Tolah, der gekreuzigte) schön geziehrt kommen were, sie hätten ihn angenommen."[94]

Die Atheismus-Darlegung wird nun mit der Unterscheidung von theoretischem und praktischem Atheismus präzisiert.

„§ 36. Warum der atheismus unter die Religionen zu rechnen. Weil er sein lebtag nicht ohne Anbetung einer falschen Gottheit ist denn es macht die Natur die Vernunfft zu Gott sie opfern ihrem Geiste. Daher kommt der Theoretischen Atheisten ihr heyl.leben. es ist aber Romaneske. sie sind Priester ihres Hoch Muths. ein Kind Gottes convincirt einen Atheisten in kurtzen. es sind Secten darunter atheismus practicus u theoreticus. Theoretische Atheisten sind oder werden Melancolici ... (Es folgt eine Abschweifung auf den Revalschen Synodus, wo als Teilnehmer der Konferenz auch Joh.Nitschmann auftritt.)."[95]

Besonders der letzte Satz von § 36 bzw. No. 36 verdient Aufmerksamkeit. Es heißt in No. 36: „Der Atheismus theoreticus ist nur eine recht sehr tiefe Melancholi. Der practicus ist ein Brutales Ding."
Philosophiegeschichtlich ist Zinzendorfs Differenzierung von theoretischem und praktischem Atheismus also mit den Jahren 1744 und 1745 erwiesen. Dies ist zu einem Zeitpunkt erfolgt, als unter Atheismus wesentlich Gottlosigkeit verstanden wurde und das Wort verknüpft wurde, „es sey kein Gott". Deshalb ist H.-W.Schüttes Urteil zu präzisieren: „In Deutschland lassen sich zwischen Chr.Wolff und Kant allenfalls vereinzelte Stimmen vernehmen, die sich dem A.(theismus) zurechnen."[96]
Mit Zinzendorf ist eine Persönlichkeit benannt, die sich nicht zum Atheismus bekennt, sondern sich als Reaktion gegen ihn stellt. „Vereinzelt" ist hingegen Zinzendorfs Stimme, die sich gegen den Atheismus im 18. Jahrhundert wendet, besonders hinsichtlich der aus der Kreuzestheologie erwachsenen kritischen Überlegungen und Einwände.[97]

4. Zinzendorfs Überwindung des Atheismus im Christusglauben
   in Feuerbachs atheistischer Umdeutung

Feuerbach greift die in der „Apologetischen Schluß-Schrift" Spangenbergs bezeugten Vorwürfe auf, daß Zinzendorf nicht den Atheismus überwunden habe, um nach der Wiedergabe eines die Jugendzeit berücksichtigenden Wortes Zinzendorfs, seine eigene, nämlich atheistische Deutung zu belegen. Dabei wird die unterschiedliche Beurteilung Pierre Bayles durch Zinzendorf und durch Feuerbach Einblick in die unterschiedliche Beurteilung des Atheismus-Phänomens geben.

Feuerbach schreibt: „Die Theologen machten ihm den Vorwurf, dass er den ‚Atheismus nicht durch Gründe, sondern durch das Gefühl überwunden habe; man müsse aber auf Gründen stehen, wenn auch alles gute Gefühl und Empfindung weiche.' Zinzendorf erwidert darauf: ‚Der stärkste Grund meines Glaubens als eines Knabens ist gewesen, dass m e i n H e r z und d e s s e n H e r z , der für mich gestorben, e i n H e r z s e i ... Der Gegner mag vor sich behalten seinen Trost im Kopf und Verstand, wenn sein Herz nichts fühlt: ich und mein Volk mögen das nicht, sondern wir behalten unseren Herzens-Trost, wenn Kopf und Herz disrangirt wären. ... Der Thor spricht in seinem Herzen: es ist kein Gott, weil er lieber keinen möchte, wenn ihm gleich seine Vernunft sagt: wie aber wenn? Der Jünger spricht in seinem Herzen: e s i s t e i n H e i l a n d , w e i l e r i h n g a r z u g e r n e h a t , wenn gleich noch so viel Aves phantasticae um den Kopf herumschwirren nach Luthers Gleichnis.'" (82).[98]

Die Sperrungen im Zitat stammen, verglichen mit dem Original, von Feuerbach. Er hat zwei Antworten Zinzendorfs auf zwei Fragen Spangenbergs hin gedanklich als ein Zitat ausgewiesen, die Übergänge indessen mit Auslassungszeichen markiert. Im folgenden Text gibt Feuerbach eine Frage Spangenbergs als Aussage Zinzendorfs aus: „„Was ich glaubte, das w o l l t e ich', sagt er desgleichen ebenda selbst vortrefflich. Zinzendorf hat Recht, wenn er von sich und seiner Gemeinde sagt: ‚wir sind das simpelste und naturelleste Volk von der Welt.'" (82). Während Zinzendorf sachlich den zeitlichen und sachlichen Vorrang des Glaubens vor dem Willen gibt, so deutet Feuerbach entgegengesetzt, daß der Glaube erst dem W o l l e n folge. Die Hervorhebung im Zitat hat Feuerbach selber gesetzt. Mit einem aus anderem Zusammenhang gelösten Zitat Zinzendorfs kommentiert Feuerbach – scheinbar Zinzendorfs Anliegen erfassend – in der Tat radikal gegen Zinzendorfs Intention und die von ihm vertretene Glaubensauffassung.

„In dieser seiner Einfalt und Natürlichkeit hat er – Ehre ihm deshalb, namentlich in Anbetracht seiner Zeit! – den wahren und letzten, hinter Scheingründen versteckten Grund alles theologischen Glaubens entdeckt und ausgesprochen; man beweist, was man glaubt, und man glaubt, was man will, d. h. mit andern Worten, was man wünscht, was man gerne hat. ‚Wer einen anderen Glauben (an Jesum) vorgiebt, der ist ein Schelm', wie ganz richtig und kräftig Zinzendorf ebendaselbst sagt." (82).[99]

Für Zinzendorf liegt die objektive Seite des Versöhnungsgeschehens in dem Gekreuzigten, während die subjektive Seite der Versöhnung im Herzen des Glaubenden ihren Raum hat. Mit „Herz" als Sitz und Organ des Glaubens oder aber Unglaubens verweist Zinzendorf auf Psalm 14,1: „Die Toren sprechen in ihrem Herzen: ‚Es ist kein Gott.'" Für Zinzendorf ist es aber ein Gebot der Vernunft, diesen törichten Satz im Leben nicht nachzusprechen.

Feuerbach hat – das ist psychologisch sehr aufschlußreich – aus der von ihm wiedergegebenen Antwort zu Quaestio 862 nicht den Anfang der Worte Zinzendorfs wiedergegeben. Denn die gegen die orthodoxen Theologen gerichteten Aussagen Zinzendorfs entkräften die atheistischen Deutungen Feuerbachs ebenso.

„Der gottlose Mann springt mit den atheistischen Versuchungen eines Knaben gar leichtsinnig um. Ihm ist meine Bewahrung sehr indifferent. Er sähe mich lieber in der Hölle, als beym Heilande. Wenn ich einmal gegen ihn stehen müsste mit grosser Freudigkeit als einen solchen sich selbst ohne alle Raison aufdringenden Feind, Lästerer und Lügner wider mich; so würde ihm sein Spotten wohl vergehen. Ich hoffe aber, der Heiland wird mich über dergleichen Spectakeln in Gnaden verschonen. Ich bin über solche Satisfactionen lang weg. Ich wolte, der Bösewicht würde errettet und hätte zu der Zeit sein loses Maul und infame Feder lange ausgeschwitzt."[100]

Am 1. Dezember 1746 hat Zinzendorf ein Vorwort zu seiner Schrift „Naturelle Reflexion" verfaßt. Er verbindet auf nur sechs Seiten den Atheismus-Vorwurf mit einem theologisch-philosophischen wichtigen Hinweis auf Pierre Bayle. Da Feuerbach im Jahre 1838 sein Werk „Pierre Bayle. Ein Beitrag zur Geschichte der Menschheit" verfaßte, das 1839 erschienen ist, kulminiert die Atheismusfrage theologisch-philosophisch in der Auseinandersetzung um Pierre Bayle. In der Auseinandersetzung mit Gegnern weiß Zinzendorf um den gegen ihn gerichteten Atheismus-Vorwurf, dem gegenüber er, um Mißverständnisse zu vermeiden, zur Antwort herausgefordert ist. „Und weil meine Gegner sich seither ganz andere Capita controversiae formirt, mit welchen sie sich etwa weiter zu kommen getrauen, als mit den bisherigen: so muß ich besorgen, es könte bey meinem gänzlichen Stillschweigen die I d é e , d a ß i c h e i n F a n a t i c u s s e y , in der Combination mit einer andern, d a ß i c h e i n A t h e i s t s e y , ein Suppositum zusammen machen, das sich zu meinem Amt und Umständen nicht schiket."[101]

Zinzendorf lehnt es ab, des Atheismus bezichtigt zu werden, weiß aber, daß dieser Vorwurf seine Wurzeln in der Auseinandersetzung der Alten Kirche hat.

„Ich weiß gar wohl, daß es nicht allemal so schlimm ist, für thöricht gehalten zu werden, als es unserer menschlichen Philautie vorkommt; ich weiß auch, daß es mit einem guten Christen nicht incompatible ist, für einen Atheisten passiren; denn dafür mochte wol Lucianus den Apostel Paulum auch ausgeben, und es wurde nach und nach eine gemeine Idée unter den Heiden, ja eine der Haupt=Beschuldigungen wider alle Christianer der ersten Zeit: allein ich habe doch meine Ursachen, warum ich den Philosophis für keinen Fanaticum, und bey den Theologis für keinen Atheisten passiren will."[102]

Die Darlegungen haben, das ist Zinzendorfs Absicht, eine elenchtische Funktion mit einer ihr innewohnenden Überzeugungskraft.

„Es möchten manche Theologi dadurch in ihrer Atheisterey verstärkt; und gewissen Philosophis das einzige, bey der Religion ihnen noch im Wege stehende Scandalum, d a ß m a n s i c h bey einer ehrlichen unübertriebenen Absicht m i t d e m G l a u b e n d e n n o c h b e t r ü g e n k ö n n e , wieder ins Gemüth gebracht werden."[103]

Den Philosophen, den Zinzendorf angibt, stellt er einem Kontrahenten gegenüber, wobei er sich mit beiden vergleicht, jedoch nur mit einem identifiziert.

„Ich bin denjenigen Leute, die mir nach meinem äußerlichen Beruf die nächsten waren, dadurch mißfällig worden, daß sie mich zuweilen über einen A u c t o r e m vergnügt gesehen, den sie schon als einen Religions=Spötter und Glaubens=Stöhrer angemerkt gehabt; mir aber war das zu der Zeit nicht eingefallen: ... wenn man von den angemerkten I n c o n g r u i t ä t e n hie und da etwas abthäte, das diesen Freunden mißfallen wollen, so widerführe dadurch der Religion weiter kein Leids".[104]

5. Pierre Bayle in der Rezeption von Zinzendorf und Feuerbach – Christ oder Atheist?

Gegenüber den gegen ihn gerichteten Angriffen weiß sich Zinzendorf auf den Autor zu berufen, den er intensiv gelesen hat: Pierre Bayle.

„Das hat mich ceteris paribus gegen gewisse Schreiber dankbar gemacht, über deren ihrer C o n d e m n a t i o n , Theologi der diversesten Religionen eins zu seyn geschienen: ich habe vielmehr gedacht, ich wollte doch lieber bey denen Jurieux für einen Bayle, als bey den Bayles für einen Jurieu passiren, so billig auch gewisse Airs, die sich jener grosse G e n i e gegeben, von heutigen noch grössern* hier und da gemißbilliget werden."[105]

Als einen noch „grössern" wird als Anmerkung mit * genannt: „Unter andern dem Herrn von Voltaire."

Hier wird Zinzendorfs geistige Weite sichtbar. Er beruft sich auf Pierre Bayle, den er als großes Genie versteht. Denn sein Hauptwerk ist das große „Dictionaire historique et critique", das in Auseinandersetzung mit den zahlreichen Irrtümern des historischen Wörterbuches von L. Morérie (1674) entstand. Bayle ist der Begründer einer streng quellenkritischen Geschichtsschreibung und einer der einflußreichsten Denker der Aufklärung. Er bekämpfte jeden Dogmatismus und forderte unbedingte Toleranz auch gegenüber Atheisten sowie die Trennung von Staat und Kirche. 1693 wurde er wegen seiner freisinnigen und skeptischen Ansichten seiner Professur in Rotterdam enthoben. Gegen ihn schrieb Leibniz seine Theodizee „Discours de la conformité de la foi avec la raison".

Ludwig Feuerbach hat in seiner Monographie über „Leibniz" dem Theodizeeproblem den § 16 gewidmet. Mit ausgewählten Zitaten aus der Leibniz-Schrift heißt es:

„„Wenn es unter den möglichen Welten keine beste gegeben hätte, so würde Gott keine hervorgebracht haben. Weil er aber nichts tut, ohne der höchsten Vernunft gemäß zu handeln, überhaupt unfähig ist, ohne oder gar wider die Vernunft zu handeln (§ 196), so hat er die beste gewählt."[106]

Feuerbach gibt dazu die bereits von Leibniz erwogenen skeptischen Anfragen an: „„Dagegen könnte man einwenden, daß die Welt wohl ohne die Sünde und ohne Leiden hätte bestehen können; aber dann wäre sie nicht die beste gewesen, denn alles ist verbunden in jeder der möglichen Welten; das Universum, welches es auch sein mag, ist ganz von einem Stücke, wie ein Ozean. Nichts kann daher im Universum verändert werden, ohne daß sein Wesen oder sozusagen seine numerische Individualität dadurch zugrunde geht. Wenn daher das geringste Übel, das in dieser Welt vorgeht, darin mangelte, so wäre es nicht mehr diese Welt, die, alles zusammengerechnet und überschlagen, als die beste erfunden und von Gott erwählt wurde' (§ 9)".[107]

Feuerbach berücksichtigt auch den Gedanken, daß die menschliche Einbildungskraft andere, bessere Welten schaffen kann. Mit einem Gedanken von Leibniz, der an theologischer Klarheit nichts zu wünschen übrig läßt, arbeitet er das Problem auf.

„„Einbilden kann man sich allerdings mögliche Welten ohne Sünde und Unglück, aber ebendiese Welten stünden weit unter der unsrigen, was man schon a posteriori, von der Wirkung aus, eben weil Gott sie so, wie sie ist, gewählt hat, schließen muß ... Oft haben zwei Übel ein großes Gut bewirkt: Et, si fata volunt, bina venena juvant. – Singt man nicht selbst in der römischen Kirche am heiligen Osterabende: ‚O certe necessarium Adae peccatum,/Quod Christi morte deletum est,/O felix culpa, quae talem ac tantum/ Meruit habere Redemtorem!‘ (§ 10)."[108]

Mit Verweis auf das historisch-kritische Wörterbuch wird Pierre Bayles spitze, scharfsinnige Art der Kritik von Feuerbach wiedergegeben, wobei er ihr einschränkend eine Gegenkritik des Euripides an die Seite stellt, wie es der Absicht von Leibniz entspricht.

„„Bayle sieht in der Welt nur Spitäler und Kerker, aber es gibt mehr Häuser als Gefängnisse. Schon Euripides sagt trefflich: πλείω τὰ χρησὰ τῶν κακῶν εἶναι βροτοῖς (§ 258)."[109]

Hat Feuerbach in seinem „Leibniz" die Kritik Bayles noch mit der Absicht und dem Ziel der Darstellung der Theodizee im Sinne von Leibniz vorgetragen, so ändert sich seine Sicht in seiner Monographie über Pierre Bayle zuungunsten von Leibniz. Feuerbach sieht in Bayle den kritischen, den skeptischen, den Glauben in Frage und außer Kraft setzenden Philosophen.

„Nur wo der Mensch den Glauben verliert, wo er sich ausleert, wo er nichts in sich hat, nur in dieser πενία, in dieser Not entspringt ein philosophisches Bedürfnis, wird die Philosophie eine Notwendigkeit, eine Unentbehrlichkeit, welche die höchsten Kräfte des Menschen aufruft und in Anspruch nimmt, ... nur da hört sie auf, eine indifferente Tätigkeit zu sein."[110]

In einem kurzen Abriß der neueren Philosophiegeschichte gibt Feuerbach Bayle die von ihm geschätzte Bedeutung eines Skeptikers, dessen Vorgehen erst die Philosophie zu ihrer eigentlichen Aufgabe zwingt.

„Eine Tätigkeit mit wahrem Interesse, und darum eine prinzipielle Tätigkeit – ... – wird die Philosophie in neuerer Zeit eigentlich erst in Kant. Die Philosophie vor ihm in Cartesius und Leibniz hat noch den Charakter der Indifferenz gegen die Philosophie an sich. Sie sprechen ihre

Gedanken nur als subjektive Meinungen und Hypothesen mit einer gewissen légèreté und Gleichgültigkeit gegen sie aus. Das Dogma ist noch als das höchste Interesse vorausgesetzt oder wenigstens diese Voraussetzung in den Gemütern der Menschen respektiert."[111]
Einen Fortschritt nimmt Feuerbach schon im „Leibniz", aber erst vollends mit dem Skeptizismus von Pierre Bayle wahr.

„In Leibniz ist wohl die Philosophie lebendiger geworden, sie ist mehr ins Fleisch gedrungen, …, sie steigt zum Zentrum empor, aber es sind nur augenblickliche, verschwindende Kongestionen gegen den Kopf.
Im Zusammenhang mit dieser Gleichgültigkeit der Philosophie gegen sich selbst zur Herrschaft der Orthodoxie müssen wir nun auch Bayles Skeptizismus erkennen."[112]
ØIn Bayles Skeptizismus wird eine geistige Freiheit, aber auch eine religiöse Toleranz einbezogen, die Feuerbach in dieser toleranten Offenheit gegenüber der Religion nicht rezipiert, obgleich er den Skeptiker schätzt.
Er gibt Bayles Selbstverständnis in seinen Worten treffend an:
„„Je me reconnois' sagt er selbst, ‚à ce qu' il dit de ma manière de philosopher, et j'avouë qu'excepté les véritez de Religion, je ne regarde les autres disputes que comme un jeu d'esprit, où il m'est indifférent qu'on prenne le pour et le contre. Si ceux avec qui j'ai à vivre s'accommodent mieux du Péripatétisme, que du Gassendisme ou du Cartesianisme, je les y laisse tranquillement, je n'en suis pas moins leur ami et leur serviteur, je ne trouve nullement mauvais qu'on me contredise, et dès qu'une plus grande probabilité se présenté, je me range là sans peine, ni honte. C'a été de tout tems l'esprit du Philosophes Académiciens."[113]
Mit Bayle, den Feuerbach in seinem Sinne zu lesen weiß, hat sich Feuerbach von der Leibnizschen Philosophie distanziert. Daß sich Zinzendorf mit seiner Vorliebe für Bayle gegen Leibniz entscheidet, das läßt sich nicht nur vermuten, sondern auch aus einer handschriftlichen Quelle erhärten.

„Der große Leibniz, der Gott fürchtete, schrieb eine Theodicee, eine Vertheidigung des lieben Gottes. Wenn Propheten, die sagen können, sie hätten es von Gott, so etwas tun, läßt sich's hören. Wenn's aber Philosophen tun, die Gott für die rechten Vermittler, seine Erkenntnis fortzubringen, nicht hält, so ist's verwunderlich. Denn wenn sein Kreatur über Gott räsoniert, so liegt schon eine Art Blasphemie und Gotteslästerung darin."[114]

Nun ist Zinzendorfs Zugang und Verständnis von Bayle zu bedenken. Sein Ausspruch „ich wollte doch lieber bey denen Jurieux für einen Bayle, als bey den Bayles für einen Jurieu passiren", ist aufschlußreich. Pierre Jurieu (1637-1713) ist ein französisch-reformierter Theologe. 1674-1681 war er Professor für hebräische Sprache an der Akademie in Sedan und 1681-1713 Prediger und Professor in Rotterdam. Nach der Aufhebung des Ediktes von Nantes im Jahre 1685 unterstützte er die vertriebenen Hugenotten. Er war um des theologischen Ausgleiches mit den Lutheranern bemüht, verhielt sich aber intolerant gegenüber den Reformierten. Mit apokalyptischen Berechnungen schürte er den Aufstand der Camisarden in den Cevennen.[115]

Zinzendorf hat Jurieu und Bayle nicht erst 1746 gegenübergestellt. Er tat dies bereits in der 2. Auflage der Schrift „Teutscher Socrates", ursprünglich als Flugschrift anonym 1725/26 erschienen als „Le Socrate de Dresde", Verfasser war kein anderer als der Hof- und Justizrat Nikolaus Graf Ludwig von Zinzendorf. Der Text ist mit folgender Anmerkung zusammenzulesen:

„Aber eines, glaub ich doch, sey uns Christen beyzubringen, Daß wir, wenn das Heft in Händen, und der Glaube Meister ist, (6.) Uns nicht etwa dergestalt, über unsre Feinde schwingen, Daß ein ungezähmter Eyfer (7.) der Gerechtigkeit vergißt.

(6.) Wie der in seiner unglückseligen Art unvergeßliche Bayle von dem Herrn Jurieu gar Handgreiflich zu demonstriren weiß."[116]

Über Zinzendorfs Bekanntschaft mit Bayle lassen sich folgende Hinweise geben. Am 21. April 1719 reiste er von Wittenberg über Frankfurt am Main und Düsseldorf nach Utrecht. Dort hielt er sich vom 26. Mai bis 2. September auf. Dann reiste er über Amsterdam, Rotterdam, Antwerpen, Mecheln, Brüssel Valenciennes und Cambray nach Paris. Dort hielt er sich vom 21. September 1719 bis zum 24. April 1720 auf. In Holland begegnete er „dem hochgeachteten Hugenotten Jaques Basnage, dem Historiographen Hollands, ..., dem er sehr nahe kam und auch später verbunden blieb. Die Persönlichkeit dieses Mannes, der schon als engster Freund Pierre Bayles berühmt war, mußte ihn im besonderen Maße interessieren. Hatte doch der 16jährige Zinzendorf in seiner Abschiedsrede ‚Über die Streitsucht der Gelehrten' im Pädagogium zu Halle unter den Opfern dieser Gehässigkeit Pierre Bayle, den berühmten reformierten Gelehrten, genannt, der in Holland eine Zufluchtsstätte gefunden hatte."[117]

Die Hinführung zu Bayle erfolgte also besonders während der Hollandreise des jungen Kavaliers. Die im „Deutschen Sokrates" und in der Einleitung zu den „Naturellen Reflexionen" zweimalige Erwähnung des Streites zwischen Jurieu und Bayle ist nicht nur deshalb beachtenswert, weil Zinzendorf ihn literarisch festhält, sondern auch für Feuerbachs Bayle-Deutung wichtig. In dem Kapitel „Bayles Bedeutung als Polemiker" wird Bayles Leistung als Polemiker und Historiker gewürdigt. Dazu verhilft eine Aussage Bayles, die Feuerbach wiedergibt: „Bayle ist ein streng gewissenhafter Polemiker wie Historiker. Er schildert selbst trefflich, bei Gelegenheit seiner Streitigkeit mit Jurieu, seine Gewissenhaftigkeit: ‚Il est réservé jusques à la superstition, quand il s'agit d'affirmer ou de nier des choses douteuses; il craint toujours que ce quil affirme ne soit pas assez certainement vrai et que ce qu' il nie ne soit pas assez certainement faux. Il est d'une bonne foi qui va jusques au scrupule pour ne point affoiblir les raisons de son Adversaire, et pour ne pa(s) détourner ses paroles en un autre sens, ni en inferer de fausses consequences, et il se prive par-là d'une infinité d'avantages auprès de ses Lecteurs, et s' il lui arrivoit de tomber dans quelque bévûë ou dans quelque calomnie, il en auroit une confusion extrême.'"[118] Jurieus Gewissenhaftigkeit und Redlichkeit wird von Bayle würdigend hervorgehoben, wobei Feuerbach das Verhalten hochschätzt, denn Bayle verschmäht es, zu niedrigen Mitteln seine Zuflucht zu nehmen; aber er braucht es auch nicht.
Philosophiegeschichtlich schätzt Feuerbach jedoch den kämpferischen Polemiker. „Bayles Bedeutung für die Geschichte der Philosophie liegt größtentheils schon hinter uns; sie liegt hauptsächlich in seinem negativen Verhältnis zur Theologie. Er ist eine praktisch-dialektische Einleitung von dem beschränkten Denken der Theologie zu dem freien Denken der Philosophie. Bayle ist da positiv, wo er negativ ist, – Philosoph da, wo er mit unphilosophischen Gegnern, namentlich mit Theologen, zu tun hat. Wie Leibniz das Universalgenie seiner Zeit, ..., so ist B.(ayle) – wenn auch nicht in demselben Umfang – ein Universalkritiker seiner Zeit."[119] Feuerbachs Bayle-Rezeption bedeutet, Bayle als Kritiker und besonders als Religionskritiker zu lesen. Das schließt in sich, Bayle in seiner Kritik aufzugreifen, hier liegt Feuerbachs ureigenes Interesse, und als gesteigert-kritisches Gestaltungsmoment mit den eigenen religions-, theologie-, idealismus- und metaphysikkritischen Optionen zu verbinden. Dabei

werden Feuerbachs Optionen zu philosophiegeschichtlichen Leistungen Bayles erhoben.

Hier stellt sich die Frage, wie Zinzendorf zu Bayle literarischen Zugang gefunden hat und was er bei Bayle schätzte? Den besten Hinweis verdanken wir dem Zinzendorf-Biographen und Zeitgenossen August Gottlieb Spangenberg.

„Vom Jahr 1727" ist folgender Hinweis wichtig: „Ich finde, daß er nicht allein Arnolds, Weismanns, und Burnets in die Kirchenhistorie einschlagende Schriften fleißig gelesen hat: sondern des P e t e r B a y l e n s D i c t i o n a i r e h i s t o r i q u e & c r i t i q u e gekant und gebraucht hat. Er hielte für gut und nöthig, daß er sich auch mit Schriften dieser Art bekant machte, einestheils gegründeten Critiquen weislich auszuweichen; anderntheils aber auszufinden, wie man es anzugreifen habe, wenn man Menschen von der Art für JEsum Christum gewinnen wolte. Uebrigens war er jederzeit darauf bedacht, solchen Geistern keinen andern Anstoß zu geben, als der in dem Worte vom Creutze JEsu lieget. Wird ihnen dieses ein Geruch des Todes zum Tode; so kan man ihnen freilich nicht helfen."[120]

Zinzendorfs Umgang mit Bayles Historisch-kritischem Wörterbuch ist auch von dem durch Johann Philipp Fresenius herausgegebenen „Theologischen Bedenken" von Johann Georg Walch kritisch aufgenommen, indem das Zeugnis von Johann Conrad Dippel aus dem Jahre 1733 abgedruckt wird. Es steht pars pro toto für das Unverständnis gegenüber Zinzendorfs Öffnung für die Kritik der Aufklärung.

„Unter andern Sachen eröfnete er (sc. Zinzendorf) mir etwas, was mich recht erschreckte, nemlich: nach der Bibel lese er in keinem Buch lieber, als in des Bayles Dictionaire critique. Ich fragte ihn, wie es möglich wäre, daß er dieses Buch, das so voll Greuel wäre, mit Geschmack könte ansehen, da ich eher den gantzen Martialem ohne Aergernis durchzulesen gedächte, als nur einen Bogen aus diesem Schwein und atheistischen Charlatan? worauf er replizierte: daß er dergleichen ohne Sensibilité passirte ... Ich werde auch dem Grafen Zinzendorf niemals glauben können, daß er jemals einen reellen Geschmack von göttl. Dingen gehabt, sonst solte es ihm ohnmöglich fallen, mit Lesung dieses garstigen Buches eine Stunde zu verderben, da er es nun überall mit sich auf seinen Reisen herum führet als sein vade mecum, und quasi Futter vor sein geistlich Leben, wann es durch sein Gepläuder ist schwach geworden und einige Stärckung nöthig hat."[121]

Zinzendorf stützt sich indessen auf Bayle, da er spürt, daß die Offenbarung nicht mit und durch philosophische Spekulationen dargelegt wird. Hier findet er eine vorurteilsfreie Prüfung der geschichtlichen und biblischen Überlieferung vor. Das entspricht seinem Grundsatz, die Vernunft in irdischen Dingen nach Kräften zu gebrauchen. Zinzendorf erblickt keinen Atheismus in Gedanken und Äußerungen Bayles, wie aus dem Gesprächseindruck von Johann Conrad Dippel deutlich wurde. Während Dippel in aufgeregtem Protest gegen Bayle Stellung nimmt, so befürwortet Feuerbach „Bayles Gedanken über den Atheismus".

„Bayle ist von Natur, sozusagen von freien Stücken, sua sponte kein theologischer, sondern ein nicht-, ja, antitheologischer, d.i. denkender Kopf."[122]

Aus Bayles Satz, daß „der Atheismus kein größeres Übel sei als der Polytheismus", den Feuerbach dem „Philosophischen Lexikon" von Johann Georg Walch unter dem Stichwort „Atheisterei" entnommen hat, versucht Feuerbach Bayles Affinität zum Atheismus darzulegen.[123]

Bayles gegen veräußerlichte und korrupte Kirchlichkeit lautgewordene Kritik steht außer Frage. Sie ist aber nicht in ihrem kritischen Potential, wie Feuerbach in seinem Sinne nachzuweisen sucht, atheistisch. Bayle hat nur das Interesse, das moralische Verhalten eines erklärten Atheisten nicht von vornherein als unmoralisch zu disqualifizieren: „,Eine Gesellschaft von Atheisten würde die bürgerlichen und moralischen Tugenden ebensogut als die übrigen Gesellschaften realisieren'".[124]

Als Interpretation zu Bayles Religionskritik gibt Feuerbach unter den „Anmerkungen und Erläuterungen" einen Kommentar, der nicht Baylescher Provenienz ist.

„Wer daher mit dem einnehmenden Schmeichelwort der ewigen Freuden an sich lockt und mit dem einschüchternden Schreckwort der ewigen Hölle die Trennung von sich bedroht, gebraucht Zwangsmaßregeln, bedient sich eines ungeistigen, eines unsittlichen, eines niedrigen Mittels, um den Menschen für sich zu gewinnen; er gibt ihm Opium ein, um in dem Zustande, wo die Leidenschaften der Furcht oder Hoffnung seine Vernunft umnebelt haben, sein Ehrenwort abzunehmen."[125]

Mit dem Opium-Vorwurf wird nicht nur Karl Marx' und Lenins Religionskritik auf einen bildhaften, einprägsamen Begriff gebracht. Die mit Opium verglichene Wirkung des Wortes wird entsprechend in der Schrift „Das Wesen des Christentums" abgewandelt, aber in der Sache nicht abgeschwächt ausgesprochen: „Woher dieser Glaube an eingebildete

Kräfte des Wortes? Nur daher, weil das Wort selbst nur ein Wesen der Einbildungskraft ist, aber ebendeswegen narkotische Wirkungen auf den Menschen äußert, ihn unter der Herrschaft der Phantasie gefangennimmt."[126]

In der Schrift „Paul Johann Anselm von Feuerbachs Leben und Wirken" veröffentlicht von seinem Sohne Ludwig Feuerbach wird neben vielen anderen Kriminalfällen die Geschichte des Kaspar Hauser dargestellt. Der Vater des Religionskritikers, seit 1817 erster Präsident des Appellationsgerichtes in Ansbach, der Begründer der modernen deutschen Strafrechtslehre, versuchte das Kriminalverbrechen um Kaspar Hauser juristisch einer Klärung zuzuführen. Aus Familiengesprächen, dem Aktenmaterial zur Veröffentlichung und der Veröffentlichung weiß Feuerbach um die tatsächliche Wirkung von Opium. Dies wurde Kaspar Hauser verabreicht.

„Jener Unbekannte, der den Kaspar verborgen hielt, mischte zuweilen Opium unter das Wasser, damit er fest schlafe, wenn er gereinigt werde. Warum nicht einige Gran Opium mehr, damit er auf ewig einschlafe?"[127]

Der Geschichte, Herkunft und Verwendung des Opium-Vorwurfes soll hier nicht weiter nachgegangen werden.[128]

Sicher ist, daß die Funktion des Opium-Vorwurfes als Interpretament für Bayle schlechterdings unmöglich ist. Bayle ist und bleibt Christ, auch wenn er durch Aufklärung und durch die Atheismus-Auseinandersetzung geprägt ist. Mit diesem Sachverhalt wird aber eine Kontroverse aufgezeigt, die nicht bewältigt ist. Dabei geht gleichsam ein Riß durch die Forschung.

Erstens: Eine Gruppe interpretiert Bayle in Aufklärung und Kritik als einen Wegbereiter des Atheismus.[129]

Bei Ley ist trotz der bestreitbaren Deutung notiert: „Selbst der Pietist Zinzendorf in dem sächsischen Herrnhut las mit Ausnahme der Bibel kein Buch lieber als Bayle." Die Kategorie „Pietist" ist zu eng, um die Größe Zinzendorfs zu begreifen. Für ihn ist Bayle zwar scharfsinniger Kritiker, aber kein Atheist.[130]

Zweitens: Eine andere Gruppe interpretiert Bayle als Aufklärer, scharfsinnigen Dialektiker und als Christ.[131]

Interpretationen, die den theologischen Anspruch Bayles nicht mindern, haben den Textbefund als Zeugen. Sicher ist, daß Bayle Philosoph und

Zinzendorf Theologe ist. Für eine Trennung von Vernunft und Offenbarung treten beide ein. Das ist aber keine Kapitulation vor der Vernunft, sondern Eingeständnis ihrer im Menschen gesetzten Grenzen. Aus dem Scheitern der Vernunft vor der Offenbarung läßt sich nun die Notwendigkeit einer Offenbarung mit eigener Logik aufweisen: „que le meilleur usage, qu' il puisse faire de sa raison est de captiver son entendement à l'obéissance de la Foi."[132]

Zinzendorf plädiert entsprechend im „Teutschen Socrates" an die Einsicht der Vernunft: „Je vernünftiger einer ist, je mehr muß er sich selbst erkennen; Je mehr er sich selbst erkennt, je mehr siehet er, was ihm mangle; je mehr er sich seiner Schwachheit bewußt wird, je begieriger ist er, sich davon zu entledigen; Je grösser seine Begierde wird, je mehr wendet er Mühe ... sich derselben zu bemeistern".[133]

Die „raison corrompue" erhält dogmatische Funktion, indem Menschen durch sie zur „raison droite" der Offenbarung gewiesen werden. In diesen Formulierungen des „captiver son entendement" und „suivre la lumiäre de Dieu" folgt Bayle nicht Mystikern, sondern der Taufliturgie Calvins für die Gemeinden.[134]

Für Bayle gilt das Schriftprinzip. Gott spricht: „Dieu parle, et cela ne vous souffit pas pleinement?"[135]

Hier ist das offenbarungstheologische Korrektiv gegenüber einer reinen Vernunfterkenntnis gegeben.

Gottes geoffenbarte Autorität fordert den Menschen: „Son essence consiste à nous attacher par une forte persuasion aux vérités révélées, et à nous y attacher par le seul motif de l'autorité de Dieu."[136]

Trotz der Kritik bleibt für Bayle die Autorität der Heiligen Schrift anerkannt, auch wenn er ihr gegenüber mit freier Kritik entgegentritt. Das sind Anzeichen der sich mit der Aufklärung ausbildenden historisch-kritischen Auslegungsmethode.

Seine scharfen Worte, etwa auch gegen Jurieu oder Leibniz, schließen nicht die Evidenz des biblischen Wortes aus. In Bezug auf die Gotteserkenntnis ist es Aufgabe des Verstandes, die Grenze zwischen Gott und Mensch, zwischen Schöpfer und Geschöpf zu wahren.

Dabei hat der Verstand, ähnlich wie das Gesetz die Funktion, den Menschen zur Erkenntnis der ihm gesetzten Schranken zu führen und die Unmöglichkeit der Gotteserkenntnis außerhalb der Christologie aufgezeigt.[137]

Die ultima ratio des Verstandes kann nur der Nachweis der Widervernünftigkeit und Überforderung aller positiven Gotteserkenntnis sein. Die negative Erkenntnis, nämlich dessen, was Gott nicht ist, das ist der Beitrag des sich seiner eigenen Grenzen bewußten Verstandes. Der an Paulus geschulte Zinzendorf entdeckt „bei Bayle paulinisches Gedankengut, das Bayle aus Versteinerungsformen der Orthodoxie löst und zu neuem Leben weckt. Damit bringt er zugleich reformatorische Anliegen zur Geltung."[138]

Dies nimmt Feuerbach wahr. Aber er interpretiert die Abhängigkeit in einem ganz anderen Sinne: Luther und Zinzendorf gelten ihm als moderne Freigeister.[139]

„Dass der Mensch an Gott, an Jesum nur glaubt, weil er sich selbst liebt, weil Gott, insbesondere Christus, ein dieser Liebe des Menschen zu sich entsprechendes Wesen, ja nur das vergötterte und vergegenständlichte eigene Herz und Wesen des Menschen ist: das hat, obwohl innerhalb des alten Glaubens, Zinzendorf, ja selbst schon Luther vor ihm, so deutlich ausgesprochen, wie nur irgend ein moderner Freigeist." (82f.).

Den Gedanken, Zinzendorf als modernen Freigeist zu interpretieren, sucht Feuerbach mit einem Zitat aus Luthers Hauspostille zu untermauern, dessen Fundort Feuerbach nicht angibt.

„‚Wer in seinem Herzen,' sagt Luther in der Hauspostille, ‚dieses Bild wohl gefasset hätte, dass Gottes Sohn ist Mensch geworden, der sollt ja sich zum Herrn Christo nichts böses, sondern alles guten versehen können. Denn ich weiss ja wohl, dass i c h n i c h t g e r n m i t m i r s e l b s t z ü r n e, n o c h m i r a r g e s z u t h u n b e g e h r e. Nun aber ist C h r i s t u s e b e n d e r, d e r i c h b i n, ist auch ein wahrhaftiger Mensch. Wie kann er's denn m i t i h m s e l b s t, d a s i s t m i t u n s, die nur sein Fleisch und Blut sind, ü b e l m e i n e n? Summa diese Menschwerdung Gottes Sohns, wo sie recht im Herzen gebildet wäre, so würde sie ja eitel fröhliche Herzen und Gewissen machen und in einem Augenblick alle gräuliche Exempel des Zornes Gottes verschmelzen und verschwinden, als da ist die Sündfluth, die Vertilgung von Sodom und Gomorra. Solches alles müsste in einem einigen Blick verschwinden, wenn wir mit gläubigem Herzen gedächten an diesen einigen Menschen, der Gott ist und die arme menschliche Natur so geehrt hat.'" (83).[140]

Der Anfang des Lutherzitates ist bereits in Feuerbachs Schrift „Das Wesen des Glaubens im Sinne Luthers" eingegangen.[141]

Zustimmend wird Luther erneut in der Schrift über „Zinzendorf und die Herrnhuter" herbeigerufen, wobei die Lutherrenaissance bei Feuerbach beinhaltet, daß Zinzendorf über Luther hinausgehend dessen Theologie überbietet.

„Dieses Verschwundensein aller greulichen Exempel der alten, theilweise selbst noch in Luther vorhandenen, unmenschlichen Theologie, diese Gewissheit, dass Gott mit dem Menschen eins ist, es so gut mit ihm meint wie er mit sich selbst, diese Fröhlichkeit des Herzens und Gewissens, ist das charakteristische Wesen Zinzendorfs, das er ebenso im Leben wie im Lehren bethätigt und bewiesen hat." (83).

[1] A.G.Spangenberg, Apol Schl 3(-111).
[2] A.G.Spangenberg, Apol Schl 16, A mit * zu Qu. 32. „Daß der Ordinarius Frr. kein Indifferentist sey", weiß Feuerbach, da er aus dieser Antwort zitiert: „Daß es aber Catholiken und Calvinisten gebe, die da selig werden, ist wahr ..." Vgl. L.Feuerbach, SW X, 77.
[3] A.G.Spangenberg, Apol Schl Qu.: 32; 839; 519; 750f.; 837; 244.
[4] A.G.Spangenberg, Apol Schl Qu.: 270; 762; 201; 546; 192; 224; 363; 78f.; 32; 180; 977; 360; 226; 986; 123; 121; 176; 209; 870; 994; 991; 1037; 249; 432; 378; 44; 86f.; 919; 211; 858; 846; 873; 901; 939; 995; 934; 760; 366; 203; 202; 800; 232; 210; 277; 281; 975; 282; 204; 232; 243; 238; 266; 251; 206 étc.
[5] L.Feuerbach, SW X, 81, zitiert Apol Schl, 351 statt 35!
[6] Aus der russischen Ausgabe von Dostojevskij, Werke 12, Leningrad 1975, 297. Vgl. dazu den theologisch-philosophisch brillanten Aufsatz von M.Theunissen: ὁ αἰτῶν λαμβάνει. Der Gebetsglaube Jesu und die Zeitlichkeit des Christseins, in: Jesus. Ort der Erfahrung Gottes. Mit Beiträgen von B.Casper u.a., o.Hg., Freiburg, Basel, Wien 1976, 13-68.
[7] Zum Verhältnis von Theismus und Atheismus GW 9, 264-266 (§ 1-5) und 282-289 (§ 14-16).
[8] J.L. von Mosheim, KgdNT, Bd.5, 245.
[9] GW 9, 243.

[10] Ebd. Zum Verweis vgl. GW 2.
[11] GW 9, 244f.
[12] GW 6, 44.
[13] SW XIII, 387.
[14] SW X, 345.
[15] SW II, 219.
[16] GW 6, 31.
[17] GW 6, 317.
[18] GW 6, 317f.
[19] SW II, 216f.
[20] SW II, 218f.
[21] GW 4, 30.
[22] SW II, 218f.
[23] W.Schuffenhauer, Beitrag zur Diskussion: Die Gegenwart Feuerbachs, in: Atheismus in der Diskussion. Kontroversen um Ludwig Feuerbach, München 1975, 20.
[24] O.Marquard, Schwierigkeiten mit der Geschichtsphilosophie, in: ders, Schwierigkeiten mit der Geschichtsphilosophie, Frankfurt a.M. 1973, 13-33.
[25] O.Marquard, Weltanschauungstypologie. Bemerkungen zu einer anthropologischen Denkform des neunzehnten und zwanzigsten Jahrhunderts, in: ders, a.a.O., Frankfurt 1973, 107-121, bes. 116-118.
[26] J.Habermas, Erkenntnis und Interesse, Frankfurt a.M. 1968, 344.
[27] M.Horkheimer, Zu Theodor Haeckers ,Der Christ und die Geschichte', in: Kritische Theorie I, Frankfurt a.M. 1968, 371; ders, Gedanke zur Religion, in: Kritische Theorie I, a.a.O., 374; ders, Montaigne und die Funktion der Skepsis (1938), in: Kritische Theorie II, a.a.O., 254f.; ders, Zum Begriff des Menschen (1957), in: Zur Kritik der instrumentellen Vernunft, Frankfurt a.M. 1967, 181; ders, Religion und Philosophie, in: ders, Kritik der instrumentellen Vernunft, a.a.O., 229; Zwischen Philosophie und Wissenschaft: Marxismus als Kritik (1960), in: ders, Theorie und Praxis, Neuwied und Berlin 2. Aufl. 1967, 180, 207. Dabei ist E. Blochs Denken L. Feuerbachs Religionskritik verpflichtet. Vgl. dazu meinen Beitrag: Ernst Bloch zu Feuerbach. Auf der „deutschen Heilslinie" von Hegel zu Marx, in: Bloch-Almanach, 10. Folge 1990, 45-65.
[28] M.Horkheimer, Kritik der instrumentellen Vernunft, a.a.O., 27. Ebenso ders, Theismus und Atheismus (1963), in: Kritik der instrumentellen Vernunft, a.a.O., 227.
[29] M.Theunissen, Gesellschaft und Geschichte. Zur Kritik der kritischen Theorie (1969), in: ders, Kritische Theorie der Gesellschaft. Zwei Studien, Berlin, New York 1981, 39f.
[30] J.Moltmann, Das Ende der Geschichte, (1965), in: ders, Perspektiven der Theologie. Gesammelte Aufsätze, München 1968, 250. Vgl. ders, Exegese und Eschatologie der Geschichte, (1962) in: ders, a.a.O., 57-92; ders, Existenzgeschichte und Weltgeschichte. Auf dem Wege zu einer politischen Hermeneutik des Evangeliums (1968), in: ders, a.a.O., 128-146; ders, Die Kategorie NOVUM in der christlichen Theologie, in: Ernst Bloch zu ehren. Beiträge zu seinem Werk. Festschrift zum 80. Geburtstag, Frankfurt a.M. 1965, 243-265, abgedruckt in: ders, a.a.O., 174-188.
[31] J.Moltmann, Der gekreuzigte Gott. Das Kreuz Christi als Grund und Kritik christlicher Theologie, 2.Aufl. München 1973, 236f. Vgl. R.Weth, Heil im gekreuzigten Gott, EvTh 31, 1971, 227-244.
[32] A.a.O., 232.

[33] GW 6, 78.

[34] GW 5, 43.

[35] GW 6, 59.

[36] GW 10, 12.

[37] GW 6, 32.

[38] Ebd. Vgl. die Belege GW 6, 32; 34; 36; 61; 71.

[39] GW 6, 92f.

[40] K.Grün, a.a.O., Bd.I, 16.

[41] U.Schott, a.a.O., 122-200. Bes. zu Hegels Polemik gegen Schleiermacher, a.a.O., 130-145, zu Feuerbachs Verhältnis zu Schleiermacher, a.a.O., 145-163.

[42] F.D.E.Schleiermacher, Glaubenslehre 1821, Bd.I, 44.

[43] L.Feuerbach, SW XIII, 388.

[44] GW 10, 53f.

[45] Vgl. U.Schott, a.a.O., 119, Anm.34: „Die Vorlesung bei Schleiermacher ist im Abgangszeugnis nicht testiert und wieder durchgestrichen, also von Feuerbach ... vorzeitig abgebrochen worden."

[46] GW 9, 229f. Feuerbach ist auch Hegels Spott über Schleiermachers Abhängigkeitsgefühl bekannt, GW 6, 32: „Die sogenannten spekulativen Philosophen haben sich darüber mokiert, daß ich das Abhängigkeitsgefühl zum Ursprung der Religion mache. Das Wort ‚Abhängigkeitsgefühl‘ steht nämlich bei ihnen in üblem Ruf, seitdem Hegel Schleiermacher gegenüber, welcher bekanntlich das Abhängigkeitsgefühl zum Wesen der Religion erhob, den Witz machte, daß demnach auch der Hund Religion haben müsse, weil er sich von seinem Herrn abhängig fühle."

[47] GW 5, 24. Die Schleiermacher-Rezeption erfolgt auch auf Bruno Bauers Kritik hin. Vgl. GW 5, 23.

[48] K.Barth, Das Wort in der Theologie von Schleiermacher bis Ritschl, in: ders, Die Theologie und die Kirche. Gesammelte Vorträge Bd.2, München 1928, 190-211; ders, Ludwig Feuerbach, in: ders, a.a.O., 212-239. K.Bockmühl, a.a.O., 104f.

[49] J.Glasse, Barth on Feuerbach, in: The Harvard Theological Review, Vol.57, No.2 (April 1964), 64-96. Ders, Barth zu Feuerbach, in: EvTh 28, 1968, 459-485, zuletzt in: Ludwig Feuerbach, hg v E.Thies, a.a.O., Darmstadt 1976, 165-201. K.Nürnberger, Glaube und Religion bei Karl Barth. Analyse und Kritik der Verhältnisbestimmung zwischen dem christlichen Glauben und anderen Religionen in § 17 der ’Kirchlichen Dogmatik‘ Karl Barths, theol.Diss. Marburg 1967, bes. 37-60. J.Salaquarda, Das Verhältnis von Theologie und Philosophie in Karl Barths Kirchlicher Dogmatik. Erster Teil: Explikation und Problematisierung der Verhältnisbestimmung, theol.Diss. Berlin 1969, 47-70.

[50] GW 6, 92f.

[51] GW 6, 262.

[52] GW 7, 41.

[53] GW 6, 94f.

[54] GW 6, 122.

[55] GW 6, 307f.

[56] GW 7, 77.

[57] GW 6, 224.

[58] GW 6, 66. Vgl. L.Feuerbach, SW X, 85: „Kurz Herrnhutianismus ist gegenüber der scheinheiligen Selbstverleugnung der Theologie, anthropologischer ‚Egoismus‘, Eudämonismus, Socialismus und Sensualismus".

[59] Vgl. H.-M.Saß, Argumentationsfiguren in der Kritik an Ludwig Feuerbachs Religions- und Metaphysikkritik, in: Ludwig Feuerbach, hg v E.Thies, a.a.O., 230-259; Saß, a.a.O., 256 urteilt treffend: „Nicht mehr die falsifizierbare vernünftige Erkenntnis, sondern der geschichtsprozessuale Stellenwert einer Theorie entscheidet über ihre Wahrheit oder Falschheit." Das gilt in Anwendung auf die Religionskritik. Dazu P.Ricoeur, Das Bewußte und das Unbewußte, in: ders, Hermeneutik und Psychoanalyse. Der Konflikt der Interpretationen II, übersetzt v J.Rütsche, München 1974, 9-35. J.Ch.Janowski, a.a.O., 33-42, greift Recoeurs Überlegung auf und bedient sich des Theorems der „Hermeneutik des Unbewußten". Die Absicht und kategoriale Erfassung besticht. Dies ist jedoch keine immanente Feuerbach-Interpretation mehr, sondern der Versuch, Feuerbach von der Psychoanalyse aus zu deuten. Das wäre ein sicher lohnenswerter, aber spekulativer Versuch, der allerdings nicht mehr auf dem historischen Boden der Auseinandersetzung ans Ziel kommt. Das verlangt aber Feuerbach, vgl.: GW 5, 17: „man beweise mir, daß sowohl die historischen als rationellen Argumente meiner Schrift falsch, unwahr sind – widerlege sie ..."

[60] Vgl. J.H.Zedler, Großes vollständiges Universal Lexikon aller Wissenschaften und Künste Bd.I, Halle/Leipzig 1732, 2016-2025.

[61] N.L. von Zinzendorf, 32 Homilien, Homilie 31 vom 13. Martii 1746, 5f.

[62] A.a.O., 5 Anm. *.

[63] A.a.O., 7.

[64] A.a.O., 8.

[65] Ebd.

[66] A.a.O., 9. Vgl. Eph.2,12 als exegetische Grundlage.

[67] Ebd.

[68] A.a.O., 10.

[69] Ebd.

[70] A.G.Spangenberg, Apol Schl, 27. Qu.62.

[71] Zit. nach O.Uttendörfer, Zinzendorfs religiöse Grundgedanken, Herrnhut 1935, 24.

[72] J.Gottschick, Ohne Christus wäre ich Atheist, in: Christliche Welt 1889 überschrieben, vorgeheftet dem Jg. 1888, Heft 49, 461ff. Dazu der Sohn Wilhelm Gottschick, Art: Johannes Gottschick, in: RE3, Bd.23, 581. Vgl. ohne Quellenangabe P.Althaus, Die christliche Wahrheit. Lehrbuch der Dogmatik. Nachdruck der achten Aufl., Gütersloh 1972, 54. Die Worte „Ohne Christus" haben im philosophischen Kontext eine deutliche Entsprechung, vgl. F.W.J.Schelling, SW XIV, 77: Ohne Christus, „Ohne ihn war das menschliche Bewußtsein einer unvermeidlichen Selbstzerstörung preisgegeben". Dabei erkennt Schelling, SW XIII, 394, Christus schon im Heidentum als den leidenden Messias, besonders in der Gestalt des Dionysos. Vgl. dazu W.Kasper, Das Absolute in der Geschichte. Philosophie und Theologie der Geschichte in der Spätphilosophie Schellings, Mainz 1965, 358 und H.Fuhrmann, Der Gottesbegriff der schellingschen positiven Philosophie, in: SCHELLING-STUDIEN. Festgabe für Manfred Schröter zum 85.Geburtstag, hg v A.M.Koktanek, München/Wien 1965, 39, Anm.26.

[73] A.von Harnack, Die natürliche Gotteserkenntnis, in: Christliche Welt 43, 1888, 398ff. Vgl. H.Benckert, „Ohne Christus wäre ich Atheist", in: EvTh 18, 1958, 445-460.

[74] A.von Harnack, Fünfzehn Fragen an die Verächter der wissenschaftlichen Theologie unter den Theologen, zuletzt in: Anfänge der dialektischen Theologie, Teil 1 (Theologische Bücherei 17), hg v J.Moltmann, München 1974, 324.

[75] K.Barth, Fünfzehn Antworten an Herrn Professor von Harnack, zuletzt in: Anfänge der dialektischen Theologie, Bd.1, a.a.O., 327.

[76] E.Troeltsch, Glaubenslehre, posthum München 1925, 10.

[77] P.Tillich, Rechtfertigung und Zweifel, Gießen 1924, 26.

[78] P.Althaus, a.a.O., 54.

[79] G.Ebeling, Die „nicht-religiöse Interpretation biblischer Begriffe", zuletzt in: ders, Wort und Glaube, Bd.1, 3.Aufl. Tübingen 1967, 99.

[80] Vgl.F.Gärtner, Die Gemeinde zwischen Religion und Atheismus. (Zinzendorf und der Atheismus), Hamburg 1956, 13.

[81] A.G.Spangenberg, Apol Schl, 27.

[82] A.G.Spangenberg, Apol Schl, Anmerkung mit * zu Quaestio 62, S.27, entnimmt das Zinzendorf-Zitat der Büd Samml Bd.I, Vorrede.

[83] A.G.Spangenberg, a.a.O., 28: „Valer. Herberger sagt im 2ten Theil der Herz=Postille p. 167. a. ‚Billig soll unser ganzes Christenthum ein immerwährendes suchen und finden des Creuzes JEsu Christi bleiben, damit uns kein Trost mangele im Leben und Tode. Dannenhero singt die liebe Christenheit in der Marter=Woche: Nos autem gloriari oportet in cruce Domini nostri JEsu Christi, in quo est salus, vita & resurrectio nostra, per quem salvati & liberati sumus ... Dannenhero sind die Teutschen Reime geflossen. Allein dein Creuz, Herr JEsu Christ, Mein höchster Trost auf Erden ist.'"

[84] D.Bonhoeffer, Widerstand und Ergebung. Briefe und Aufzeichnungen aus der Haft. Hg v E.Bethge. Neuausgabe 1970, 426.

[85] D.Bonhoeffer, a.a.O., 425. Über Bonhoeffers Verhältnis zur Brüdergemeine vgl.: W.Günther, Dietrich Bonhoeffer und die Brüdergemeine, in: Unitas Fratrum. Zeitschrift für Geschichte und Gegenwartsfragen der Brüdergemeine Heft 7, Hamburg 1980, 62-69.

[86] Vgl.E.Bethge, Dietrich Bonhoeffer. Theologe – Christ – Zeitgenosse, München 1967, 695.

[87] D.Bonhoeffer, Widerstand und Ergebung, a.a.O., 426.

[88] H.-W.Schütte, Art.: Atheismus, in: Hist.Wb.Phil. 1, Darmstadt 1971, 595 mit Verweis auf: Sextus Emp., Adv.math.9,14; 18,49; 19,4; Cicero, De nat.deorum I, 23; III, 37; Origenes, Contra Cels. V, 25-27.

[89] H.-M.Barth, Atheismus und Orthodoxie. Analysen und Modelle christlicher Apologetik im 17. Jahrhundert, Göttingen 1971, 21 und 21 Anm.9.

[90] H.-W.Schütte, a.a.O., 596. Das gekennzeichnete Walch-Zitat ist dem angegebenen Werk auf der Seite 673f. entnommen.

[91] Von Spinoza nimmt, soweit ich sehe, Zinzendorf keine direkte Notiz.

[92] Vgl. H.-W.Schütte, a.a.O., 596; 598 Anm.14.

[93] Vgl. O.Uttendörfer, Die Entwürfe Zinzendorfs zu seiner Religionsschrift. In: ZBG XIII, 1919, 64-98. Die Gegenüberstellung der Protokoll-Vergleiche ist auf S.88.

[94] „No.35. Daß es seit der Zeit 2 religionen gegeben die wahre genand eusebeia, u. den atheismum. Da ? nichts als den einen Gott weis, u noch auf die 3 einigkeit nicht gefallen ist. So bald das geschehn, sind die Atheisten aufgekommen. Constantinus magnus war ein Atheiste. Wer der Dreieinigk. glaubt u. kennt den Heil. nicht, ist nicht gescheut, oder sie sagen was sie nicht Glauben. Weil der Heil. eben Thola ist, so ist er eben den Juden nicht ein? wenn der HE. mit s.5 Wunden mit Gloria kommen."

[95] „No. 36. Warum der atheismus unter die religionen zu rechnen. Es ist kein Atheismuß der gar keinen Gott statuire. Daher ist die atheistische Secte eine religion. Sie selber

halten sich vor Gott wenn mans unter suchet. Der Atheismuß theoreticus ist nur eine recht sehr tiefe Melancholi. Der practicus ist ein Brutales Ding. (Es folgt dieselbe Abschweifung.)".

[96] H.-W.Schütte, a.a.O., 598.

[97] Die kritische Funktion der Kreuzestheologie gegenüber dem Atheismus ist aufgezeigt bei: S.Eberhard, Kreuzes-Theologie. Das reformatorische Anliegen in Zinzendorfs Verkündigung, München 1937. F.Gärtner, a.a.O., 1-27, urteilt als Interpret Karl Barths. H.Renkewitz, Autorität und Gebrauch der Bibel bei Nikolaus Ludwig Graf von Zinzendorf in der Auseinandersetzung mit dem Atheismus und in den Losungen, in: Pietismus und Bibel (AGP 9), hg v K.Aland, Witten 1970, 148-169, bes.148-151, stellt das Schriftprinzip heraus. Er vergleicht Zinzendorfs Leben mit A.H.Franckes Bekehrungserlebnis und dem Werdegang von Hochmann von Hochenau, deren theologische Entwicklung nicht vital – wie bei Zinzendorf – durch den Atheismus mitgeprägt wurde. In der neueren systematischen Theologie ist die kritische Funktion der Kreuzestheologie Zinzendorfs berücksichtigt bei J.Moltmann, Der gekreuzigte Gott. Das Kreuz Christi als Grund und Kritik christlicher Theologie, München 2.Aufl. 1973, 9, 174, 182, 252. Bes. 9: „Kreuzestheologie hat eine gewisse Tradition, aber sie war nie beliebt. Sie geht von Paulus ... über zu Luther ... Sie kam auf eigene Weise bei Zinzendorf wieder zum Leben." Sie prägte „den besseren Teil der frühen dialektischen Theologie und der Lutherrenaissance der zwanziger Jahre." Aus dem 19. Jahrhundert hebt sich noch „Martin Kähler" ab.

[98] A.G.Spangenberg, Apol Schl, 350.

[99] Das seines Kontextes enthobene Zinzendorf-Zitat steht in anderem Zusammenhang, nämlich in der Apol Schl, 351, A. zu Qu.862.

[100] A.G.Spangenberg, Apol Schl, 350, A. zu Qu.862. Vgl. zu dem hypothetischen Gespräch mit Feuerbach K.Barth, Ludwig Feuerbach, in: ders, Die Theologie und die Kirche, München 1928, 237: „Und wer hier nicht in der Lage ist, ihm einfach ins Gesicht zu lachen, der wird mit weinerlicher oder entrüsteter Kritik seiner Religionserklärung niemals beikommen können." Dazu J.Glasse, Barth zu Feuerbach, a.a.O., 197, der zusammenfassend urteilt: „Im übrigen jedoch hat Barth ihm keine eigentliche ‚Antwort' gegeben."

[101] N.L. von Zinzendorf, Nat Refl, 7.

[102] Ebd.

[103] Ebd.

[104] A.a.O., 5.

[105] A.a.O., 5f.

[106] GW 3, 129f.

[107] GW 3, 130.

[108] Ebd.

[109] GW 3, 131 mit Verweis auf: „,Dic.hist.crit.', A(rtikel) Manichéens (D.): ‚partout des prisons et des hôpitaux, par-tout des gibets et des mendians. (überall Gefängnisse und Krankenhäuser, überall Galgen und Bettler).'"

[110] GW 4, 232.

[111] Ebd.

[112] Ebd.

[113] GW 4, 232f.

[114] Jüngerhaus Diarium Königsfeld, 8.5.1757.

[115] Vgl.J.Chambon, Der französische Protestantismus. Sein Weg bis zur französischen Revolution, München 1939, 165-181. H.E.Weber, Reformation, Orthodoxie und Rationalismus. 2.Teil: Der Geist der Orthodoxie, Gütersloh 1951.

[116] N.L.von Zinzendorf, Der Deutsche Sokrates, 2.Aufl. Leipzig 1732, 252. Anmerkung (7.): a.a.O., 252f.: „Ich kam vor etwa 9 Jahren mit dem Herrn de J. über seine Controvers mit Mr. la Placette zu sprechen; da ereifferte er sich so, daß er sagte: Qu' il s'etonnoit, qu'une personne bien sensée pouvoit etre en suspens entre son opinion & celle de son adversaire. Er sey gantz erstaunt, daß es vernünftige Leute habe, die sich noch besinnen könten, ob er oder sein Adversarius recht hätte."

[117] E.Beyreuther, Der junge Zinzendorf, Marburg an der Lahn 1957, 173f. Vgl. L.Aalen, Die Theologie des jungen Zinzendorfs, Berlin und Hamburg 1966, 106 Anm.120, dessen Versuch, Zinzendorfs Theologie dem Spiritualismus und dem augustinischen Verhältnis von Natur und Gnade – gerade im Deutschen Sokrates – und nicht der reformatorischen Theologie zuzuordnen, kaum akzeptiert worden ist. Vgl. E.Beyreuther, Die Paradoxie des Glaubens. Zinzendorfs Verhältnis zu Pierre Bayle, in: ders, Studien zur Theologie Zinzendorfs, Neukirchen-Vluyn 1962, 201-234; ders, Zinzendorf und Pierre Bayle. Ein Beitrag zur Frage des Verhältnisses Zinzendorfs zur Aufklärung, Hamburg 1955; ders, Theologia cucis. Zinzendorf und Luther, in: ders, a.a.O., 235-247. Vgl. H.Schneider, Nikolaus Ludwig von Zinzendorf, in: Orthodoxie und Pietismus, Stuttgart, Berlin, Köln, Mainz 1982, 347-372, bes.371; P.Deghaye, La doctrine ésoterique de Zinzendorf (1700-1760), Paris 1970; D.Meyer, Leben aus der Gnade. Die neue Gestalt der Rechtfertigungslehre bei Zinzendorf, in: Theologische Beiträge 16, 1985, 5-25, bes. 6-22. Vgl. zuletzt: E.Beyreuther, Berliner Reden. Mit einer Einführung in: EZHS XIV, Hildesheim und New York 1985, 1-53, bes. 1-27. Für die amerikanische Forschung: G.L.Gollin, Moravians in Two Worlds. A Study of Changing Communities, New York and London 1967; sehr treffend: Nicholaus Ludwig Count von Zinzendorf. Bishop of the Church of the Moravian Brethren: Nine Public Lectures on important Subjects in Religion. Preached in Fetter Lane Chapel in London in the Year 1746 Translated & Edited by G.W.Forell, Iowa City 1973, VII-XXX. Und bis zu den Ursprüngen zurückforschend: The Bethlehem Diary. Volume I. 1742-1744, Translated and Edited by K.G.Hamilton, Bethlehem, Pennsylvania 1971.

[118] GW 4, 178.

[119] GW 4, 213.

[120] A.G.Spangenberg,LZ, Bd.II, 467.

[121] J.G.Walch, Theologische Bedencken von der Beschaffenheit der Herrnhutischen Secte, hg v J.Ph.Fresenius, Franckfurt 1749, 167. Zuletzt in: ZMuD R 2, Bd.XVI, Hildesheim/ New York, 1982, 717.

[122] GW 4, 58.

[123] GW 4, 58, Anm. * heißt: „S. hierüber auch Walchs ‚Philosoph. Lexikon', Leipzig 1733. Art. Atheisterei, p.141."

[124] GW 4, 65.

[125] GW 4, 354f.

[126] GW 5, 159. Vgl. K.Marx, Zur Kritik der Hegelschen Rechtsphilosophie, Einleitung, MEW 1, 378: „Die Religion ist der Seufzer der bedrängten Kreatur, das Gemüt einer herzlosen Welt, wie sie der Geist geistloser Zustände ist. Sie ist das Opium des Volks."

[127] GW 12, 573.

[128] Vgl. vorläufig H.Gollwitzer, Die marxistische Religionskritik und der christliche Glaube, 5.Aufl. Hamburg 1974, 23-28.

[129] Zuerst Feuerbach in der Bayle-Monographie in GW 4. So auch: R.Geißler, Tendenzen und Probleme der neueren Forschung zu Pierre Bayle, in: Beiträge zur Romanischen Philologie (Berlin/DDR) 7, 1968, H.2, 229-251. O.Finger, Joseph Dietzgen. Beitrag zu den Leistungen des deutschen Arbeiterphilosophen, Berlin/DDR 1977, 49-66: „Eine materialistisch-atheistische Entwicklungslinie. Exkurs zu Ludwig Feuerbachs ‚Pierre Bayle'". H.Ley, Geschichte der Aufklärung und des Atheismus, Bd.4/1, Berlin/DDR 1982, 299-361: „Pierre Bayle – Künder einer atheistischen Gesellschaft".

[130] H.Ley, a.a.O., Bd.4/1, 299f.

[131] E.Labrousse, Note à propos de la conception de la tolérance au XVIIIe siècle, in: Voltaire Century 56, 1967; dies, Pierre Bayle, T. I und II, Den Haag 1963 und 1964; dies, Bayle und Jurieu, in: Aufbruch zur Moderne. Politisches Denken in Frankreich des 17. Jahrhunderts, hg v T.Schabert, München 1974, 114-151. E.Hirsch, Geschichte der neuern evangelischen Theologie, Bd.1, 3.Aufl. Gütersloh 1964, 63-77, bes.64. J.P.Jossua, P.Bayle précurseur des théologies modernes ...: Revue des Sciences Religieuses 39,2, 1965, 113-157. L.Hennig, Kirche und Offenbarung bei Zinzendorf. Ein Beitrag zum Verhältnis von Pietismus und Aufklärung, Zürich 1939, 73-81. L.Aalen, Die Theologie des jungen Zinzendorf, a.a.O., 106f. Anm.121. E.Beyreuther, Die Paradoxie des Glaubens. Zinzendorfs Verhältnis zu Pierre Bayle und zur Aufklärung, in: ders, a.a.O., 201-234; ders, Die Bedeutung Pierre Bayles für Lessing und dessen Fragment über die Herrnhuter, in: H.Bornkamm/F.Heyer/A.Schindler (Hg), Der Pietismus in Gestalten und Wirkungen. Martin Schmidt zum 65. Geburtstag (AGP 14), Bielefeld 1975, 84-97. Ders, Pierre Bayle: Historisches und critisches Wörterbuch. 4 Bde, Vorwort von J.Ch.Gottsched. Übersetzt von J.Ch.Gottsched, J.E.Schlegel, J.J.Schwabe u.a. (Nachdruck der Ausgabe Leipzig 1741-1744). Hildesheim 1974-1978, hg und mit Einleitung von E.Beyreuther, Bd.I, 1974, I-XVI.

[132] Pierre Bayle, Vorrede zur 1.Ausgabe des Dict., 7.

[133] N.L.von Zinzendorf, Der Deutsche Socrates, 137; 139: nennt dies die „vernünftige Anforderung".

[134] Vgl. L.Hennig, Kirche und Offenbarung bei Zinzendorf, a.a.O., 75.

[135] Dict. Bd.IV, 736.

[136] Dict. Bd.IV, 634.

[137] N.L.von Zinzendorf, Londoner Predigten I, 336. Vgl. zu derselben Auffassung, daß die Aufgabe der Vernunft für die Theologie auf derselben Linie liege wie die Aufgabe des Gesetzes, Bayle, Dict. Bd.III, 306: „... je ne croi pas me tromper, si je dis de la Révélation naturelle, c'est-à-dire des Lumières de la Raison, ce que les Théologiens disent de l'Oeconomie Mosaïque. Ils disent, qu'elle n'étoit propre qu'à faire connoître à l'homme son impuissance, et la nécessité d'un Redempteur, et d'une Loi miséricordieuse. Elle étoit un Pédagogue (ce sont leurs termes) pour nous amener à Jesus-Christ. Disons à-peu-près le même de la Raison: elle n'est propre qu'à faire connoître à l'homme ses ténèbres et son impuissance, et la nécessité d'une autre Révélation. C'est celle de l'Ecriture."

[138] E.Beyreuther, Die Paradoxie des Glaubens. Zinzendorfs Verhältnis zu Pierre Bayle und zur Aufklärung, in: ders, Studien zur Theologie Zinzendorfs, Gesammelte Aufsätze,

194

Neunkirchen 1962, 212. Vgl. dazu N.L.von Zinzendorf, Berliner Reden II, 9; ders, Gemeinreden I, 152. Vgl. zur Vernunft als Prinzip einer negativen Gotteserkenntnis auch Bayle, „Reponse aux questions d'un provincial" in „Oeuvres diverses" III, 778, Kap.87: „La Raison ... est plus propre à démolir qu'à bâtir, elle connoit mieux ce que les choses ne sont pas que ce qu'elles sont." Cf. auch Dict.Bd. III, 306: „La Raison ... c'est un principe de destruction, et non pas d'édification."Vgl. auch Luther,WA 8, 629. „Lumen naturae, quae tametsi lucem et opera dei non attingat per sese, ita ut in affirmativis fallax sit eius iudicium, in negativis tamen est certum. Non enim capit ratio, quid sit deus, certissime tamen capit, quid non sit deus."

139 Feuerbach nimmt in seiner Monographie über „Pierre Bayle" Bezug auf Theologumena zinzendorfscher Provenienz. GW 4, 316: „‚die Seitenwunde des Kreuzgottes' oder das ‚Kreuzluftvögelein'" und spricht GW 4, 317 f. von der „Unvernünftigkeit des Pietismus im Protestantismus, der hauptsächlich zu der Seitenwunde oder dem Seitenhöhlchen des Heilands seine Zuflucht nahm, hat seinen letzten Grund nur im Begriff der Persönlichkeit."

140 M.Luther, LL, Tom. XV, 44.

141 GW 9, 389 gibt wieder M.Luther, a.a.O.: „Wer in seinem Herzen dieses Bild wohl gefasset hätte, ... Wie kann er's ..., übel meinen?"

VI. ZUSAMMENFASSUNG DER ARBEIT IN THESEN

In Form von Thesen sollen einige der Befunde, die sich aus dem Gang der Untersuchung herauslösen lassen, zusammenfassend vorgetragen werden.

1. In seiner Spätschrift über „Zinzendorf und die Herrnhuter" von 1866 verdichtet sich in einem zusammenfassenden und abschließenden Wort Feuerbachs Religionsphilosophie, die vom Ansatz her Religionskritik ist. Im Gang der Untersuchung wurde aufgezeigt, daß Feuerbach mit Rückverweis oder im gedanklichen Rückgriff nicht bei den religionskritischen Hauptschriften, das „Wesen des Christentums" (1841), „Glauben im Sinne Luthers" (1842) und die „Grundsätze der Philosophie der Zukunft" (1843) stehen bleibt, sondern darüber hinaus auf frühere, auch unbekanntere Schriften wie die „Xenien" (1830) zurückgreift. Seine Monographie von „Pierre Bayle" (1838) hat gerade gegenüber dem sich auf Bayle berufenden Zinzendorf eine wichtige Stellung. Feuerbachs Promotion „De infinitate, unitate, atque communitate rationis" (1828) gibt die ersten Hinweise für die in späteren Jahren vertretene Trieblehre, die im Gegenüber zu der von Feuerbach anonym herausgegebenen Schrift „Gedanken über Tod und Unsterblichkeit" (1830) philosophische Ergebnisse in Form von Persiflagen zeichnet, die ihm nicht nur wegen seines Antipietismus die universitäre Laufbahn unmöglich machten. Hier ist der literarische Ursprung des in der Zinzendorf-Schrift aufgezeigten Nihilismus in religionskritischer Absicht. Philosophie- und theologiegeschichtlich ist in dem Werk die „Geschichte der neueren Philosophie von Bacon bis Spinoza" (1833) und dem Werk „Darstellung, Entwicklung und Kritik der Leibnizschen Philosophie" (1837), sowie in der Monographie über „Pierre Bayle" der Ort und Rahmen zur Einordnung der Reformation angegeben. Der kopernikanischen Wende in der Philosophie der Neuzeit mit Descartes stellt Feuerbach die reformatorische Umwälzung in der Kirchengeschichte der Neuzeit mit Martin Luther entgegen. Philosophiegeschichtlich hat sich Feuerbach gleichsam zum Testamentsvollstrecker der Theologie Luthers gemacht, indem er enttheologisierend das Werk des Reformators emphatisch bejaht und auf ein Prinzip des Sensualismus verkürzend interpretiert. Von seinem Verständnis der Reformation Luthers ist Feuerbach motiviert, „Zinzendorf und die Herrnhuter" als Erben Luthers zu interpretieren.

2. Obgleich Feuerbach „keine Charakteristik Z.(inzendorf)'s geben wollte", bleibt er in einer rein subjektivistischen Interpretation stecken, da er sich „nur auf sein (sc. Zinzendorfs) religionsphilosophisches Grundprinzip beschränkt" hat (85). Das angebliche religionsphilosophische Grundprinzip Zinzendorfs hat sich von Feuerbachs „Prinzip zur Beurteilung und geschichtlichen Werthbestimmung des Herrnhuterthums" als Feuerbachs eigene Theorie herausgestellt. Der Beweis für die Identität von Zinzendorfs angeblichem Grundprinzip und Feuerbachs Prinzip zur Beurteilung Zinzendorfs ist zum einen durch Feuerbachs Zitationsverfahren aufgedeckt. Zum andern hat Feuerbach das Beurteilungsprinzip als Theorie bereits zu einem Zeitpunkt ausgesprochen, an dem er die Herrnhuter noch nicht hinreichend kannte, da er noch keine Literatur zu seinem Thema gefunden hatte.[1]
Feuerbach vermag seine Theorie nur gegen die Intention der zitierten Autoren einzulösen. Feuerbachs Praxis der Interpretation ist ersichtlich. Zitate werden sinnentstellt, zugleich mit korrekten Zitaten verknüpft und zu einem fast unlösbaren Zitationsknäuel verschlungen. Der Zweck dieses Verfahrens ist, den ursprünglichen Sinn der Zitate zu verdunkeln und sie nach dem Motto, „kehre es um, so hast du die Wahrheit" den Zitierten in den Mund zu legen.[2]
Die Wort- und Satzzitate werden in den Kommentaren verarbeitet. Feuerbach weist die Zitate gerade dann nicht aus, wenn sie gegen ihr eigentliches Verständnis uminterpretiert werden.
3. Feuerbach will sein Thema geschichtlich entfalten.
An einem historischen Verständnis des Themas zeigt er jedoch wenig Interesse. Dies beweist seine Zitation und die Behauptung, der Geist Luthers, Arndts, Speners und Zinzendorfs seien identisch. Dabei ist Feuerbachs erkenntnisleitendes Interesse entwicklungsgeschichtlich eine Konzentration des Christentums im Herrnhutertum und eine Reduktion des christlichen Glaubens auf die Kreuzestheologie zu behaupten. Indem Feuerbach gegen die geistphilosophischen Voraussetzungen polemisiert und auf die Objektivität der geschichtlichen Grundlegung des entwicklungsgeschichtlichen Denkens verzichtet, betreibt er eine Geschichtsmetaphysik in destruktiver Absicht.
4. Feuerbachs Interesse ist einzig und allein auf die Anthropologie gerichtet. Sie soll aus Luthers Theologie und Christologie a priori abgeleitet werden. Feuerbach versteht sich als Luthers Testamentsvollstrecker, indem er als „Luther II." Luthers Anthropologie ihrer theologischen

Inhalte entledigt, um die Theologie zu erledigen. Das ist Feuerbachs reformatorisches Thema seiner Lebensarbeit: die Konstituierung einer enttheologisierten lutherischen Anthropologie.

5. Feuerbach unterstellt sein Verständnis des Luthertums Zinzendorf und den Herrnhutern, um sie einseitig im Sinne seiner lutherischen Anthropologie zu Kronzeugen des vollendeten Luthertums zu erheben. Ihre Anthropologie soll die konsequente enttheologisierte Anthropologie widerspiegeln. Indem Feuerbach sein Verständnis von Anthropologie Luther unterstellt und bei Zinzendorf und den Herrnhutern wiederfindet, meint er, die lutherische Anthropologie in ihrer sensualistischen Vollendung entdeckt zu haben. Zinzendorf wird als „Lutherus redivivus" oder „Lutherus Lutheranissimus" gedeutet, und als „wiedergeborener Luther" gleichsam gefeiert. Die religionsphilosophische Interpretation Luthers und Uminterpretation in Hinsicht auf Zinzendorf bilden die Lutherrenaissance im Sinne des Religionskritikers Feuerbach.

6. Da Feuerbach das Bekenntnis Zinzendorfs und seiner Gemeinde zu Jesus Christus dem Inkarnierten und Gekreuzigten sachlich nicht teilt, es aber deuten will, muß er es umdeuten. Dabei versteht Feuerbach die Wirklichkeit Gottes nicht als eine objektive Realität, sondern als eine subjektive menschliche Bildung, die nicht im Wissen, sondern im Glauben als einer menschlichen Vorstellung begründet ist.

7. Feuerbach hat Zinzendorfs Haupt-Religions-Punkt erkannt, Jesus Christus den Gekreuzigten. Der Haupt-Religions-Punkt ist für Feuerbach der Grund des Glaubens Luthers und Zinzendorfs. So ist für Feuerbach das Luthertum das konzentrierte Christentum und das Herrnhutertum das konzentrierte Luthertum. Der ekklesiologischen Konzentration entspricht die Behauptung einer Reduktion des christlichen Glaubens auf die Versöhnungslehre, das Blut Christi. Alle anderen Glaubensinhalte sollen für Zinzendorf nicht konstitutiv sein. Doch die Reduktion versteht Luther, wie Feuerbach weiß, als Ketzerei, die er aus der Polemik der lutherisch-orthodoxen Gegner der Herrnhuter dem Grafen Zinzendorf als eine anerkennungswürdige Leistung unterstellt.

8. Feuerbach hat den Haupt-Religions-Punkt Zinzendorfs so stark hervorgehoben, um von ihm her seine destruktive Behauptung abzuleiten: „In der That: der Herrnhutianismus ist das im Blute Christi, im Blute des Menschen concentrirte, aber auch aufgelöste und zersetzte Christentum." (80). Diese Behauptung verfehlt die Sache des Herrnhutertums und Christentums. Darüberhinaus scheitert Feuerbach immanent an sei-

nen gedanklichen Voraussetzungen, indem er Glaubensinhalte als eine subjektive Vorstellung des Menschen versteht. Die zur Sprache gebrachte Deutung der Kreuzestheologie als einer nihilistischen Vorstellung destruiert das Thema von Feuerbachs Lebensarbeit – die Anthropologie. Denn Feuerbach hat die Kreuzestheologie in eine voluntaristische Kreuzestheorie pervertiert, indem er Zinzendorf und seiner Gemeinde unterstellte, einen gekreuzigten Gott zu wollen. Um die Rede von Gott und das Sein Gottes anthropologisch deuten zu können, hat Feuerbach zwei gedankliche Voraussetzungen. Es besteht erstens eine Identität von göttlichem und menschlichem Wesen. Zweitens ist das göttliche Wesen nichts anderes als die Vergegenständlichung des menschlichen Wesens. Zinzendorf und die Herrnhuter sollen einen gekreuzigten Gott wissen und glauben wollen. Da der Gott nur das Resultat einer gewollten Vergegenständlichung des Menschen ist, göttliches und menschliches Wesen identisch sind, heißt das: der Mensch vergegenständlicht und verbildlicht in dem gekreuzigten Gott seinen eigenen Tod voluntaristisch.

9. Die anthropologische Voraussetzung ist das sensualistische Wesen, das Nicht-Denken im Menschen, das die Vergegenständlichung bewirkt. Hegel hat die Lehre vom absoluten Geist philosophisch zur Geltung gebracht, um die objektive Wirklichkeit Gottes zu wahren. Der Geist, der in Freiheit mit sich selbst identisch ist, vergegenständlicht sich entsprechend zu der Entäußerung Christi in dem Anderen, dem Menschen Jesus von Nazareth, um schließlich als Geist zu sich zurückzukehren (vgl. Phil. 2,6-11). Von der Geistphilosophie Hegels wendet sich Feuerbach ab. Er verwandelt die reflektierte spekulative Geistphilosophie in eine spekulative Geistpsychologie. Der menschliche Geist ist die Triebfeder der Vergegenständlichung der menschlichen Vorstellungen. Da der menschliche Geist für Feuerbach mit dem menschlichen Triebe identisch ist, bedeutet das, der Mensch vergegenständlicht in dem gekreuzigten Gott seinen eigenen Tod. Die Triebfeder der Vergegenständlichung des gekreuzigten Gottes ruht, so müsste Feuerbach behaupten, in dem Todestrieb des sensualistischen Menschen.

10. Feuerbach will das „caput mortuum" Gottes „in den Händen" haben und das Ende des Christentums im Herrnhutertum proklamieren. Doch in der Vergegenständlichung des menschlichen in dem göttlichen Wesen muß der Mensch in dem existentiellen Glauben an seinen eigenen vergegenständlichten Tod zerbrechen. Feuerbach hat so nicht nur die Kreuzestheologie nihilistisch gedeutet, um das „caput mortuum" Gottes zu

behaupten, sondern seine, Luther und Zinzendorf unterstellte, Anthropologie in Nekrologie pervertiert, indem Menschen ihren Tod sensualistisch-voluntaristisch in dem Tod Gottes als Produkt ihrer Vorstellung wollen sollen. Das Ergebnis ist, über die nihilistische Vergegenständlichung erstarrt der Mensch in seiner Vorstellung zu einem caput mortuum.

11. Feuerbach hat das „caput mortuum" des Menschen „in den Händen". Doch das nihilitische Ende des Menschen in seiner Vorstellung kann Feuerbach selbst nicht wollen, wenn er das Thema seiner Lebensarbeit, die Anthropologie nicht nihilistisch in Nekrologie pervertierend auflösen will. Die nihilistische Deutung der Kreuzestheologie schlägt so von Feuerbachs Voraussetzungen seines Denkens einer Identität von menschlichem Wesen und göttlichem Wesen und dem Gedanken einer Vergegenständlichung des göttlichen Wesens durch das menschliche Wesen auf die Anthropologie, die er Zinzendorf und Luther unterstellt, nihilistisch zurück. So hat Feuerbach nicht das caput mortuum Gottes, sondern das caput mortuum des Menschen in den Händen, so hat er nicht die Anthropologie als Thema seiner Lebensarbeit eingelöst, sondern die Anthropologie in Nekrologie pervertierend aufgelöst. Das ist die immanente Widerlegung von Feuerbachs Theorie einer religionskritischen Urteilsbildung im Licht von Feuerbachs zitierten Quellen.

12. Feuerbach will Zinzendorf zu einem „christliche(n) Atheist(en)" machen (81). Hinter diesem Urteil steckt Feuerbachs eigenes Atheismus-Verständnis. Für Zinzendorf jedoch besteht ein klares Entweder/Oder zwischen Atheismus und Christusglauben. Zinzendorf wendet sich gegen den theoretischen und praktischen Atheismus. Ein deutlicher Unterschied zwischen Feuerbach und Zinzendorf besteht in der jeweiligen Einschätzung Pierre Bayles. Diesen betrachtet Feuerbach als dezidierten Atheisten, Zinzendorf hingegen als scharfsinnigen Dialektiker. Gegenüber dem Atheismusverständnis und der nihilistischen Interpretation ist es für die christliche Theologie unverzichtbar, daß sie sich ihrer selbst bewußt wird. Die Option für die Kreuzestheologie ist die konsequente Wiederaufnahme von Luthers und Zinzendorfs Theologie und Christologie, die implizite theologia crucis ist.[3] Wird die theologia crucis in ihrer Objektivität nicht aus Zugeständnissen dem sogenannten neuzeitlich-subjektivistischen Denken aufgeopfert, dann birgt eine kreuzestheologische Trinitätslehre in dem unmetaphysikverdächtigen Gekreuzigten den Ursprung christlicher Theologie. Denn Feuerbachs solipsistische Deu-

tung des christlichen Glaubens bleibt dem subjektivistischen Ansatz der neuzeitlichen Philosophie verhaftet, so daß er sich der Objektivität des Christentums in der geschichtlichen Wirklichkeit verschließt. Gegen Feuerbachs subjektivistischer Deutung ist zu betonen, daß die Theologie Zinzendorfs von ihrem kreuzestheologischen Ursprung sich nicht in einem selbstgenügsamen Frömmeln verliert, sondern sich teleologisch in einem weltweiten Handeln ergießt, im Dienst des Reiches Gottes, das ein „Creutz-Reich" ist.[4]

Doch Feuerbach hat die weltumspannende Wirkung der Herrnhuter im „Creutz-Reich" Christi wenig beachtet, wobei er sich mit dem Hinweis begnügt, daß „der Trieb, von der eigenen ‚Tendresse' für den Gott, der sein Leben für uns gelassen', auch den Anderen mitzuteilen übrigens eine natürliche Folge ist." (87). Feuerbach weiß aber um J.G.Herders Würdigung Zinzendorfs, die das praktische Wirken von Zinzendorf und den Herrnhutern dokumentieren:

„Nicolaus Ludwig, Graf und Herr von Zinzendorf, Pottendorf u.f. geboren 1700, ging im Jahr 1760 als ein Eroberer aus der Welt, deßgleichen es wenige, und im verflossenen Jahrhundert keinen wie ihn gegeben. Er konnte rühmen, daß er in Herrnhut, Herrendick, und Pilgerruh, Ebersdorf, Jena, Amsterdam, Rotterdam, London, Oxford, Berlin, in Grönland, St.Cruz, St.Thomas, St.Jena, Barbesien, Palästina, Surinam, Savannah, in Georgien, Carolina, Pennsylvanien, Guinea, unter Ungarn, Wilden und Hottentotten, deßgleichen in Lett-, Lief-, Esthland, Litthauen, Rußland, am weißen Meer, in Lappland, Norwegen, in der Schweiz, auf der Insel Man, in Aethiopien, Persien, bei den Boten der Heiden zu Land und See, Gemeinen und Anhänger habe."[5]

---

[1] SW XIII, 318. Feuerbach: „ich hoffe mir ... Material verschaffen zu können." (Vgl. Einleitung 1.).

[2] GW 5, 385.

[3] J.Moltmann, a.a.O., 9 und 222-236.

[4] N.L. von Zinzendorf, Red Ev, Bd.I, 478. „Das Reich Gottes ist ein Creutz-Reich." (Predigt über Mt 6,13 vom 13. März 1738).

[5] J.G.Herder, SW XXIV, 32.Feuerbach, SW X, 86, hat ohne Angabe nach dieser Ausgabe die Seite 36 zitiert.

VII. GLIEDERUNG VON FEUERBACHS SCHRIFT „ZINZENDORF UND DIE HERRNHUTER" (SW X, 68-87)

LITERATURVERZEICHNIS

I. Quellen

Zitate, Belege oder Verweise, die sich auf die hier angegebenen Quellen beziehen, werden in den Anmerkungen der Arbeit durch die im nachstehenden Verzeichnis aufgeführten Sigel kenntlich gemacht. Nach Zitaten, die innerhalb des Textes dieser Arbeit belegt werden, sind Zahlen in () Seitenangaben, die sich, wenn nicht ausdrücklich auf eine andere Quelle verwiesen wird, auf die Schrift „Zinzendorf und die Herrnhuter" beziehen (in: L.Feuerbach, SW X, 68-87; s.u. 2.Werkausgaben a) zu Feuerbach). Die orthographischen Besonderheiten der jeweils zitierten Ausgaben wurden beibehalten.

1. Feuerbachs Quellen zu seiner Schrift „Zinzendorf und die Herrnhuter"

Brüdergesangbuch	Gesangbuch zum Gebrauch der evangelischen Brüdergemeine, Gnadau 1824.
GdL	Eichhorn, Johann Gottfried: Geschichte der Literatur von ihrem Anfang bis auf die neuesten Zeiten, 6 Bde, Göttingen 1805-1811. Bd.1-5 hg von J.G.Eichhorn Bd.6, 2 Theile, enthält die Geschichte der theologischen Wissenschaften seit der Verbreitung der alten Literatur, hg von: s.u. C.F. Stäudlin.
Herder SW	Herder, Johann Gottfried: Feuerbach selbst gibt nicht seine zitierte Werkausgabe an, deshalb vgl. I.2., s.u. Herder, Johann Gottfried: Sämtliche Werke.
Lessing SS	Lessing, Gotthold Ephraim: Sämtliche Schriften, 31 Bde, hg von K. Lessing, J.J.

Eschenburg und F. Nicolai, Berlin 1771-1794. Daraus: Bd.XVII. Vgl. I.2., s.u.: Lessing, Gotthold Ephraim: Sämtliche Schriften.

LL   Luther, Martin: Des theuren Mannes Gottes
                      D.Martin Luthers sämtliche theils von ihm
                      selbst Deutsch verfertigte, theils aus dessen
                      Lateinischen ins Deutsche übersetzte
                      Schriften..., hg von C.F. Boerner, 23
                      Theile, Leipzig 1729-1740. Bd.XV u. XXI.

ÜdO   Meißner, August Gottlieb: Über die Oberlausitz, in: Deutsches Museum, hg von H.Ch.
                      Boie (1776-1788), Zweiter Band, 12. Stück,
                      Julius bis Dezember 1778, 549-562.

KgdNT   Mosheim, Johann Lorenz von: Vollständige
                      Kirchengeschichte des Neuen Testaments,
                      aus dessen gesammelten größeren Werken
                      und anderen bewährten Schriften mit
                      Zusätzen vermehret und bis auf die neueren Zeiten fortgesetzet, 7 Bde, Heilbronn
                      1770-1796. Bd.1-4 ist die Übersetzung von,
                      ders: Institutionum et recentiores, libri
                      quattuor, Helmstedt 1752, besorgt und hg
                      von: s.u. J.R. Schlegel. Bd.5-7 enthält die
                      Geschichte des achtzehnten Jahrhunderts,
                      bearbeitet und hg von: s.u. J.R. Schlegel.

KgdNT   Schlegel, Johann Rudolph: Kirchengeschichte
                      des 18. Jahrhunderts. Bd.I und Bd.II ist
                      gleich: s.o., Mosheim, Johann Lorenz von,
                      Vollständige Kirchengeschichte des Neuen
                      Testaments... Bd. 5 und Bd.6, Heilbronn
                      1784 und 1788.

Apol Schl	Spangenberg, August Gottlieb: Apologetische Schluß-Schrift; Worinn über tausend Beschuldigungen gegen die Brüder-Gemeinen und ihren zeitherigen Ordinarium nach der Wahrheit beantwortet werden, Nebst einigen wichtigen Beylagen, Leipzig und Görlitz 1752. (Die Fragen sind von A.G. Spangenberg gesammelt und von Zinzendorf beantwortet). Nachdruck in: s.u. I.2.: EZHS, Bd.III, Hildesheim und New York 1971.
LZ	– Leben des Herrn Nicolaus Ludwig Grafen und Herrn von Zinzendorf und Pottendorf, 8 Theile, Barby 1773. Nachdruck in: s.u., I.2.: ZMuD, Reihe 2, Bd.1-4 (8 Theile in 4 Bde). Hildesheim und New York 1971.
AllGott	Spener, Philipp Jacob: Die allgemeine Gottesgelehrtheit aller gläubigen Christen und rechtschaffenen Theologen. Auß Gottes wort erwiesen/mit den zeugnissen vornehmer alter und neuer reiner Kirchen-Lehrer bestätiget/Und der sogenannten THEOSOPHIAE HORBIO/SPENERIANAE Zur gründlichen verantwortung entgegengesetzt, (1680), 2. Auflage Franckfurt am Mayn 1705.
GthW	Stäudlin, Carl Friedrich: Geschichte der theologischen Wissenschaften seit der Verbreitung der alten Literatur, 2 Theile sind gleich: s.o., Eichhorn, Johann Gottfried: Geschichte der Literatur..., Bd.6, in zwei Abtheilungen, Göttingen 1811 und 1812.
BDZ	Varnhagen van Ense, Karl August: Biographische Denkmale, 5 Theile, daraus Theil 5:

Graf Ludwig von Zinzendorf, Berlin 1830. (Zweite vermehrte und verbesserte Auflage, Berlin 1846).

Nat Refl

Zinzendorf, Nicolaus Ludwig von: Naturelle REFLEXIONES über allerhand Materien, Nach der Art, wie Er bey sich selbst zu denken gewohnt ist: Denjenigen Verständigen Lesern, Welche sich nicht entbrechen können, über Ihn zu denken; in einigen Send= Schreiben, bescheidentlich dargelegt. (Und) Reale Beylagen zu der vorhergehenden Schrift ΠΕΡΙ ΕΑΥΤΟΥ genannt. Ohne Ort und Jahr. (In einzelnen Stücken ersch., seit 1746, als Buch 1749). Nachdruck in: s.u. I.2.: EZHS, Bd.IV, Hildesheim 1964.

Red Ev

– Auszüge aus des Seligen Ordinarii der Evangelischen Brüder-Kirche Herrn Nicolaus Ludwig Grafens und Herrn von Zinzendorf und Pottendorf sowohl ungedruckten als gedruckten R e d e n über die vier Evangelisten, 5 Bde, Bd.I-IV hg von Clemens, Gottfried, Barby 1766-1773, Bd.V hg von Duvernoy, Christoph, Barby 1781. Daraus: Bd.I, Ueber das Evangelium Sanct Matthäi, Cap.I-VII, Barby 1766.

2. Werkausgaben

a) Zu Feuerbach:

Briefwechsel

Feuerbach, Ludwig, Briefwechsel, hg von W.Schuffenhauer (Reclams Universalbibliothek Bd.105), Leipzig 1963.

SW I-X

Ludwig Feuerbach, Sämtliche Werke, 10 Bde, Leipzig 1846-1866. Neu hg von W. Bolin und F. Jodl, 10 Bde, Stuttgart 1903-1911.

SW XI-XIII	Ludwig Feuerbach, Sämtliche Werke, 2. unveränderte Aufl. mit 3 Ergänzungsbänden (= Bde XI-XIII) vermehrt, hg von Hans-Martin Sass, Stuttgart 1959-1964.
GW 1-12ff.	Gesammelte Werke, 12 Bde ff. hg von W.Schuffenhauer, Berlin/DDR 1967ff.
TW I-VI	Werke in sechs Bänden, hg von E. Thies, Frankfurt a.M. 1975 ff.

b) Zu Zinzendorf:

ZHS	N.L. von Zinzendorf, Hauptschriften, 6 Bde, hg von Erich Beyreuther und Gerhard Meyer, Hildesheim, 1962-1963.
EZHS	N.L. von Zinzendorf, Ergänzungsbände zu den Hauptschriften, 14 Bde., hg von E. Beyreuther und G. Meyer, Hildesheim 1966 ff.
ZMuD	N.L. von Zinzendorf, Materialien und Dokumente, Reihe 1, 5 Bde, hg von Amadeo Molnár, Hildesheim 1971 ff.; Reihe 2, 23 Bde, hg von E. Beyreuther und G. Meyer, Hildesheim 1971 ff.; Reihe 3, 4 Bde, hg von E.Beyreuther und G.Meyer, Hildesheim-New York 1973; Reihe 4, 6 Bde (in 12 Teilbänden), hg v E.Beyreuther, G.Meyer, D.Meyer und G.Meyer-Hickel, Hildesheim-New York 1978ff.

Daraus werden mit Kurztitel in der Arbeit zitiert:

Apol Schl	M.AUG.GOTTLIEB SPANGENBERGS / A p o l o g e t i s c h e / Schluß=Schrifft,/ Worinn/über tausend Beschuldigungen/

gegen die/Brüder=Gemeinen/und/Ihren zeitherigen Ordinarium/nach der Wahrheit beantwortet/werden,/Nebst/einigen wichtigen Beylagen./Leipzig und Görlitz 1752. Wiederabgedruckt in: EZHS, Bd.III, Hildesheim 1964. (Vgl. Literaturverzeichnis I.1. Feuerbachs Quellen zu seiner Schrift „Zinzendorf und die Herrnhuter").

Berliner Reden
Des/ORDINARII/FRATRUM/BERLINI- SCHE/R e d e n,/nach/dem vollständigen und von ihm selbst/eigenhändig revidirten Exemplar,/in Druck gegeben/von/Gottfried Clemens,/London und Barby 1758. Wiederabgedruckt in: ZHS, Bd.I, Hildesheim 1962.

Inhalt/dererjenigen / R e d e n, / Welche/zu Berlin/vom/1ten Januario 1738. bis 27ten Aprilis/in denen/Abend=Stunden/sonderlich für die/Manns=Personen/gehalten worden,/Berlin o.J., wiederabgedruckt in: EZHS, Bd. XIV, mit einer Einführung von E.Beyreuther, Hildesheim – Zürich – New York 1985.

Inhalt/einiger öffentlichen / R e d e n, / Welche/im Jahr 1738./vom/Januario bis zu Ende des Aprils/in Berlin/an die/Frauens= Personen/daselbst/gehalten worden./Berlin o.J., wiederabgedruckt in: EZHS, Bd.XIV, Hildesheim – Zürich – New York 1985.

Büd Samml
Büdingsche/Sammlung/Einiger/In die Kirchen=Historie/Einschlagender/Sonderlich neuerer Schrifften,/1.-3. Teil, Büdingen 1742-1745. Wiederabgedruckt in: EZHS, Bd.VII-IX, Hildesheim 1965-1966.

Der Deutsche Sokrates	Der Teutsche/SOCRATES,/Das ist:/Aufrichtige Anzeige/verschiedener nicht so wohl unbekannter/als vielmehr in Abfall gerathener/Haupt/Wahrheiten,/in den Jahren 1725 und 1726... 2.Aufl. Leipzig 1732. Wiederabgedruckt in: ZHS, Bd.I, Hildesheim 1962.
21 Discurse	Ein und zwanzig / D I S C U R S E / über die / Augsburgische / Confession / gehalten / vom 15.Dec.1747. bis zum 3.Mart. 1748. / denen SEMINARIIS THEOLOGICIS/ FRATRUM/zum Besten aufgefaßt / ...o.O. 1748. Wiederabgedruckt in: ZHS, Bd.VI, Hildesheim 1963.
Erinnerungen Übersetzungsprobe	Erinnerungen/Des Hrn.Gr.v.Z./ Wegen seiner Ersten Probe/Der Ü b e r s e t z u n g / Des Neuen Testaments/An seine/Herren Gegner./Büdingen/1741. Wiederabgedruckt in: ZHS, Bd.VI, Hildesheim 1963.
Gemeinreden I/II	Der / öffentlichen / Gemein= / Reden / im Jahr 1747./Erster Theil./Mit einem Anhang einiger zu Ende des Jahres 1746. gehaltenen/ HOMILIEN./Zu finden in den Brüder=Gemeinen./1748. Wiederabgedruckt in: ZHS, Bd.IV, Hildesheim 1963. Der/öffentlichen/Gemein=/Reden/im Jahr 1747./Zweyter Theil./Zu finden in den Brüder=Gemeinen./ 1749. Wiederabgedruckt in: ZHS, Bd.IV, Hildesheim 1963.
32 Homilien	Zwey und Dreyßig/einzele/HOMILIAE / Oder / Gemein=Reden / in denen Jahren 1744.1745.1746. Daß ich euch immer einerley sage, verdrüßt mich nicht, und/macht euch desto gewißer./Zu finden, in den Brü-

der=Gemeinen o.J. Wiederabgedruckt in: EZHS, Bd.X, Hildesheim 1970.

Kreuzreich Jesu	Die/gegenwärtige Gestalt/Des/ Creuz=Reichs JEsu/in seiner Unschuld/d.i./Verschiedene deutliche Wahrheiten denen unzehli=/gen Unwahrheiten/gegen eine bekante Evangelische Gemeine/In Dreyen Abtheilungen/ entgegen, / Und allen unpartheyischen Gemüthern vor Augen gestellet,/...Franckfurth und Leipzig/1745. Wiederabgedruckt in: EZHS, Bd.V, Hildesheim 1965.
LZ, Bd.I-IV	Leben / des / Herrn / Nicolaus Ludwig/Grafen und Herrn/von / Z i n z e n d o r f / und / P o t t e n d o r f, / beschrieben/von/August Gottlieb Spangenberg./8 Bde in 4 Bänden, Barby 1773-1775. Wiederabgedruckt in: ZMuD R 2, Bd.I-VIII, Hildesheim-New York 1971. (Vgl. Literaturverzeichnis I.1.).
Londoner Predigten I/II	Einiger / seit 1751. / von dem/ORDINARIO FRATRUM/zu London gehaltenen / P r e - d i g t e n / in/Dreyen Haupt=Abtheilungen/ edirter/Erster Band./London und Barby 1756. Wiederabgedruckt in: ZHS, Bd.V, Hildesheim 1963. Der / P r e d i g t e n / die der/ORDINARIUS FRATRUM/von Anno 1751. bis 1755./zu LONDON/gehalten hat,/Zweyter Band,/ Nebst/Einem Anhange/einiger an/ Evangelische Brüder=Gemeinen/gehaltenen / H o m i l i e n . / London und Barby,/ zu finden bey dem Seminario Theologico./ 1757. Wiederabgedruckt in: ZHS, Bd.V, Hildesheim 1963.

Nat Refl	Ludwigs von Zinzendorf/ EPI EAYTOY./Das ist:/Naturelle/REFLEXIONES / über allerhand Materien,/... o.O. und o.J. Wiederabgedruckt in: EZHS, Bd.IV, Hildesheim 1964. (Vgl. Literaturverzeichnis I.1.).
Religionsschrift	Uttendörfer, Otto: Die Entwürfe Zinzendorfs zu seiner Religionsschrift, in: ZBG XIII, 1919, 64-98. Wiederabgedruckt in: ZMuD R 3, Bd.IV, Hildesheim 1973.
Siegfried	Siegfrieds/Bescheidene Beleuchtung / des / vom Herrn D. Baumgarten/Prof.Theol. Ord.zu Halle/im zweyten Stück des I.Theils seiner sogenannten/Theologischen Bedenkken/gefälleten,/und nicht nur an sich selbst ziemlich decisiv gerathenen, sondern noch dazu publicirten, Urtheils/über die Evangelisch=Mährische Kirche A.C./und bey dieser Gelegenheit auch über deren Evangelische Lehrer, in specie/aber den Herrn Grafen von Zinzendorff, und das Seminarium Theologicum;/bestehende/in einer aufrichtigen Wiederholung des Bedenckens selbst/ und dessen pünktlicher Erörterung,/ sodann/in einer neuen Anfrage über eben dasselbe Objectum,/und deren gründlich und ausführlichen Beantwortung./Nebst einigen Beylagen./o.O. 1744. (Imprimatur, Polycarpus Müller, Episc. Sen.). Wiederabgedruckt in: ZMuD R 2, Bd.XVI, Hildesheim-New York 1982, 214-403.
Theol Bedencken	T h e o l o g i s c h e / und dahin einschlagende / B e d e n c k e n / Welche/Ludwig Graf von Zinzendorff,/Zeitheriger Bischoff/Der Böhmisch= und Mährisch=Evangelischen Brüder,/ Seit 20.Jahren entworffen./Mit

215

des A u t o r i s Zuschrifft/ An alle Hohe
Obrigkeiten/Und einer Vorrede/Polycarpi
Müllers,/ Ehemaligen Professoris zu Leipzig und Directoris des Gymnasii zu Zittau/
nunmehrigen Episcopi Fratrum./Büdingen/
1742. Wiederabgedruckt in: EZHS, Bd.IV,
Hildesheim 1964.

c) sonstige Quellen

Baumgarten, Siegmund Jacob: Theologische Bedencken. 1.-7. Sammlung, Halle 1742-1750. Vorrede zur Sammlung der Theologischen
Bedencken, in: ZMuD R 2, Bd.XVI, Antizinzendorfiana III, Hildesheim und New York 1982, 58-211.

Bayle, Pierre: Historisches critisches Wörterbuch. 4 Bde, Vorwort von
J.Ch.Gottsched. Übersetzt von J.Ch.Gottsched, J.E.Schlegel,
J.J.Schwabe u.a. (Nachdruck der Ausgabe Leipzig 1741-1744), hg und
mit Einleitung von E.Beyreuther, Hildesheim: Olms 1974-1978.

Corpus scriptorum ecclesiasticorum hg von der Wiener Akademie 1866 ff.

Dostojevskij, Fjodor Michajlowitsch, Werke, 21 Bände, Leningrad
1972 ff.

Freud, Ernst L./Meng, Heinrich (Hrsg): Sigmund Freud-Oskar Pfister,
Briefe 1909-1939, Frankfurt a.M. 1963.

Freud, Sigmund: Gesammelte Werke, hg von A.Freud u.a., 4.Aufl.
Frankfurt a.M. 1964 ff. (Abk.: GW).

Goethe, Johann Wolfgang von: Sämtliche Werke, hg von E.Beutler
(unveränderter Nachdruck der Bde 1-17), Zürich – München 1977.

Hegel, Georg Wilhelm Friedrich: Sämtliche Werke (Jubiläumsausgabe),
20 Bde, hg von H.Glockner, Stuttgart (1927-1939), 3. Aufl. 1949-1959.
(Abk.: WG).

- Glauben und Wissen oder die Reflexionsphilosophie der Subjektivität ihrer Formen als Kantische, Jacobische und Fichtesche Philosophie, hg von G. Lasson (PhB 62 b), Hamburg 1962, (Unveränderter Abdruck aus: Erste Druckschriften, Leipzig 1928). (Abk.: GuW).

- Vorlesungen über die Philosophie der Religion, 2 Bde, hg von G. Lasson, Hamburg 1966 (Nachdruck der 1. Aufl. von 1925 und 1927). Bd.1, 1.Halbband: Begriff der Religion, (Abk.: BR). Bd.2, 2.Halbband: Absolute Religion, (Abk.: AR).

- Grundlinien der Philosophie des Rechts, hg von J. Hoffmeister (PhB 124 a), Hamburg 1967 (Unveränderter Nachdruck der vierten Aufl. von 1955). (Abk.: GPR).

Herder, Johann Gottfried: Sämtliche Werke, hg von B. Suphan, Berlin 1877f. (= Hildesheim 1967).

Jacobi, Friedrich Heinrich: Werke, 6 Bde, hg von F.Roth und F.Köppen, repr. Nachdruck der Ausgabe Leipzig 1812 ff., Darmstadt 1968.

Jüngerhaus Diarium Königsfeld, Gemeinarchiv (Handschrift).

Jung, Wilhelm Friedrich: Der in dem Grafen von Zinzendorf noch Lebende und Lehrende wie auch Leidende und Siegende Doctor Luther, Allen verständigen und redlichen Leuten Der beyden Evangelischen Religionen vor Augen geleget..., Franckfurt und Leipzig 1752.

Kapp, Friedrich: Geschichte der deutschen Einwanderung in Amerika. Erster Band. Die Deutschen im Staate New=York bis zum Anfang des neunzehnten Jahrhunderts, Leipzig 1868.

Lange, Joachim: Die richtige Mittel-Strasse zwischen den Irrthümern und Abwegen IV, Halle 1714.

Lessing, Gotthold Ephraim: Sämtliche Schriften, 25 Bde, hg von J. Petersen und W. von Olshausen, Berlin, Leipzig, Wien, Stuttgart 1925-1935 (= Hildesheim 1970). (Abk.: SW).

Loskiel, Georg Heinrich: Geschichte der Mission der evangelischen Brüder unter den Indianern in Nordamerika, Barby 1789. Nachdruck in: ZMuD R 2, Bd.XXI, hg und mit Einführung von Matthias Meyer, Hildesheim und New York 1989.

Luther, Martin: Alle Bücher und Schriften, 8 Theile, Jena 1555 (-1585). (A.G. Spangenbergs und Zinzendorfs deutsche Lutherausgabe). (Abk.: Jen.).

– Opera omnia, 4 Theile, Jena 1556 (-1558). (A.G.Spangenbergs und Zinzendorfs lateinische Lutherausgabe). (Abk.: Jen.).

– Luthers Werke. Kritische Gesamtausgabe, hg von J.C.F. Knaak u.a., Weimar 1883 ff. (Abk.: WA).

Marx, Karl und Engels, Friedrich: Werke in 40 Bänden, hg vom Institut für Marxismus-Leninismus beim ZK der SED, Berlin/DDR 1956 ff. (Abk.: MEW).

Migne, Jacques-Paul: Patrologiae cursus completus.
Series latina, 221 Bde, 1844-1864. (Abk.: MSL)
Series graeca, 166 Bde, 1857-1866. (Abk.: MSG)

Nietzsche, Friedrich: Sämtliche Werke. Kritische Studienausgabe in 15 Bänden, hg von G.Colli und M.Montinari, München 1980. (Abk.: SW).

– Der Wille zur Macht. Versuch einer Umwertung aller Werte. Ausgewählt und angeordnet von P.Gast unter Mitwirkung von E.Förster-Nietzsche. Mit einem Nachwort von Alfred Baeumler, Stuttgart 1959.

Novalis: Die Christenheit oder Europa (1799), in: Novalis (Rowohlts Klassiker der Literatur und Wissenschaft, Deutsche Literatur, Bd.11), hg von E.Grassi unter Mitarbeit von W.Hess, Leck/Schleswig 1968, 35-52.

Schelling, Friedrich Wilhelm Joseph: Sämtliche Werke, hg von K.F.A. Schelling, 14 Bde, Stuttgart 1856-1861. (Abk.: SW).

218

Spener, Philipp Jakob: Natur und Gnade/Oder der Unterscheid der Wercke/ So aus natürlichen kräfften und aus den gnaden=würckungen des Heiligen Geistes herkommen..., Franckfurt am Mayn 1687. Wiederabgedruckt in: Philipp Jakob Spener, Schriften, hg von E.Beyreuther, Bd.IV, eingeleitet von D.Blaufuß und E.Beyreuther, Hildesheim – Zürich – New York 1984, 399-876.

– PIA DESIDERIA: Oder Hertzliches Verlangen/Nach Gottgefälliger Besserung der wahren Evangelischen Kirchen/..., Franckfurt am Mayn MDCLXXX. Wiederabgedruckt in: Philipp Jakob Spener, Schriften, hg von E.Beyreuther, Bd.I, eingeleitet von E.Beyreuther und D.Blaufuß, Hildesheim – New York, 1979, 123-548.

Thomas von Aquin: Summa Theologiae (Bibliotheca de Autores Christianos). Matriti MCMLXI-MCMLXV.

Walch, Johann Georg: Theologisches Bedencken Von der Beschaffenheit der Herrnhutischen Secte, hg von J.Ph.Fresenius, Franckfurt a.M. 1747. Wiederabgedruckt in: ZMuD, R 2, Bd. XVI, Antizinzendorfiana III, Hildesheim – New York 1982, 539-734.

Wesley, John: The Letters of John Wesley, Standard Edition Band I-VIII, ed. J.Telford, London 1931. (Abk.: The Letters).

– The Works of John Wesley, Band I-XIV, Authorized Edition des Wesleyan Conference Office in London, photomechanischer Nachdruck, Grand Rapids/Michigan 1958/59. (Abk.: The Works).

– Wesley's Standard Sermons, Bd.I-II, ed. E.H.Sugden, London 1921. (Abk.: Standard Sermons).

– John Wesleys Gespräch mit Zinzendorf, (dt.Übersetzung) in: Mitteilungen der Studiengemeinschaft für Geschichte des Methodismus 1, 1962, Heft 1+2, 26 ff.

Wolff, Christian: Philosophia prima sive Ontologia, methodo scientifica pertractata, qua omnis cognitionis humanae principia continentur. Frankfurt und Leipzig 1729.

II. Hilfsmittel

Aland, Kurt: Hilfsbuch zum Lutherstudium. (1954), 3.Aufl.Witten 1970.

Die Religion in Geschichte und Gegenwart, hg von K.Galling, 3. Aufl. Tübingen 1957-1965.

Historisches Wörterbuch der Philosophie, hg von J. Ritter, Darmstadt 1971ff. (Abk.: Hist.Wb.Phil.).

Koch, Wilhelm: Deutsches Literatur-Lexikon. Biographisches und biblio-graphisches Handbuch. Zweite vollständig neu bearbeitete und stark erweiterte Auflage, Bern 1949.

Meyer, Dietrich (Hg): Bibliographisches Handbuch zur Zinzendorf-Forschung, Düsseldorf 1987.

Neue Deutsche Bibliographie, hg von der Hist.Komm.b.d.Bayer. Ak.d. Wiss., Berlin 1953 ff. (Abk.: NDB)

Otto, Gottlob: Lexikon der seit dem fünfzehnten Jahrhundert verstorbe-nen und jetztlebenden Oberlausitzischen Schriftsteller und Künstler, Görlitz 1800-1803.

Realencyklopädie für protestantische Theologie und Kirche, hg von A.Hauck u.a., 3. Aufl. 1896-1913. (Abk.: RE).

Zedler, Johann Heinrich, Großes vollständiges Universal-Lexikon aller Wissenschaften und Künste…, Bd.1-64, Halle und Leipzig 1732-1750.

III. Sekundärliteratur

a) Literatur zu Feuerbach

1.   Ascheri, Carlo: Feuerbachs Bruch mit der Spekulation. Einleitung zur kritischen Ausgabe von Feuerbach: Notwendigkeit einer Verän-derung (1842), aus dem Ital. von H.Ascheri, Vorw. v.K.Löwith, Frankfurt a.M. 1969.

2. Bayer, Oswald: Gegen Gott für den Menschen. Zu Feuerbachs Lutherrezeption, aus: ZThK 69, 1972, 34-71, zuletzt in: E.Thies (Hg), Ludwig Feuerbach (WdF, CDXXXVIII) Darmstadt 1976, 260-309.

3. Bockmühl, Klaus: Leiblichkeit und Gesellschaft. Studien zur Religionskritik und Anthropologie im Frühwerk von Ludwig Feuerbach und Karl Marx, 2.Aufl., Darmstadt 1980.

4. Bolin, Wilhelm: Ludwig Feuerbach, sein Wirken und seine Zeitgenossen, Suttgart 1891.

5. – Über Ludwig Feuerbachs Briefwechsel und Nachlaß. Zur Verteilung an die Freunde des Verstorbenen als Privatmitteilung des Verfassers gedruckt, Helsingfors 1877.

6. Brandhorst, Heinz-Horst: Lutherrezeption und bürgerliche Emanzipation. Studien zum Luther- und Reformationsverständnis im deutschen Vormärz (1815-1848) unter besonderer Berücksichtigung Ludwig Feuerbachs (Göttinger Theologische Arbeiten Bd. 20), Göttingen 1981.

7. Braun, Hans-Jürgen: Die Religionsphilosophie Ludwig Feuerbachs. Kritik und Annahme des Religiösen, Stuttgart 1972.

8. – Ludwig Feuerbachs Lehre vom Menschen, Stuttgart-Bad Cannstatt 1971.

9. Cesa, Claudio: Feuerbachs Kritik des Idealismus und seine Versuche zu einer neuen Erkenntnistheorie. In: H.Lübbe und H.-M. Saß (Hg), Atheismus in der Diskussion, Kontroversen um Ludwig Feuerbach (GT.S 17), München 1975, 218-233.

10. – Il giovane Feuerbach, Bari 1963.

11. Debus, Inge: Individuum und Gattung. Die Frau im Denken Feuerbachs, phil.Diss., Düsseldorf 1984.

12. Dicke, Gerd: Der Identitätsgedanke bei Feuerbach und Marx (Wissenschaftliche Abhandlungen der Arbeitsgemeinschaft für Forschung des Landes Nordrhein-Westfalen, Bd.15), Köln und Opladen 1960.

13. Finger, Otto: Joseph Dietzgen. Beitrag zu den Leistungen der deutschen Arbeiterphilosophen, Berlin/DDR 1977.

14. Gagern, Michael von: Ludwig Feuerbach. Philosophie und Religionskritik. Die „Neue" Philosophie, München und Salzburg 1970.

15. Glasse, John: Barth on Feuerbach, in: The Harvard Theological Review, Vol. 57, No.2 (April 1964), 64-96.

16. – Barth zu Feuerbach, in: EvTh 28, 1968, 259-285, zuletzt in: E.Thies (Hg), Ludwig Feuerbach (WdF CDXXXVIII), Darmstadt 1976, 165-201.

17. – Feuerbach und die Theologie: Sechs Thesen über den Fall Luther, in: H.Lübbe und H.-M.Saß (Hg), Atheismus in der Diskussion. Kontroversen um Ludwig Feuerbach, (GT.S 17), München/Mainz 1975, 28-35.

18. – Why did Feuerbach concern himself with Luther? in: RJPh 26, 1972, 364-385.

19. Grün, Karl: Ludwig Feuerbach in seinem Briefwechsel und Nachlaß, sowie seiner philosophischen Charakterentwicklung dargestellt. 2 Bde, Leipzig und Heidelberg 1874.

20. Janowski, J.Christine: Der Mensch als Maß. Untersuchungen zum Grundgedanken und zur Grundstruktur von Ludwig Feuerbachs Werk (Ökumenische Theologie, Bd.7), Zürich – Köln 1980.

21. Jaeschke, Walter: Feuerbach redivivus. Eine Auseinandersetzung mit der gegenwärtigen Forschung im Blick auf Hegel, in: Hegel-Studien 13, 1978, 199-237.

222

22. Jodl, Friedrich: Vorwort zu: Ludwig Feuerbach, SW X, S. V-XI.

23. Lübbe, Herrmann: zusammen mit H.-M. Saß (Hg): Atheismus in der Diskussion, Kontroversen um Ludwig Feuerbach (Gesellschaft und Theologie, Abteilung: Systematische Beiträge, Nr.17), München 1975.

24. Meyer, Matthias: Realisierung statt Annihilierung des Protestantismus. Eine transatlantische Zusammenarbeit von Ludwig Feuerbach und Friedrich Kapp über die Herrnhuter, in: D.Meyer (Hg), Pietismus – Herrnhutertum – Erweckungsbewegung. Festschrift für Erich Beyreuther, Köln 1982, 362-411.

25. Müller, Julius: Das Wesen des Christenthums von Ludwig Feuerbach..., in: ThStKr 15, 1842, 171-269.

26. Nüdling, Gregor: Ludwig Feuerbachs Religionsphilosophie. „Die Auflösung der Theologie in Anthropologie", (FNPG 7), Paderborn 1936 (Nachdruck 1961).

27. Rawidowicz, Simon: Ludwig Feuerbachs Philosophie. Ursprung und Schicksal. (1930), 2.Aufl. Berlin 1964.

28. Reitemeyer, Ursula: Philosophie der Leiblichkeit. Ludwig Feuerbachs Entwurf einer Philosophie der Zukunft (edition suhrkamp 1417), Frankfurt am Main 1988.

29. Ritzkowski, Joachim: Ludwig Feuerbachs Angriff gegen das Christentum. Die Bedeutung des Frühwerks für die Religionskritik. Phil.Diss.Berlin 1969.

30. Rotenstreich, Nathan: Anthropologie und Sinnlichkeit. Aus: Revue internationale de Philosophie 26, 1972, 336-344, zuletzt in: E. Thies (Hg), Ludwig Feuerbach (WdF CDXXXVIII), Darmstadt 1976, 384-394.

31. Saß, Hans-Martin: Argumentationsfiguren in der Kritik an Ludwig Feuerbachs Religions- und Metaphysikkritik, in: E.Thies

(Hg), Ludwig Feuerbach (WdF Bd.CDXXXVIII), Darmstadt 1976, 230-259.

32. – Feuerbach statt Marx. Zur Verfasserschaft des Aufsatzes „Luther als Schiedsrichter zwischen Strauß und Feuerbach", in: International Review of Social History, Volume XII, 1967, 108-119.

33. – Ludwig Feuerbach (Rowohlts Bildmonographie 269), Hamburg 1978.

34. – Zusammen mit H. Lübbe, Hg von: Nr. 23.

35. Schmidt, Alfred: Einleitung. Für eine neue Lektüre Ludwig Feuerbachs, in: L.Feuerbach, Anthropologischer Materialismus. Ausgewählte Schriften, hg u eingel von A.Schmidt, Wien 1967, Bd.I, 5-64.

36. Schneider, Erich: Die Theologie und Feuerbachs Religionskritik. Die Reaktion der Theologie des 19. Jahrhunderts auf Ludwig Feuerbachs Religionskritik. Mit einem Ausblick auf das 20. Jahrhundert und einem Anhang über Feuerbach (Studien zur Theologie und Geistesgeschichte des Neunzehnten Jahrhunderts, Bd. 1), Göttingen 1972.

37. Schott, Uwe: Die Jugendentwicklung Ludwig Feuerbachs bis zum Fakultätenwechsel 1825. Ein Beitrag zur Genese der Feuerbachschen Religionskritik. Mit einem bibliographischen Anhang zur Feuerbach-Literatur (Studien zur Theologie und Geistesgeschichte des Neunzehnten Jahrhunderts, Bd. 10), Göttingen 1973.

38. Schuffenhauer, Werner: Beitrag zur Diskussion: Die Gegenwart Feuerbachs, in: H.Lübbe und H.-M.Saß (Hg), Atheismus in der Diskussion. Kontroversen um Ludwig Feuerbach (GT.S 17), München 1975, 20.

39. Taubert, Inge/Schuffenhauer, Werner: Marx oder Feuerbach? Zur Verfasserschaft von „Luther als Schiedsrichter zwischen Strauß und Feuerbach", in: Sitzungsberichte der Akademie der Wissen-

schaften der DDR, 1973, Nr.20: Beiträge zur Marx-Engels-Forschung. Dem Wirken Auguste Cornus gewidmet, Berlin/DDR 1975, 32-54.

40. Teichner, Wilhelm: Mensch und Gott in der Entfremdung oder die Krise der Subjektivität (Symposion 71), Freiburg (Breisgau)/München 1984.

41. Thies, Erich: Anmerkungen zu: Ludwig Feuerbach, Das Wesen der Religion, in: Ludwig Feuerbach, TW 4, 463-468, Frankfurt am Main 1975.

42. – Ludwig Feuerbach, Wege der Forschung, Band CDXXXVIII, hg von E. Thies, Darmstadt 1976.

43. – Philosophie und Wirklichkeit. Die Hegelkritik Ludwig Feuerbachs. In: E. Thies (Hg), Ludwig Feuerbach (WdF, CDXXXVIII), Darmstadt 1976, 431-482.

44. – Zur Einführung in die Erlanger Vorlesungen, in: L. Feuerbach: Schriften aus dem Nachlass, 3 Bde, Bd.1, Darmstadt 1974, IX-LXV.

45. Wallmann, Johannes: Ludwig Feuerbach und die theologische Tradition. In: ZThK 67, 1970, 56-86.

46. Wartofsky, Marx W.: Feuerbach. Cambridge, London, New York, Melbourne: Cambridge University Press 1977.

47. Widman, Hans Joachim: Ludwig Feuerbachs Moralphilosophie, phil. Diss., Hamburg 1979.

48. Winiger, Josef: Feuerbachs Weg zum Humanismus. Zur Genesis des anthropologischen Materialismus (Humanist. Bibliothek, Reihe III, Bd.4), München 1979.

49. Xhaufflaire, Marcel: Feuerbach und die Theologie der Säkularisation. Aus dem Französischen von Birgit und Manfred Werkmeister (GT.S 10), München 1972 (Originalausgabe: Paris 1970).

b) Literatur zu Zinzendorf

50. Aalen, Leiv: Die Theologie des jungen Zinzendorf. Ein Beitrag zur „Dogmengeschichte des Protestantismus", (Arbeiten zur Geschichte und Theologie des Luthertums, Bd.16), Berlin und Hamburg 1966.

51. Benham, Daniel: Memoirs of James Hutton; comprising the Annals of his Life and connection with the United Brethren. London 1856. IV,639 S.

52. Bettermann, Wilhelm: Theologie und Sprache bei Zinzendorf, Gotha 1935.

53. – Vorläufiges über Zinzendorfs Stellung zur Mystik, in: ZKG LII, 1933, 599-609.

54. Beyreuther, Erich: Bruderschaft und neue Schau der Gemeinde. In: ders, Studien zur Theologie Zinzendorfs. Gesammelte Aufsätze, Neukirchen-Vluyn 1962, 172-200.

55. – Christozentrismus und Trinitätsauffassung. In: EvTh 21, 1961, 28-47, zuletzt in: ders, Studien zur Theologie Zinzendorfs. Gesammelte Aufsätze, Neukirchen-Vluyn 1962, 9-34.

56. – Der junge Zinzendorf, Marburg an der Lahn 1957.

57. – Die Bedeutung Pierre Bayles für Lessing und dessen Fragment über die Herrnhuter, in: H.Bornkamm/ F.Heyer/A.Schindler (Hg), Der Pietismus in Gestalten und Wirkungen. Martin Schmidt zum 65. Geburtstag (AGP 14), Bielefeld 1975, 84-97.

58. – Die Paradoxie des Glaubens. Zinzendorfs Verhältnis zu Pierre Bayle und zur Aufklärung, in: ders, Studien zur Theologie Zinzendorfs. Gesammelte Aufsätze, Neukirchen-Vluyn 1962, 201-234.

59. – Einführung zu: Berliner Reden, in: EZHS XIV, Hildesheim – New York 1985, 1-53.

60. – Einführung zu den Antizinzendorfiana III. Aus der Hallenser und Jenenser Theologischen Fakultät im Zusammenhang mit „Siegfrieds Bescheidener Beleuchtung" 1742-1749, in: ZMuD R 2, Bd.XVI, hg und mit einem Vorwort von E.Beyreuther, Hildesheim und New York 1982, 1*-99*.

61. – Gesetz und Evangelium. Der neue – nicht der moralische Mensch, in: ders, Studien zur Theologie Zinzendorfs. Gesammelte Aufsätze, Neukirchen-Vluyn 1962, 248-279.

62. – Studien zur Theologie Zinzendorfs. Gesammelte Aufsätze, Neukirchen-Vluyn 1962.

63. – Theologia crucis. Zinzendorf und Luther, in: ders, Studien zur Theologie Zinzendorfs, Neukirchen-Vluyn 1962, 235-247.

64. – Zinzendorf und Pierre Bayle. Ein Beitrag zur Frage des Verhältnisses Zinzendorfs zur Aufklärung, Hamburg 1955.

65. Beyreuther, Gottfried: Sexualtheorien im Pietismus, med.Diss., München 1963, zuletzt in: ZMuD R 2, Bd.XIII, Hildesheim 1975, 509-596.

66. Bintz, Helmut: Die Begründung der christlichen Ethik in der Inkarnationslehre bei Zinzendorf, in: D.Meyer (Hg), Pietismus – Herrnhutertum – Erweckungsbewegung. Festschrift für Erich Beyreuther, Düsseldorf 1982, 277-295.

67. Deghaye, Pierre: La doctrine ésotérique de Zinzendorf (1700-1760), Paris 1969.

68. Eberhard, Samuel: Kreuzes-Theologie. Das reformatorische Anliegen in Zinzendorfs Verkündigung, München 1937.

69. Forell, Georg W.: Introduction to: Nicholaus Ludwig Count von Zinzendorf. Bishop of the Church of the Moravian Brethren: Nine Public Lectures on important Subjects in Religion. Preached in Fetter Lane Chapel in London in the Year 1746. Translated & edited by G.W.Forell, Iowa City 1973, VII-XXX.

70. Gärtner, Friedrich: Die Gemeinde zwischen Religion und Atheismus, (Herrnhuter Hefte, Heft XI), Hamburg 1956.

71. – Karl Barth und Zinzendorf. Die bleibende Bedeutung Zinzendorfs auf Grund der Beurteilung des Pietismus durch Karl Barth. In: ThEx.h., Neue Folge Nr. 40, München 1953.

72. Gollin, Gillian Lindt: Moravians in two Worlds. A study of changing Communities, New York and London 1967.

73. Günther, Walter: Dietrich Bonhoeffer und die Brüdergemeine, in: Unitas Fratrum. Zeitschrift für Geschichte und Gegenwartsfragen der Brüdergemeine Heft 7, Hamburg 1980, 62-69.

74. Hamilton, Kenneth G.: The Bethlehem Diary. Volume I 1742-1744. Translated and edited by K.G.Hamilton, Bethlehem 1971.

75. Hennig, Liemar: Kirche und Offenbarung bei Zinzendorf, Zürich 1939.

76. Meyer, Dietrich: „Christus ist mein ander ich". Zu Zinzendorfs Verhältnis zur Mystik, in: Christus in uns. Mystische Strömungen von Angelus Silesius bis Tersteegen (Herrenalber Texte 46), hg von W.Böhme, Karlsruhe 1983, 52-66.

77. – Der Christozentrismus des späten Zinzendorf. Eine Studie zu dem Begriff „täglicher Umgang mit dem Heiland". (Europäische Hochschulschriften. Reihe XXIII, Theologie, Bd. 25), Bern und Frankfurt am Main 1973.

78. – Leben aus der Gnade. Die neue Gestalt der Rechtfertigungslehre bei Zinzendorf, in: Theologische Beiträge 16, 1985, 5-25.

79.   – Zinzendorfs Sehnsucht nach der „naturellen Heiligkeit". Zum
      Verhältnis von Natur und Gnade, in: B.Jaspert und R.Mohr
      (Hg), Traditio – Krisis – Renovatio aus theologischer Sicht. Fest-
      schrift Winfried Zeller zum 65. Geburtstag, Marburg 1976,
      284-297.

80.   Meyer, Gerhard: Einführung in die Sichtungszeit. In: Nikolaus
      Ludwig von Zinzendorf, ZHS, Bd. III, Hildesheim 1963, S. VI-
      XXV.

81.   – Nikolaus Ludwig Reichsgraf von Zinzendorf und Pottendorf.
      Eine genealogische Studie mit Ahnen- und Nachfahrenliste, in:
      Nikolaus Ludwig von Zinzendorf. Ergänzungsbände zu den
      Hauptschriften, Bd.I, Hildesheim 1966.

82.   Meyer, Matthias: Das „Mutter=Amt" des Heiligen Geistes in der
      Theologie Zinzendorfs, in: EvTh 43, 1983, H.5, 415-429.

83.   – Georg Heinrich Loskiels Lebenswerk: Die Indianermissionsge-
      schichte. Einführung und mit einem Bildteil versehen zu: Los-
      kiel, Georg Heinrich, Geschichte der Mission der evangelischen
      Brüder unter den Indianern in Nordamerika, Barby 1789, in:
      ZMuD R 2, Bd. XXI, Hildesheim – Zürich – New York 1989,
      11*-92*.

84.   Motel, Heinz: Zinzendorf als ökumenischer Theologe, Herrnhut
      1942.

85.   Pfister, Oskar: Die Frömmigkeit des Grafen Ludwig von Zinzen-
      dorf. Eine psychoanalytische Studie, 2. verb.Aufl. Zürich 1925.
      Wiederabgedruckt in: ZMuD, R 2, Bd.XIII, Hildesheim/New
      York 1975, 597-764.

86.   Protokoll des Gesprächs zwischen K.Barth und Vertretern der Brü-
      dergemeine. In: Civitas Praesens, ein Gespräch in der Brüderge-
      meine, Nr. 13, 1-29, Mai 1961, Sondernummer. Verkürzt abge-
      druckt in: Deutsches Pfarrerblatt, Nr. 5/62 Jg., 1962, 97-102.
      Zitiert nach Civitas Präsens.

87. Reichel, Gerhard: Die Entstehung einer Zinzendorf-feindlichen Partei in Halle und Wernigerode. Aus: ZKG 23, 1902, 549-592. Zuletzt in: ZMuD, R 2, Band XII, Hildesheim/New York 1975, 635-678.

88. – Zinzendorfs Frömmigkeit im Lichte der Psychoanalyse. Eine kritische Prüfung des Buches von Oskar Pfister: „Die Frömmigkeit des Grafen Ludwig von Zinzendorf" und ein Beitrag zum Verständnis der extravaganten Lehrweise Zinzendorfs, Tübingen (1911). Wiederabgedruckt (2. Aufl. 1923) in: ZMuD, R 2, Bd. XIII, Hildesheim-New York 1975, 765-960.

89. Reichel, Jörn: Dichtungstheorie und Sprache bei Zinzendorf. Der 12. Anhang zum Herrnhuter Gesangbuch. (Ars Poetica, Texte und Studien zur Dichtungstheorie und Dichtkunst, Studien, Bd. 10). Berlin und Zürich 1969.

90. Renkewitz, Heinz: Autorität und Gebrauch der Bibel bei Nikolaus Ludwig Graf von Zinzendorf in der Auseinandersetzung mit dem Atheismus und in den Losungen, in: K. Aland (Hg), Pietismus und Bibel (AGP 9), Witten 1970, 148-169.

91. Ruh, Hans: Die Christologische Begründung des ersten Artikels bei Zinzendorf (Basler Studien zur Historischen und Systematischen Theologie, Bd. 7), Zürich 1967.

92. – Gesprächsteilnehmer von Nr. 86 (=Protokoll des Gesprächs zwischen K. Barth und Vertretern s. o.).

93. Schneider, Hans: Nikolaus Ludwig von Zinzendorf, in: Orthodoxie und Pietismus (Gestalten der Kirchengeschichte Bd. 7), Stuttgart, Berlin, Köln, Mainz 1982, 347-372.

94. Uttendörfer, Otto: Die Entwürfe Zinzendorfs zu einer Religionsschrift, in: ZBG XIII, 1919, 64-98. Wiederabgedruckt in: ZMuD R 3, Bd. IV, Hildesheim 1973.

95. – Zinzendorfs christliches Lebensideal, Herrnhut 1940.

96. – Zinzendorfs religiöse Grundgedanken, Herrnhut 1935.

97. – Zinzendorf und die Mystik, Berlin o.J. (1952).

98. Wettach, Theodor: Kirche bei Zinzendorf, Wuppertal 1971.

99. Zimmerling, Peter: Zinzendorfs Schriftverständnis im Spannungs-
feld der Geistesströmungen seiner Zeit, in: Unitas Fratrum, Zeitschrift für Geschichte und Gegenwartsfragen der Brüdergemeine,
Hamburg 1989, 69-103.

c) Sonstige Literatur

100. Adam, Alfred: Lehrbuch der Dogmengeschichte I, Gütersloh
1965.

101. Althaus, Paul: Die christliche Wahrheit. Lehrbuch der Dogmatik,
Nachdruck der achten Aufl., Gütersloh 1972.

102. Barth, Hans-Martin: Atheismus und Orthodoxie. Analysen und
Modelle christlicher Apologetik im 17. Jahrhundert (Forschungen
zur systematischen und ökumenischen Theologie, Bd.26), Göttingen 1971.

103. Barth, Karl: Das Wort in der Theologie von Schleiermacher bis
Ritschl, in: ders, Die Theologie und die Kirche. Gesammelte Vorträge Bd.2, München 1928, 190-211.

104. – Die Kirchliche Dogmatik, 13 Bde, Zürich 1932-1967. (Abk.:
KD).

105. – Ludwig Feuerbach, in: ders, Die Theologie und die Kirche.
Gesammelte Vorträge Bd.2, München 1928, 212-239.

106. Benckert, Heinrich: „Ohne Christus wäre ich Atheist", in: EvTh
18, 1958, 445-460.

107. Bethge, Eberhard: Dietrich Bonhoeffer. Theologe – Christ – Zeitgenosse, München 1965.

108. Bonhoeffer, Dietrich: Widerstand und Ergebung. Briefe und Aufzeichnungen aus der Haft, hg von E.Bethge, Neuausgabe, München 1970.

109. Bornkamm, Heinrich: Luther im Spiegel der deutschen Geistesgeschichte, (1955), 2.Aufl. Göttingen 1970.

110. Chambon, Joseph: Der französische Protestantismus. Sein Weg bis zur französischen Revolution, München 1939.

111. Dalferth, Ingolf U.: Existenz Gottes und christlicher Glaube. Skizzen zu einer eschatologischen Ontologie, München 1984.

112. – Existenz und Identifikation. Erwägungen zum Problem der Existenz Gottes im Gespräch mit der Analytischen Philosophie, in: NZSTh 25, 1983, 178-202.

113. Dippel, Horst Art.: Kapp, Friedrich, in: NDB, Bd. 11, Berlin 1977, Sp.134 f.

114. Ebeling, Gerhard: Die „nicht-religiöse Interpretation biblischer Begriffe", zuletzt in: ders, Wort und Glaube, Bd.1, 3.Aufl. Tübingen 1967, 90-160.

115. – Frei aus Glauben. Das Vermächtnis der Reformation. In: ders, Lutherstudien Bd.I, Tübingen 1971, 308-325.

116. – Luther, Einführung in sein Denken. (1964), 2. unveränderte Aufl. Tübingen 1964.

117. – Frömmigkeit und Bildung. Aus: D.Rössler, G.Voigt und F.Wintzer (Hg), Fides et communicatio. Festschrift für Martin Doerne zum 70. Geburtstag, o.O., 1970, 69-100. Zuletzt in: G. Ebeling, Wort und Glaube III, Tübingen 1975, 60-95.

118. Fuhrmanns, Horst: Der Gottesbegriff der schellingschen positiven Philosophie, in: A.M.Koktanek (Hg), SCHELLING-STUDIEN. Festgabe für Manfred Schröter zum 85. Geburtstag, München/Wien 1965, 9-47.

119. Fulda, Hans Friedrich: Art. Geist, in: Hist.Wb.Phil., Bd. 3, Darmstadt 1974, Sp. 191-199.

120. Geerlings, Wilhelm: Der manichäische „Jesus patibilis" in der Theologie Augustins, in: ThQ 152, 1972, H.2, 124-131.

121. Geißler, Rolf: Tendenzen und Probleme der neueren Forschung zu Pierre Bayle, in: Beiträge zur Romanischen Philologie, Berlin/DDR 7, 1968, H.2, 229-251.

122. Gollwitzer, Helmut: Die marxistische Religionskritik und der christliche Glaube, 5.Aufl., Hamburg 1974.

123. Gottschick, Johannes: Ohne Christus wäre ich Atheist, in: Christliche Welt 1889 überschrieben, vorgeheftet dem Jg. 1888, Heft 49, 461-463.

124. Gottschick, Wilhelm: Art.: Johannes Gottschick, in: RE³, Bd.23, Leipzig 1913, 581-587.

125. Grane, Leif: Divinus Paulus et S.Augustinus, Interpres Eius Fidelissimus, in: G.Ebeling und E.Jüngel und G.Schunack (Hg), Festschrift für Ernst Fuchs, Tübingen 1973, 133-146.

126. – Modus loquendi Theologicus. Luthers Kampf um die Erneuerung der Theologie (1515-1518), aus dem Dänischen übersetzt von E. Grötzinger, Leiden 1975.

127. Grillmeier, Alois: Patristische Vorbilder frühscholastischer Systematik. Zugleich ein Beitrag zur Geschichte des Augustinismus, in: STUDIA PATRISTICA VOL.VI, Part.IV, ed.by F.L.Cross, Berlin 1962, 390-408.

128. Grötzinger, Eberhard: Luther und Zwingli. Die Kritik an der mittelalterlichen Lehre von der Messe – als Wurzel des Abendmahlsstreites (Ökumenische Theologie, Bd.5) Zürich – Köln 1980.

129. Habermas, Jürgen: Erkenntnis und Interesse, Frankfurt a.M. 1968.

130. Häring, Hermann: Die Macht des Bösen. Das Erbe Augustins (Ökumenische Theologie, Bd.3), Zürich – Köln 1979.

131. Harnack, Adolf von: Die natürliche Gotteserkenntnis, in: Christliche Welt 43, 1888, 398-400.

132. – Fünfzehn Antworten an die Verächter der wissenschaftlichen Theologie unter den Theologen, zuletzt in: J.Moltmann (Hg), Anfänge der dialektischen Theologie, Teil 1 (Theologische Bücherei 17/1), München 1974, 322-325.

133. Heidegger, Martin: Nietzsches Wort „Gott ist tot", in: ders, Holzwege, Frankfurt a.M. 1972.

134. Hirsch, Emanuel: Geschichte der neuern evangelischen Theologie, 5 Bde (Gütersloh 1949 ff), 3.Aufl. Darmstadt 1964.

135. Horkheimer, Max: Gedanke zur Religion, in: ders, Kritische Theorie I, Frankfurt a.M. 1968.

136. – Montaigne und die Funktion der Skepsis (1938), in: ders, Kritische Theorie II, Frankfurt a.M., 1968.

137. – Religion und Philosophie, in: ders, Kritik der instrumentellen Vernunft, Frankfurt a.M. 1967.

138. – Theismus und Atheismus (1963), in: ders, Kritik der instrumentellen Vernunft, Frankfurt a.M. 1967.

139. – Zu Theodor Haeckers ‚Der Christ und die Geschichte', in: ders, Kritische Theorie I, Frankfurt a.M. 1968.

140. – Zum Begriff des Menschen (1957) in: ders, Zur Kritik der instrumentellen Vernunft, Frankfurt a.M. 1967.

141. – Zwischen Philosophie und Wissenschaft: Marxismus als Kritik (1960), in: ders, Theorie und Praxis, Neuwied und Berlin 2. Aufl. 1967.

142. Jossua, Jean-Pierre: P.Bayle préurseur des théogies modernes...: Revue des Sciences Religieuses 39,2, 1965, 113-157.

143. Jüngel, Eberhard: Gott als Geheimnis der Welt. Zur Begründung der Theologie des Gekreuzigten im Streit zwischen Theismus und Atheismus, 2. durchgesehene Aufl. Tübingen 1977.

144. Kaiser, August: Aggressivität als anthropologisches Problem, in: A.Plack und Mitarbeiter, Der Mythos vom Aggressionstrieb, 2. Aufl. Frankfurt/M., Berlin, Wien 1980, 43-67.

145. Kasper, Walter: Das Absolute in der Geschichte. Philosophie und Theologie der Geschichte in der Spätphilosophie Schellings, Mainz 1965.

146. Kawerau, Peter: Die ökumenische Idee seit der Reformation, Stuttgart 1968.

147. Kohlenberger, Helmut K.: Art.: Annihilatio, in: Hist.Wb.Phil.I, Darmstadt 1971, Sp. 333 f.

148. Labrousse, Elisabeth: Bayle und Jurieu, in: T.Schabert (Hg), Aufbruch zur Moderne. Politisches Denken im Frankreich des 17. Jahrhunderts, München 1974, 114-151.

149. – Note à propos de la conception de la tolérance au XVIIIe siècle, in: Voltaire Century 56, 1967.

150. – Pierre Bayle, T. I und II, Den Haag 1963 und 1964.

151. Lang, August: Puritanismus und Pietismus, Studien zu ihrer Entwicklung von M.Butzer bis zum Methodismus (Beiträge zur Geschichte und Lehre der Reformierten Kirche. 6.Bd. unveränderter Nachdruck der Ausgabe Neukirchen 1941), Darmstadt 1971.

152. Lehmann, Eduard: Mystik im Heidentum und Christentum. Vom Verfasser durchgesehene Übersetzung von A. Grundvig, Leipzig 1908.

153. Ley, Hermann: Geschichte der Aufklärung und des Atheismus, Bd.4/1, Berlin/DDR 1982.

154. Locher, Gottfried W.: Die Zwinglische Reformation im Rahmen der europäischen Kirchengeschichte. Mit 21 Abbildungen im Text, vier Kunstdrucktafeln und einer Faltkarte, Göttingen und Zürich 1979.

155. Loewenich, Walther von: Zur Gnadenlehre bei Augustin und Luther, in: ders, Von Augustin bis Luther, Witten 1959, 75-87.

156. Löwith, Karl: Nietzsches Philosophie der Ewigen Wiederkunft des Gleichen, Berlin MCMXXXV.

157. – Von Hegel zu Nietzsche. Der revolutionäre Bruch im Denken des 19. Jahrhunderts (1941), 3.Aufl. Hamburg 1978.

158. Lorenz, Rudolf: Fruitio Dei bei Augustin, in: ZKG 53, 1950/51, 75-132.

159. Malter, Rudolf: Das reformatorische Denken und die Philosophie. Luthers Entwurf einer transzendental-praktischen Metaphysik (CONSCIENTIA, Studien zur Bewußtseinsphilosophie, Bd.9), Bonn 1980.

160. Marquardt, Manfred: Praxis und Prinzipienlehre der Sozialethik John Wesleys (Kirche und Konfession. Veröffentlichungen des Konfessionskundlichen Instituts des Evangelischen Bundes, Bd.21), Göttingen 1977.

161. Marquardt, Odo: Schwierigkeiten mit der Geschichtsphilosophie, in: ders, Schwierigkeiten mit der Geschichtsphilosophie, Frankfurt a.M. 1973, 13-33.

162. – Weltanschauungstypologie. Bemerkungen zu einer anthropologischen Denkform des neunzehnten und zwanzigsten Jahrhunderts, in: ders, a.a.O., Frankfurt a.M. 1973, 107-121.

163. Meding, Wichmann von: Kirchenverbesserung. Die deutschen Reformationspredigten des Jahres 1817 (Unio und Confessio Bd. 11), Bielefeld 1986.

164. Meyer, Matthias: Ernst Bloch zu Ludwig Feuerbach. Auf der „deutschen Heilslinie" von Hegel zu Marx, in: Bloch-Almanach. Eine Veröffentlichung des Ernst-Bloch-Archivs der Stadtbibliothek Ludwigshafen, hg v Karlheinz Weigand, 10. Folge 1990, 45-65.

165. – Zwischen Herrnhutertum und Humanismus. Leben und Werk von Landesbibliotheksdirektor Gerhard Meyer, in: G.Meyer, Zu den Anfängen der Straßburger Universität. Neue Forschungsergebnisse zur Herkunft der Studentenschaft und zur verlorenen Matrikel, hg v H.G.Rott und M.Meyer, Hildesheim-New York 1989, 1-16.

166. Moltmann, Jürgen: Der gekreuzigte Gott. Das Kreuz als Grund und Kritik christlicher Theologie (1972), 2.Aufl. München 1973.

167. – Der Weg Jesu Christi. Christologie in messianischen Dimensionen, München 1989.

168. – Die Kategorie Novum in der christlichen Theologie, in: Ernst Bloch zu ehren. Festschrift zum 80. Geburtstag, Frankfurt a.M. 1965, 243-263, abgedruckt in: J.Moltmann, Perspektiven der Theologie. Gesammelte Aufsätze, München 1968, 174-188.

169. – Das Ende der Geschichte (1965), in: ders, Perspektiven der Theologie. Gesammelte Aufsätze, München 1968, 232-250.

170. – Exegese und Eschatologie der Geschichte (1962), in: ders, Perspektiven der Theologie. Gesammelte Aufsätze, München 1968, 57-92.

171. – Existenzgeschichte und Weltgeschichte. Auf dem Wege zu einer politischen Hermeneutik des Evangeliums (1968), in: ders, Perspektiven der Theologie. Gesammelte Aufsätze, München 1968, 128-146.

172. – Grundzüge mystischer Theologie bei Gerhard Tersteegen, in: EvTh 16, 1956, 205-224.

173. – Theologie der Hoffnung. Untersuchungen zur Begründung und zu den Konsequenzen einer christlichen Eschatologie (Beiträge zur evangelischen Theologie, Bd. 38), (1964), 7.Aufl. München 1968.

174. Moser, Manfred: Aggression und Mitmenschlichkeit (Europäische Hochschulschriften, Reihe XXIII, Bd.86), Frankfurt/M., Bern 1977.

175. Müller-Lauter, Wolfgang: Nihilismus als Konsequenz des Idealismus. F.H.Jacobis Kritik an der Transzendentalphilosophie und ihre philosophiegeschichtlichen Folgen, in: A.Schwan (Hg), Denken im Schatten des Nihilismus. Festschrift für Wilhelm Weischedel zum 70. Geburtstag, Darmstadt 1975, 113-163.

176. Nipperdey, Thomas: Die Reformation als Problem der marxistischen Geschichtswissenschaft, in: R.Wohlfeil (Hg), Reformation oder frühbürgerliche Revolution? (nymphenburger texte zur wissenschaft und modelluniversität 5), München 1972, 205-229.

177. Nürnberger, Klaus: Glaube und Religion bei Karl Barth. Analyse und Kritik der Verhältnisbestimmung zwischen dem christlichen Glauben und anderen Religionen in § 17 der ,Kirchlichen Dogmatik' Karl Barths, theol.Diss.Marburg 1967.

178. Nygren, Gotthard: Das Prädestinationsproblem in der Theologie
Augustins (Forschungen zur Kirchen- und Dogmengeschichte 5)
Göttingen 1956.

179. Pöggeler, Otto: Hegel und die Anfänge der Nihilismus-Diskussion, in: Man and World 3, 1970, 180-189.

180. Post, Werner: Kritik der Religion bei Marx, München 1969.

181. Quapp, Erwin H.U.: Christus im Leben Schleiermachers. Vom
Herrnhuter zum Spinozisten (Studien zur Theologie und Geistesgeschichte des Neunzehnten Jahrhunderts, Bd.6), Göttingen 1972.

182. Ratzinger, Joseph: Der Weg der religiösen Erkenntnis nach dem
heiligen Augustinus, in: KYRIAKON. Festschrift für Johannes
Quasten in two volumes, ed. by P.Granfield and J.A.Jungmann,
vol.II, Münster 1970, 553-564.

183. Ricoeur, Paul: Das Bewußte und das Unbewußte, in: ders, Hermeneutik und Psychoanalyse. Der Konflikt der Interpretationen II,
übersetzt von J.Rütsche, München 1974, 9-35.

184. Ritter, Joachim: Hegel und die Reformation. In: ders, Metaphysik
und Politik, Studien zu Aristoteles und Hegel, Frankfurt am Main
1969, 310-317.

185. Rothe, Klaus Dieter: Art. Geist, in Hist.Wb.Phil., Bd.3, Darmstadt 1974, Sp. 199-204.

186. Rott, Jean: Martin Bucer, réformateur strasbourgeois et européen, zuletzt in: ders, INVESTIGATIONES HISTORICAE.
EGLISES ET SOCIETE AU XVIᵉ SIECLE/GESAMMELTE
AUFSÄTZE ZUR KIRCHEN- UND SOZIALGESCHICHTE.
Articles rassemblés et réédités par Marijn de Kroon et Marc Lienhard, TOME II, Strasbourg 1986, 126-135.

187. Salaquarda, Jörg: Das Verhältnis von Theologie und Philosophie in
Karl Barths Kirchlicher Dogmatik. Erster Teil: Explikation und

Problematisierung der Verhältnisbestimmung, theol.Diss.Berlin 1969.

188. Schleiermacher, Friedrich Daniel Ernst: Der christliche Glaube nach den Grundsätzen der evangelischen Kirche im Zusammenhang dargestellt, 2 Bde, Auf Grund der zweiten Auflage neu hg von M. Redecker, Berlin 1960. (Abk.: GL).

189. – Die Weihnachtsfeier, in: Schleiermachers Werke, hg von Otto Braun und Johannes Bauer, Bd.4, Neudruck der 2.Aufl. Leipzig 1928, Aalen 1967, 473-532.

190. Schloemann, Martin: Siegmund Jacob Baumgarten. System und Geschichte in der Theologie des Überganges zum Neuprotestantismus (Forschungen zur Kirchen- und Dogmengeschichte Bd.26), Göttingen 1974.

191. Schmaus, Michael: Die Spannung von Metaphysik und Heilsgeschichte in der Trinitätslehre Augustins, in: STUDIA PATRISTICA VOL. VI, Part.IV, ed. by F.L.Cross, Berlin 1962, 503-518.

192. Schmidt, Martin: Art. Mosheim, in: RGG III, 4. Bd., Tübingen 1960, Sp. 1157 f.

193. – Der junge Wesley als Heidenmissionar und Missionstheologe. Ein Beitrag zur Entstehungsgeschichte des Methodismus, 2. völlig neu bearbeitete Aufl. Gütersloh 1973.

194. – Die Bedeutung Luthers für John Wesleys Bekehrung, in: Luther-Jahrbuch XX, 1938, 125-159.

195. – England und der deutsche Pietismus, in: EvTh 53, 1953, 205-224.

196. – John Wesley, Bd.1 und Bd.2, Zürich 1953 und 1966.

197. – Teilnahme an der göttlichen Natur. 2.Petr 1,4 in der theologischen Exegese des Pietismus und der lutherischen Orthodoxie,

in: ders, Wiedergeburt und neuer Mensch (AGP 2) Witten 1969, 238-298.

198. Schütte, Hans-Werner: Art.: Atheismus, in: Hist.Wb.Phil. Bd.1, Darmstadt 1971, Sp.595-599.

199. Schuffenhauer, Werner und Steiner, Klaus (Hg): Martin Luther in der deutschen bürgerlichen Philosophie 1517-1845. Eine Textsammlung, Berlin/DDR 1983.

200. Steinmetz, Max: Die historische Bedeutung der Reformation und die Frage nach dem Beginn der Neuzeit in der deutschen Geschichte, in: R.Wohlfeil (Hg), Reformation oder frühbürgerliche Revolution? (nymphenburger texte zur wissenschaft und modelluniversität 5), Münschen 1972, 56-69.

201. Stock, Konrad: Annihilatio mundi. Johann Gerhards Eschatologie der Welt (Forschungen zur Geschichte und Lehre des Protestantismus 10.Reihe, Bd.XLIII), München 1971.

202. Theunissen, Michael: Gesellschaft und Geschichte. Zur Kritik der kritischen Theorie (1969), in: ders, Kritische Theorie der Gesellschaft. Zwei Studien, Berlin, New York 1981, 1-40.

203. – Hegels Lehre vom absoluten Geist als theologisch-politischer Traktat, Berlin 1970.

204. – Hegels Logik als Metaphysikkritik, in: A.Baudis u.a. (Hg), Richte unsere Füße auf den Weg des Friedens, Helmut Gollwitzer zum 70. Geburtstag, München 1979, 260-279.

205. – ὁ αἰτῶν λαμβάνει. Der Gebetsglaube Jesu und die Zeitlichkeit des Christseins. in: Jesus. Ort der Erfahrung Gottes. Mit Beiträgen von O.Casper u.a., o.Hg, Freiburg 1976, 13-68.

206. Thomann, Günther: Christoph Matthäus Pfaff (1686-1760) und die Anfänge der dogmengeschichtlichen Disziplin, in: Blätter für württembergische Kirchengeschichte 85, 1985, 83-133.

207. Tillich, Paul: Rechtfertigung und Zweifel (Vorträge der theologischen Konferenz zu Gießen), Gießen 1924.

208. Troeltsch, Ernst: Glaubenslehre nach Heidelberger Vorlesungen aus dem Jahre 1911/1912 posthum hg von G. von le Fort, München 1925.

209. Wallmann, Johannes: Philipp Jakob Spener und die Anfänge des Pietismus (Beiträge zur historischen Theologie, Bd.42), Tübingen 1970.

210. – Spener und Dilfeld, Der Hintergrund des ersten pietistischen Streites. In: S. Herrmann und O. Söhngen (Hg), Theologie in Geschichte und Kunst, Walter Elliger zum 65.Geburtstag, Witten 1968, 214-235.

211. Weber, Hans Emil: Reformation, Orthodoxie und Rationalismus, 2.Teil: Der Geist der Orthodoxie, Gütersloh 1951.

212. Weischedel, Wilhelm: Der Gott der Philosophen, 2 Bde, Darmstadt 1971 und 1972.

213. Weth, Rudolf: Heil im gekreuzigten Gott, in: EvTh 31, 1971, 227-244.